ASTRID ERDMANN DIE WELTUMSEGLERIN

DELIUS KLASING VERLAG

Bibliografische Information der Deutschen Nationalbibliothek
Die Deutsche Nationalbibliothek verzeichnet diese Publikation
in der Deutschen Nationalbibliografie; detaillierte bibliografische
Daten sind im Internet über http://dnb.d-nb.de abrufbar.

1. Auflage
ISBN 978-3-7688-2596-2
© by Delius, Klasing & Co. KG, Bielefeld

Gestaltung und Satz: Kym Erdmann, www.erdmann-design.de
Fotos: © Wilfried Erdmann; ausser Seiten 218, 219, 232, 257:
Kym Erdmann;
Reproduktionen: Scanlitho.Teams, Bielefeld
Druck und Bucheinband: Clausen & Bosse, Leck
Printed in Germany 2009

Delius Klasing Verlag, Siekerwall 21, d-33602 Bielefeld
Telefon: 0521/559-0, Fax: 0521/559-115, E-Mail: info@delius-klasing.de,
www.delius-klasing.de

INHALT

ALLES IN MEINEM LEBEN ENDET IN EINEM BUCH.
HANS FALLADA

VORBEMERKUNG

Die Aufgabe erschien mir reizvoll: ein Buch zu schreiben, das der Magie des Segelns auf der Spur ist – indem ich darüber reflektiere, was es bedeutet, überhaupt mit einem Boot unterwegs sein zu dürfen: auf dem Meer, innerhalb von Archipelen und in wundervollen wie extremen Situationen. Ich wollte aus meiner Sicht, also als Frau, offen und ernsthaft meine Gefühle, Ansichten und Gedanken niederlegen. Mein ganzes Leben habe ich nämlich weit reichend mit Wasser zu tun, und wenn manchmal nicht ich unmittelbar, so doch meine Familie.

Im Sommer 2007 startete ich, nein, nicht mit dem Buchtext, sondern mit einer Jolle, um damit allein auf der Schlei zu segeln, einem Ostseefjord vor meiner Haustür, und dabei mir endlich klar zu machen, was und wie ich den Teil meines Lebens aufschreiben will, der mich am meisten bewegt hat: das Seesegeln. Bewegt im wahrsten Sinne des Wortes. Wobei ich das Segeln liebe, mehr noch das Leben und Reisen mit einem Boot, aber den unvermeidlichen Seegang hasse. Hat er mir doch manch ungemütlichen Törn beschert. Warum ich trotz meines maladen Zustandes beim Segeln geblieben bin? Aus Liebe zum einfachen und übersichtlichen Leben. Triebfeder meiner Reisen war immer die Neugierde auf fremde Menschen, einsame, exotische Inseln, die Liebe zur Natur und das Leben in einer Unbekümmertheit, die man sich im Landleben gar nicht vorstellen kann. Ich war gespannt auf alle Facetten des Daseins – des nicht vorhersehbaren Daseins.

Segeln über das Meer ist viel mehr als ein Hobby. Es ist eine Lebenseinstellung: Wasser, frische Luft, ein schönes Boot – mehr braucht man nicht, um zufrieden zu reisen. Ich wollte dort hin, wo niemand, den ich kannte, je hinkam. Dann Wäsche waschen in einem Fluss und manchmal essen, was direkt aus dem Busch kam, und – noch schöner: frisch gefangene Fische in die Pfanne werfen. Das muss man mögen, um glückliches Segeln und Reisen in Einklang zu bringen.

Ziel des Buches ist ein ursprüngliches Beschreiben meiner Segelbootreisen, die mich als junge Frau um die Erde, als Mutter mit Kind zu den entlegensten Inseln der Südsee, aber auch ganz schlicht um ein paar Kaps nach Schottland, Gibraltar, Bornholm oder Mecklenburg führten. Sie machten mich mit vielen Landschaftsformen und Menschen bekannt. Mit seltenen Tieren und immer wieder mit

dem Meer in seiner schönsten und leider auch hässlichsten Form. Mein Befinden zwischen Freud und Leid machte mich sensibel für die kleinen und tauglich für die praktischen Dinge. Eine Kokosnuss mit der Machete öffnen, mit dem Sextanten Sonne und Horizont übereinbringen, Wetter lesen, Kurs halten, vor allem auch: mit Flex und Pinsel hantieren.

DAS BIN ICH, ASTRID ERDMANN, AN MEINEM LIEBSTEN
PLATZ AN BORD, AN DER PINNE.

Zum besseren Verständnis: Hier und da dokumentieren Tagebuchnotizen Zustände sowie meine Empfindungen und Gedanken. Die im Text eingerückten Zeilen sind Anregungen, Lösungsvorschläge und Lektionen, die das Segeln mich gelehrt hat. Sie machen nicht immer viel her, aber es sind meine persönlichen Erfahrungen, die ich durch vieles Segeln erlangt habe. Das mag zwar nicht alles hochaktuell oder gar allgemeingültig sein, aber ich möchte aufzeigen: Das bin ich! Oder: Das sind wir, da mein Mann Wilfried meistens dabei war und mich zudem an diese Art Fahrtensegelei herangeführt hat.

Es ist ein Buch, in dem ich über Verschiedenes nachdenke. Mal locker, dann wieder ernsthaft detailliert und immer erlebnisorientiert, informativ und frisch, damit sich die Leserin/der Leser als Mitreisende fühlen können. Ein paar pikante (nicht peinliche) Situationen habe ich nicht unterschlagen. Wichtig ist mir, Ihnen Mut zu machen, fest entschlossen an Bord zu gehen, wenn die Möglichkeit besteht. Über den Ablauf meiner Reisen habe ich als letztes Kapitel eine Zeittafel zusammengestellt.

Astrid Erdmann, Goltoft an der Schlei

ÜBER MICH SELBST UND DAS MEER

1 Salz auf meiner Haut ist:
untrennbar mit meinem Leben verwoben. Es weckt archaische Gefühle.

Ein guter Segeltörn beginnt mit:
einem günstigen Wind, platter See und einem schönen Ziel.

Segeln übers Meer macht mich:
trotz Seemaladie nicht unglücklich. Es gibt mir das Gefühl, dass ich unterwegs ins Freie bin.

Das kostbarste Stück Freiheit beim Segeln ist für mich:
von See kommend in einer stillen Bucht vor Anker gehen.

Besondere Erlebnisse genieße ich:
mit großer Freude, der ich sofort Ausdruck gebe. Arme hochreißen, umarmen, ein Lied trällern oder/und etwas Bitteres trinken.

Einen tollen Landfall feiere ich:
an Bord. Sofort. Am besten im Cockpit.

Vergessen im Selbst erlebe ich:
auf Seewache an einem milden, weichen Tropenabend. Wenn die Dämmerung in Dunkelheit übergeht, die Konturen verschwimmen, das Licht schwindet, das Blau des Wassers verlischt und sich die ersten funkelnden Sterne zeigen.

Als Schülerin wollte ich:
erfolgreiche Eiskunstläuferin werden, aber es kam anders. Meine
Knochen wurden zu schwer, und ich musste einen Beruf erlernen.

Zukünftigen Meerseglern rate ich:
nur los, bevor das Alter vieles (zu vieles?) einschränkt.

Mein Ziel ist:
noch einmal die Weite des Pazifiks zu erfahren. Aber ein Segeltörn
um den Atlantik würde auch reichen.

Segeln ist:
pure Magie – sofern es auf dem Meer stattfindet. Es schließt
alles Übrige aus.

Der erste Tag auf Langfahrt ist:
grässlich. Egal, wie schön das Wetter ist und wie reizvoll das Ziel,
Abfahrtstage sind zum Verstecken.

Erfolg macht mich:
locker und mehr noch ungestüm.

Meine Mutter hat mich gelehrt:
Erfolg haben sei wichtiger als emanzipiert sein. Es macht
bemerkenswert selbstbewusst.

Ein Seetörn verändert mich:
sehr. Jedenfalls segelt man nicht um die Welt und kommt nach
Hause, um den Rasen zu mähen.

Zu den glücklichsten Momenten auf hoher See zähle ich:
schwimmen. In einer totalen Flaute kopfüber hinein ins Blaue
abtauchen und getragen werden auf vielen tausend Metern
Wassertiefe. Es ist atmen im Wasser.

Geld macht mich:
unabhängig – wenn es selbst verdientes Geld ist.

Die Freiheit der Meere gibt es:
noch. Ganz sicher – wenn der Einzelne sich in die Pflicht nimmt.
Also: sein Schiff in Ordnung hält, großartige Momente zelebriert.

Der längste Törn war:
1972 von Madagaskar nach Plymouth. 121 Tage ununterbrochen
auf See.

Mein Vorbild in der Segelszene ist:
meine Mutter. Sie hat Traum und Realität fein auseinanderhalten
können. Bei ihr gab es über den Atlantik segeltechnisch keine
Fremdhilfe – keine Selbststeueranlage, kein GPS, keine Rollsegel.
Sie war auf dem Meer sehr auf sich selbst gestellt.

Stürme sind nur gut, wenn:
sie am Ende keinen abgrundtiefen Schrecken hinterlassen.

Hilflos machen und in Rage bringen mich:
Dünungswellen bei einem schwachen Wind, wenn Wellen die
Segel knallen lassen.

Die Zeit vergesse ich, wenn:
ich ein Buch lese. »Moby Dick« von Melville (neu übersetzt) ist
zurzeit so ein Schmöker, der mich gefangen nimmt.

Der schönste Platz zum Leben ist:
Cap Ferrat an der Côte d'Azur, Hamburg in der Speicherstadt,
Düsseldorf am Rhein und viele andere mehr.

Ein großartiger Moment auf See ist:
die Ruhe nach dem Sturm.

Kochen unterwegs ist für mich:
die Hölle. Im Spreizschritt vorm Kocher, eine Hand zum
Festklammern, mit der anderen den Kochlöffel schwingen und
zwischen den Zähnen Würgegefühle.

Ein Haus ist:
Mittel zum Zweck. Das heißt, die Basis für vieles: Familie, Arbeit,
Gärtnern, Planung von neuen Segelreisen.

Meine Liebe gehört:
auch den Pflanzen. Eigenes Gemüse und Obst ziehen, dann pflegen
und ernten – großartig.

Gefahren und Strapazen vergesse ich wieder, wenn:
mein Boot aufs Neue optimal sein Kielwasser zieht und ich das aus
dem Cockpit heraus beobachten darf. Dieses Gefühl von Schönheit
und Freiheit bleibt für immer.

ICH SEGLE GERN

2 Mensch, ist das schön. Voraus das glatte, dunkle Wasser. Über mir Erlen und Pappeln, die weit übers Ufer ragen. Das erste Licht der Morgensonne bricht durch die Bäume der Füsinger Au. Es ist die klare, warme Sonne eines Maitages, die die Feuchte von den Wiesen nimmt und das Deck trocknet. Leicht züngelt das Schleiwasser am Ufer entlang. Das Groß flattert im Wind, wobei der Großbaum, von einer sanften Dünung verursacht, von einer Seite zur anderen pendelt. Die Fock liegt zum Setzen bereit auf dem Vordeck. Die Pinne ist mittschiffs festgelascht. Ich halte den Bug meines kleinen Bootes, der auf den Ufersaum stößt, mit beiden Händen fest. Knietief im Wasser stehend, bin ich klar, um mich vom Ufer abzustoßen. Abzustoßen zu einer Segelrunde um die Schlei. Das ist nichts Großartiges, ähnelt die Schlei doch sehr einem Binnengewässer mit einer schmalen Öffnung zur See. Zur Ostsee. Die Schlei ist rund 20 Meilen lang und bietet mit Buchten und Häfen Schutz für jedes Wetter. Und sie ist wunderschön in eine sanft wellige Acker- und Waldlandschaft eingebettet. Ein bisschen wie Mecklenburg-Vorpommern.

Ich erinnere mich deutlich an meine erste Begegnung mit der Schlei. Es war im Mai 1982. Mit einem kantigen Wind im Rücken segelte ich in die schmale Mündung. Beidseitig passierten Fischer, Yachten, Angelkähne. Weiter landeinwärts sah ich Rapsfelder in Blüte, Buchenwälder bis ans Ufer, vereinzelt ein Kirchlein. Ich passierte zwei Klappbrücken, windschiefe reetgedeckte Fachwerkkaten, in die Natur eingebundene Steganlagen und Dörfer mit klitzekleinen Häfen. Ich war platt. Sehr sogar. Diese Ecke Deutschlands erschien mir lebenswert. Gewissermaßen lyrisch hingehügelt und weitab von allem.

Wenige Monate später wohnten wir an der Schlei. Kurz entschlossen kauften wir uns ein Häuschen. Was mich damals begeisterte und sich bis heute nicht geändert hat, war die Kombination von Binnensee und Hochsee. Also, ich konnte hier einerseits Jolle segeln, andererseits sozusagen von der Haustür weg mit einem Dickschiff das Meer besegeln: Haparanda, New York, Muckle Flugga.

Die Schlei ist eigentlich ein flaches Gewässer. Dennoch können auch große Segler sie befahren, da die Tiefe mittig bis Schleswig (im Scheitel) auf vier Meter gehalten wird. Zum Erlebnis wird dieser Ostseearm jedoch erst, wenn man die vielen Buchten (Noore genannt) oder sandigen Kaps ansteuert und dort zwischen Schilf und Wiesen ankert.

Worum es mir aber mit dieser Jollensegeltour geht: Selten fühle ich mich so ungebunden wie unter Segeln. Innerhalb von Inselarchipelen, auf Ost- und Nordsee, auf dem Ozean. Und nach 25 Jahren Leben in der Nähe dieses Fjords Schlei wollte ich dieses ungebundene Gefühl mal wieder zurückholen.

Ich schubse mich ab, jumpe schwungvoll an Bord, reiße die Fock hoch, haste nach achtern, lege die Pinne um und hole die Segel dicht, wobei mein Blick zwischen Windfähnchen und Segelstellung schweift. Mit der rechten Hand steuere ich, mit der linken greife ich mir ein Sitzkissen, um es mir bequem zu machen. Ich drehe mich um und blicke ins Kielwasser. Leicht kräuselt es sich. Meine flache Hand schleift durchs Schleiwasser, schätze 3 Knoten Fahrt.

Von dieser Position an der Pinne habe ich in meinem Leben beim Absegeln nach nah und fern auf viele Inseln und Häfen geschaut. Als Kind, als Jugendliche, als junge Frau und überhaupt in jedem Alter war ich mit einem Boot unterwegs. Und meistens saß oder stand ich am Ruder. Ich mag es, einem Boot die Richtung zu geben.

Davon will ich berichten. Von den kleinen und großen Dingen des Segelns.

Warum ist Erinnerung langlebiger als Wirklichkeit? Lange brauche ich nie, die Wirklichkeit anzuerkennen. Kaum festgemacht, schon fühle ich mich wohl. Fast wie zu Hause. Immer wusste ich, was Glück und Gelassenheit bedeutet: dass man zufrieden ist mit dem, was man hat, und sich selbst so akzeptiert, wie man ist.

Ja, das ist es.

Noch befinden sich keine Boote auf der Schlei. Gemächlich zieht das Land an mir vorbei. Oder ist es umgekehrt? Das Kielwasser kräuselt unverändert. Ich will Richtung Ostsee. Mein Boot ist kursstabil, bei leichtem Wind einfach zu handhaben. Und es ist schön anzusehen. Eine gelungene Konstruktion. Was ich von mir nicht sagen kann. 1,71 Meter groß, okay, das gefällt mir. Indes: Obenherum könnte es mehr sein und untenherum weniger. Ich bin blond – teilweise jedenfalls noch –, 59 plus und habe über 3000 Kojennächte in sportlichen Fahrtenbooten gelebt – und gelitten. Schon falsch: mehr gelebt und genossen. Die Mehrzahl der Nächte fand statt im Hafen, in Buchten und bei annehmbarem Wetter auf See. Und das bei rund 70 000 Meilen. Seemeilen!

DER ANFANG
VOM ENDE

3 Die Bilder kommen. Seemeilen ist so ein Begriff, der mir erst von meinem Mann Wilfried deutlich gemacht wurde. »Das sind Seemeilen, Astrid, S e e m e i l e n!« Dann zählte er mir all die Länder auf, die mit unterschiedlichen Meilen hantieren. England, USA, Schweden. Unzählige. »Ein seltsames Wissen«, dachte ich. Ich sprach weiter gerne nur von Meilen. Mir erschien es logisch: Wir sind auf See, also ist das Wort Meilen gleichbedeutend mit Seemeilen. Eine Seemeile entspricht übrigens 1852 Metern – errechnet als Bogenminute aus dem Erdumfang am Äquator, der der Null-Breitenkreis ist.

Das erste Treffen mit Wilfried fand – wo auch sonst? – im Hafen statt. Es war eine Boot-zu-Boot-Freundschaft. Meine Mutter und ich segelten einen Trimaran. Er segelte ein Bötchen von sieben Metern Länge. Und reiste allein. Näher aber kamen wir uns im Hafenwasser von Gibraltar. Nach einem feuchten abendlichen Ausflug in die Stadt wurde es richtig nass, als wir mit einem Winzling von Beiboot (ähnlich einem aufgespannten Regenschirm) kenterten und uns in dunkler Nacht gegenseitig retteten. Den Rest der Nacht schlief ich kaum. War es Liebe?

Er zeigte mir auch seine Kajüte, so klein, dass nur Platz für einen war, außer der Koje, die die Hälfte des Raumes einnahm. Aneinander vorbeigehen ging nicht. Die hölzerne Einrichtung wirkte einfach. Ein Bootsmesser im Holster, als einziges Instrument ein Barometer, und an der Maststütze klebten verstreut Automatenfotos in Streifen. Stolz führte Wilfried mir auch seine Pantry vor: kaum breiter als mein Unterarm, mit einflammigem Gaskocher, 1 Kochtopf, 1 Wasserpumpe, 1 Schublade mit 1-mal Besteck und Dosenöffner. Keine Spüle. Über der Anrichte befand sich eine merkwürdige Pfanne aus Aluminium, verbeult, ziemlich zerkratzt und verbrannt, als hätte sie schon eine Weltumseglung hinter sich. Darin noch braune Bohnen, gebraten mit Zwiebelringen. Davon wollte ich nicht essen, daher wehrte ich, als sie mir mit Spiegeleiern dazu angeboten wurden, diese Esseneinladung vehement ab. Wo sollte sie auch stattfinden? Im Cockpit? Die Plicht war so flach, dass mir die Knie ans Kinn stießen. Sieben Meter Boot sind eben nicht die Welt. Schon gar nicht, wenn einer seine Plicht selbstlenzend umgebaut hat. »Überkommendes Wasser muss automatisch abfließen.« Also hatte der zukünftige Weltumsegler den Plichtboden der Seetüchtigkeit wegen sehr hoch gelegt. Immerhin konnte man sich dafür auf den beiden Cockpitbänken der Länge nach ausstrecken.

Nach drei Wochen Segeln mit meiner Mutter und einigen Hafentagen flog ich nach Düsseldorf zurück in meinen Beruf, und er, der Alleinsegler, stürzte sich auf den Atlantik. Erst zu den Kanaren, dann in Richtung Karibik. »Das sind 2700 Seemeilen.« Da war er wieder, der Respekt vor den Seemeilen.

Ich war stolz, Briefe von ihm zu erhalten aus Ländern, von denen ich kaum gehört hatte, mit den exotischsten Briefmarken darauf: St Vincent, Panama, Papua-Neuguinea. Ich legte Elvis »Jailhouse Rock« auf den Plattenteller, zog die Beine an und träumte. Dachte, ob er wohl die Pfanne noch in Gebrauch hat. Besser, ich hätte ihm eine neue besorgt. Wo liegen die Inselparadiese Coconut Island oder Moorea eigentlich, von denen er schrieb? Ist das Meer wirklich so blau und klar? Sind die Fische so zahm, dass man sie mit den Händen fangen kann? Geld, wie ist es damit? Nein, davon erfuhr ich nichts. Die Früchte wuchsen einem praktisch in den Mund oder wurden zumindest säckeweise im Cockpit abgeliefert. Kein Wort zu Finanzen und Mädchen. Ach, auch egal, ich war allein, er war allein. Wobei ich ihn um sein Alleinsein beneidete. Ob es wohl noch immer so ist mit der weiblichen Freizügigkeit in der Südsee? Ich wechselte die Scheibe. »Monday, monday ...« ein Lied, das wir eng umschlungen in den Pubs von Gibraltar gehört hatten. Ich öffnete eine Flasche Altbier und schaute aus dem Fenster. Davor war niemand zu sehen.

Die Zeit floss dahin. Aus Monaten wurde mehr als ein Jahr. Schule, Freunde, Fernsehen, Altstadt, Post. Oh, ein Brief aus Kapstadt? Der rüttelte mich wach: Was, wenn er tatsächlich seine Weltumseglung an der deutschen Küste beendet? Eine Momentüberlegung. Bei Post von der KATHENA lief das Ritual automatisch ab: Schallplatte, Kuscheln, Altbier, Fensterblicke, wo eh nie jemand zu sehen war.

Knapp zwei Jahre später. Anfang Mai 1968 war es Knallfall zu Ende mit romantischen Briefzeilen, die in exotischen Briefkuverts steckten. Ich kam aus der Schule, brühte mir einen Kaffee auf, schaltete das Radio ein, sackte erschöpft in einen Sessel und dachte: »Kinder unterrichten ist doch anstrengend«. Doch kaum ausgegrübelt, traute ich meinem Radiosender nicht.

Das Mittagsmagazin des WDR (Westdeutscher Rundfunk) hatte Wilfried Erdmann in der Leitung, den ersten deutschen Einhand-

WILFRIED ERDMANN 1968 AUF DER ELBE. ZU EINEM JUNGEN WELTUMSEGLER GEHÖRT DOCH EIN MÄDCHEN. ALSO MUSTERTE ICH FÜR DIE LETZTEN MEILEN BIS HAMBURG AN.

Weltumsegler direkt am Mikrofon. Das war wirklich sensationell. »Und verrückt«, hörte ich den Reporter, »mit einer Nussschale von Boot.« So einer fehlte den Deutschen nach dem berühmten Engländer Francis Chichester gerade. In Gedanken war ich nach dem ersten Schreck schon unterwegs zu ihm. Nur: Wie komme ich an ihn ran? Helgoland ist eine Insel. Per Telefon? Hm. Wie kriege ich einen ans Telefon, der vermutlich schon wieder auf der Mole sitzt und aufs Wasser schaut oder im Café vor einem Pott Kaffee hockt? Glücklicherweise half der WDR. Er stöberte den einsamen Segler für mich auf, der dann – schrecklich – ziemlich still am Telefon war. Er sprach kaum. Warum bloß? Was fühlt er, sollten wir uns wirklich wiedersehen? Tags darauf stand ich mit meinem hellblauen Käfer am Kai in Cuxhaven. Mein Weltumsegler war inzwischen auch angekommen. Er war abgemagert und sah mitgenommen aus. Die Presse wartete schon. Zu einem jungen Alleinsegler gehört ein Mädchen. Kameras machten klick, klick. Bleistifte wurden gespitzt. Ich fand es amüsant, wie sich Journalisten für eine ungewöhnliche Story mühten – und ich mittendrin sein durfte. Es war wundervoll aufregend. Und es passierte beinahe dasselbe wie in Gibraltar, der Schwimm-Bootssteg mit uns und vielen Journalisten sackte weg – ganz langsam immer tiefer ins trübe und kalte Hafenwasser. Es war eine wahnsinnige, weil nicht gefährliche – das Wasser reichte nur bis zu den Fußknöcheln –, aber sehr emotionale Situation.

Wir segelten gemeinsam die Elbe hinauf. Vertäuten die kleine, stolze KATHENA in Glückstadt und endgültig in Hamburg. Viele Menschen. Viel Begeisterung. Es war fantastisch, dass er erfolgreich seinen Kurs über die ungeheure Weite der Ozeane, durch Flauten und Stürme gefunden hatte.

Monate später waren wir verheiratet. Und es fand ein, sozusagen, doppelter Aufbruch statt. Man weiß, dass man damit keine Erfahrung hat, und fragt sich: Was kommt jetzt?

Für mich war dies der Anfang vom Ende. Vom Ende meines normal-bürgerlichen Lebens mit Beruf, Steuerkarte, Auto, festem Einkommen, Versicherungspolicen.

ANSTATT
FLITTERWOCHEN
IN VENEDIG

4 Anstatt Flitterwochen in Venedig – wie geplant – ging es ad hoc auf Schiffssuche an die Côte d'Azur. Wir hatten keine klare Idee, wie es mit uns beiden weitergehen sollte. Weder beruflich noch wovon wir leben wollten. Da kam uns das Angebot, ein zum Verkauf stehendes Segelboot anzuschauen, gerade recht. »Damit segeln wir um die Erde«, sagte Wilfried, noch bevor wir es überhaupt näher in Augenschein genommen hatten. »Nur wir beide.« Komisch, wir kannten uns kaum und waren nirgendwo mal für Wochen alleine. Wird das der Himmel sein? Oder die Hölle? Ich zuckte zusammen, als seine Hand sich auf meine Schulter legte: »Schön, nicht wahr?«, sagte er mit einem Lächeln und fuhr fort, »es wird das freie, das elementare Leben sein.« Was das ist? Was das sein könnte? Er zählte auf: »Festmachen an einer Palme; in knallfarbenen Lagunen vor Anker gehen; schwimmen am Riff; über weiße Sandstrände toben; bummeln in Hafenstädten; richtiges Segeln auf dem offenen Meer.« Wer kann, verliebt vor einer kleinen, weißen Yacht am Steg in Les Embiez, bei solchen Argumenten schon Zweifel hegen? Nach einer sorgfältigen Besichtigung, inklusive Tauchgang zum Kiel, war das Boot unser. Die 20 000 Mark konnten wir gerade aufbringen.

Ich war nervös. Mein Blick wurde unsicher. Ich hörte nur schwach zu, was mein frisch angetrauter Mann noch zu sagen hatte. Von »Inseln, die wir ganz für uns allein haben werden«, oder, »ein Boot bringt uns dorthin, wo andere nicht hinkommen«. Mein Gott, eine Weltreise ist ein langer, langer Weg. Ich dachte weiter. Natürlich beispielsweise an meine Rentenversicherung, die schöne Wohnung in Düsseldorf, meinen Freundeskreis, meinen geliebten Beruf als

Sportlehrerin. Ja, ich spürte den Druck deutlich. Jeder kennt dieses Gefühl. Aber mir war auch klar, dass dies meine Chance war, auszubrechen. Auszubrechen aus dem Alltag mit Beruf und Konsum. »Dies ist der Zeitpunkt in meinem Leben, wo das Abenteuer beginnen muss«, versuchte ich mich selbst zu überzeugen.

Nur eine Nacht verging, dann wusste ich: Das Verlangen nach Segelabenteuern zog letztlich mehr als alle Bedenken. Ich notierte: »Ich weiß zwar nicht, was ich finden werde, vielleicht habe ich auch Sorge, aber ich mache mit.«

Es war ohnehin die Zeit der Aufbrüche in Deutschland (West). Zumindest die der Sehnsucht danach. »Zum Aufbruch gehört ein Tagebuch«, sagte mein Mann. »Damit man am Ende weiß, wo man war, was passiert ist und warum alles so ist. Über manches kann man nicht sprechen, aber sich Notizen machen.«

Also legte ich los in meinem DIN-A5-Büchlein:

April 1969: Die eigentlichen Flittermonate können beginnen. Und gleich um die ganze Welt. Das kommt alles so plötzlich. Unwirklich. Nein, im Ernst, mein Leben erscheint mir bald wunderbar. Ich höre einfach in Düsseldorf auf und fange an Bord von vorne an. In einer Kajüte, in der zwei Schlanke mal gerade so aneinander vorbeigehen können und mit verdammt schmalen Kojen rechts und links. 8,90 Meter Bootslänge, als Slup getakelt. Der Rumpf hübsch rund geformt – aus Stahl. Der Kajütaufbau kantig – auch aus Stahl. Die Fenster bringen viel Licht in die in Mahagoni und weißer Farbe lackierte Kajüte. Gardinen könnte man bald nähen.

Drei Monate später.

Ich packte meine zwei Koffer, die eigentlich Seesäcken ähnelten, vielfach um. Reichen drei Kleider für mein neues Leben? Brauche ich all die Lederschuhe? Wie viele Pullover bloß? Ist doch immer warm, oder? Und Wäsche? Überhaupt keine Zweifel hatte ich, die Akte mit meinen Zeugnissen als Lehrerin einzupacken. »Es könnte ja sein, dass ich irgendwo Geld verdienen muss.« Ein Leben mit wenig Geld oder gar nur einem Minimum konnte ich mir nicht vorstellen. Der Gedanke daran ließ mich erschauern. Aber ich hatte ja meinen Mann und Ozeansegler, der sich auskannte, organisieren konnte und mich bestimmt nicht hungern lassen würde. Notfalls würde auch eine Dose Suppe am Tag reichen – neben den zu erwartenden tropischen Früchten. Ich hoffte aber, dass es so weit nicht kommen würde. Nicht mit meinem Weltumsegler Wilfried.

Um Schulungskurse in Erster Hilfe oder für Funk- und Rettungsgeräte sowie Brandbekämpfung kümmerten wir uns nicht. Mit Mitte zwanzig waren wir jung und selbstbewusst und dachten demzufolge nicht an Unheil. Außerdem war fast nichts dergleichen an Bord. Auch nichts an Navigationselektronik. Infolgedessen waren wir, nachdem Taschen und Bündel ausgepackt und verstaut waren, nach wenigen Tagen an Bord startklar – wovon noch die meiste Zeit dem Sextanten gewidmet wurde. Für das kostbare Navigationsinstrument war es schwer, einen sicheren Platz im Boot zu finden. Schnell noch ein Blick ins Rigg, den neuen Namen KATHENA 2 hübsch in Blau und Gelb ans Achterschiff gemalt (jetzt war es endgültig unser), und los ging es, nachdem ich einen Arm voller Baguettes, ordentlich Camembert und Wein als Proviant gekauft hatte.

AUFBRUCH
IN LES EMBIEZ

5 *Les Embiez, 2. August 69: Eine weite Kurve (wegen der Unter-*
wasserfelsen) um die Insel und wir sind frei vom Land. Unterwegs
ins Freie. Hinein ins Bewegende? Für mich eher ins Ungewisse. Sigrid
und Karel, unsere Voreigner der KATHENA 2, *stehen am Steg, geben*
mir zum Abschied noch einen 20-Mark-Schein, damit sie ja sicher sein
können, Post von uns zu bekommen. Adieu, Île des Embiez. Du bist
eine herrliche Insel. Ich hoffe auf viele andere Inseln, verlassene und
erschlossene. Mein größtes Abenteuer hat begonnen. Mensch, bin ich
gespannt. Eigentlich gespannt und entspannt zugleich.

Problemlos setzten wir die Segel. Wir waren froh, dass die Tücher
schon mal gut vernäht und fleckenlos waren. Als Groß und Fock
standen, atmete ich tief durch. Wilfried klarte an Deck auf und
überbot sich mit knappen Sprüchen: »Wir sind tatsächlich unterwegs.« – »Der Absprung ist geschafft!« – »Gott, bin ich glücklich.« –
»Nur wir beide.« – »Astrid, nur wir beide!« Und es endete mit meinem nachdenklichen: »Ich bin aber überhaupt nicht tapfer.« – »Aber
du bist neugierig«, antwortete Wilfried, »das ist viel wichtiger.« –
»Nein, aufgeregt bin ich. Sehr aufgeregt.« Ein Rätsel beschäftigte
uns: Wie kommt es, dass einige Segler in ihrem Revier bleiben und
andere aufbrechen? Sich überwinden und einen Bruch im Leben ris-
kieren – das ist wohl das Schwierigste. Hermann Hesse notierte
einmal, dass das Weggehen von zu Hause schwer falle. Das Wegsein
aber sei leicht. In der Tat gehört das Absegeln mit zu den schwierigs-
ten Situationen einer Reise. Es lässt sich so herrlich schieben: noch
ein Tag, noch eine Woche, noch ein Jahr. Nimmermehr.

An der Pinne saß – logisch – erst mal mein Mann. Hatte er doch das Schiff gewählt, ohne einen Schlag damit zu segeln. »Stahl, vier Jahre alt, acht Drähte im Rigg, was kann da schon Schlechtes dran sein?«, dachte ich beim Kauf. Wagnis und natürliches Vertrauen belohnten uns. Es segelte oberherrlich. Alles funktionierte. Nur: Eine Selbststeueranlage fehlte. Leider Gottes. »Tag und Nacht an der Pinne sitzen, das kann ätzend werden.« – »Kein Problem«, tröstete er mich, »später auf den Inseln baue ich uns eine Windsteueranlage.« Welche Inseln er meinte, war mir nicht ganz klar.

Ein Wachplan existierte nicht. Wie überhaupt wenig geplant war. Panama, Tahiti, Kapstadt waren die Eckpunkte der Ferne. Nahebei war zuerst Jávea, ein kleiner Fischerhafen an der spanischen Küste, das Ziel. »Alle drei bis vier Stunden lösen wir einander ab«, sagte Wilfried. Ein spontaner Plan, an dem wir jahrelang festhielten. Aufbruch und Abfahrt führten bei mir zu einem tiefen Schlaf, sodass ich mich erst zur Nacht hin an Deck umsah und das Ruder übernahm. Leicht umschloss meine Hand die Pinne, ein feines Stück Eschenholz. Das Schiff jumpte regelmäßig über kleine Wellen. Wir hatten Gegenwind. Das hieß einen Kreuzkurs segeln und stetige Schräglage von etwa 30 Grad und schlimmer: langsames Vorankommen. Der Langkieler segelte eine schlechte Höhe. Wir waren pausenlos gezwungen, die Windrichtung konzentriert an den Fähnchen abzulesen, die am Want flatterten.

Mit Zickzackkurs kreuzten wir über eine bewegte See der spanischen Küste entgegen. Nicht nur an diesem Tag, sondern die gesamte Strecke von 378 Seemeilen. Eine Wende jagte die nächste. Gischt klatschte an Deck. Gischt landete auf unseren Rücken. Die Pos wurden nass. Manchmal betrug die Schräglage nahe 40 Grad. Eigentlich zu viel. Lag das am Ballast? »Eisenschrott ist nicht ganz ideal.« Noch gab mir mein Segelmann auf alles eine Antwort. Auch auf die Frage, warum er keine Sonnenbrille benutzte. »Die spanischen Fischer tragen auch keine.« Punkt. Tagsüber war es nämlich im Cockpit kaum auszuhalten. Die Sonne brannte heiß hernieder. In meinen Wachen brachte ich mit viel Geduld zeitweilig unser

Boot zum Selbststeuern. Ich trimmte es mit den Segeln, indem ich die Großschot nicht so dicht fuhr wie erforderlich und spannte zusätzlich Gummistropps beidseitig der Pinne. Das waren erfüllte Momente der Sehnsucht – sich auf der Cockpitbank ausstrecken zu können und ungestört in die Wolkenbilder zu schauen.

Hart am Wind zu segeln machte müde. Was Wunder. Nach der Wache ging's sofort in die Koje, und die Gespräche reduzierten sich von Tag zu Tag. Selbst das Fachliche wurde nur kurz angerissen:

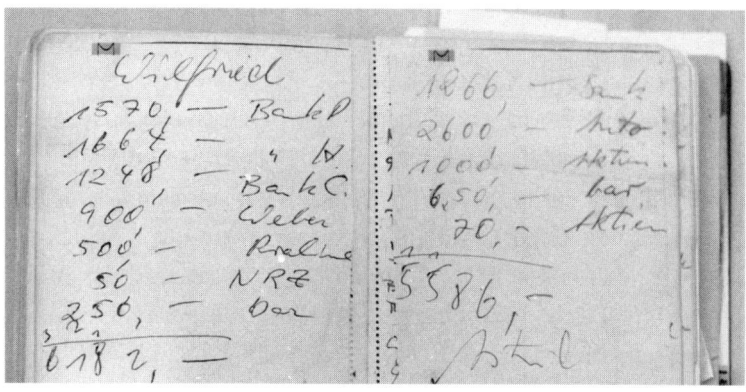

Etmal, Seegang, Windrichtung, Barometerstand. Die Pinne war das alles Entscheidende. Sie hatte etwas Trennendes und gleichzeitig Verbindendes. »Wenn das so weitergeht, ist eine Weltumseglung kein Vergnügen.«

Kochen? Ach ja, was kocht man als junges Pärchen. Fast nichts. Es interessierte uns auch nicht. Beide machten wir einen Bogen um den zweiflammigen Gaskocher. Montiert unterm Brückendeck, sah er nicht nach bequemem Zubereiten aus. Also blieb er zunächst kalt. Glücklicherweise hatten wir reichlich Baguettes und Camembert. Ohnehin erschien mir gemütliches Essen ohne Tisch lästig.

Im Umgang miteinander waren wir selten anderer Meinung. Keiner wollte zum Anfang seine Sicht der Dinge durchsetzen. Ich glaubte, dass wir als Langstreckensegler überhaupt nur funktionieren würden, wenn einer bereit ist, das Leben des anderen mitzuführen. Nicht immer, aber in bestimmten Situationen.

KASSENSTURZ AUF DEM ERSTEN SEESTÜCK. FRISCH VERHEIRATET – DAHER NOCH GETRENNT. DIE SUMME REICHTE FAST.

Wir waren mit einer feinen Schicht Salz überzogen und fühlten uns wie Sieger, als wir endlich Kap San Antonio ausmachten, das gleich neben Jávea liegt. Zuerst zeigte sich das hoch aufragende Kap, wenig später die Küstenlinie. Es herrschte Seenebel und daher eine leichte Unsicherheit wegen unserer Position. Vor allem und überhaupt fühlten wir uns wie Sieger über unser Vorhaben. Ich ergänzte: »Und über meinen Muskelkater, meine wunden Finger und meinen ziemlich leeren Magen.«

Mein Vertrauen in das kleine weiße Segelboot war nach diesem Seestück enorm gestiegen. Ich gönnte KATHENA eine Dose Bier (Sekt hatte ich nicht zur Hand). Und notierte:

Jávea, 9. August 69: Noch vor wenigen Tagen war ich unsicher. Ein Winzling von Boot, die lange Zeit mit einem Mann, den ich so nicht kenne, die unmittelbare Nähe, die Bordkasse. Ja, auch. Ich wollte zufrieden und eine gute Crew sein und vor allen Dingen Spaß haben. So stand ich auch nach dem Festmachen im Fischereihafen von Jávea am Kai, in Gummistiefeln und Wollmütze wie ein Seemann, der einen Kampf mit den Wellen gewonnen hat. Obschon ich, genau besehen, wiederum nur ein Prozent der Gesamtstrecke um die Erde »gemacht« habe. Ein klitzekleines Prozent. Und das bei leichten und moderaten Winden. – Mit einer Celtas, einem Rotwein und einem großen Teller Salat beschließen wir in einer Bodega den Tag. Ohne Absegeln kein Ankommen. Ja, so ist das Segeln.

Damals, vor 40 Jahren, vollendeten wir den Tag genau genommen kopfüber. Wir stiegen nachts am Molenkopf ins Wasser, wagten – es war furchtbar dunkel – das Verruchteste, was ich mir vorstellen konnte: nackt zu schwimmen. Es war das Größte, dieser direkte Kontakt mit dem Wasser, und symbolisierte zugleich unseren gelungenen Aufbruch.

Der Schritt aus der Ordnung war getan. Das Abenteuer Weltumseglung hatte tatsächlich begonnen.

MEIN
ERSTES SCHIFF

6 Meine Mutter sagte immer Schiff zu ihrem Boot. Gut, es war eine schwer gebaute Stahlyacht, die sie segelte, aber ein Schiff im Sinne von Größe bestimmt nicht. Es war kaum länger als unsere K2. Hier 8,90 Meter, dort 9,50 Meter. Und es war ihr Schiff. Nicht unser oder das meines Vaters. Nein, niemals. Sie sagte »mein Schiff«. Logisch. Sie kümmerte sich darum, sie segelte es, und vor allem liebte sie es. Von ihr lernte ich das Segel- und Hafenleben innerhalb der holländischen Seen kennen, wie ich es nach Jávea später in Alicante erlebte. Ein sicherer Liegeplatz am Kai mit Wasseranschluss, ein nahes und interessantes Stadtzentrum und unterhaltsame Segler.

Und ich? Ich war überglücklich mit meinem ersten Schiff – ja, ich blieb dem Wortschatz meiner Mutter treu (meistens) und nannte KATHENA 2 ebenfalls mein Schiff (gehörte mir doch immerhin die Hälfte).

Beginne ich mal draußen:

Ein toll geformter Rundspanter. Oder S-Spanter? So ganz einig waren wir uns nicht, da wir uns nicht auskannten. Als Wilfried im Hafen von Jávea abtauchte, um den Langkieler unter Wasser zu inspizieren, meinte er, die Kielform ähnele einem S, also S-Spant, was auch das sehr weiche Seeverhalten erklärte. Wenn alles rund ist, gibt es halt kein hartes Einsetzen. Die Wellen und Seen erschüttern Material und Crew weniger abrupt. Weiter: Mit ihren langen Überhängen vorn und achtern und schlanken Linien (gleich schmaler Rumpf) wirkte K2 eher klein – aber irgendwie sportlich. Der überlange Mast aus Spruce, verleimt und natur lackiert, trug dazu bei. Er deutete auf schnelles Segeln hin (aber leider auch auf viel Schräglage bei einem

Amwindkurs). Insgesamt wirkte es schlicht. Einem Urlaubsschiff ähnlich, als das es ja konstruiert und zuvor genutzt wurde. Nichts an Bord deutete auf Weltreise. Kein Radarreflektor, keine Antennen, keine Kanister an Deck, absolut nichts. Nichts war zudem verkompliziert. Zwei Stagen, zwei Segel, zwei Schotwinschen, zwei Mastwinschen, zwei Fockschoten, zwei Bäume zum Ausbaumen von Vorsegeln (an denen mein Weltumsegler noch arbeitete), zwei Crew (beide extrem beweglich). Ein schönes, lichtgrün gestrichenes Deck mit einer ordentlichen Fußreling, in die praktischerweise einige

MIT KATHENA 2 GINGEN WIR AUF WELTUMSEGLUNG. DIE SCHMALE SLUP MIT LANGEN ÜBERHÄNGEN SEGELTE NASS UND SCHRÄG.

Löcher gebohrt waren, um Schotblöcke einzuschäkeln. Ein bisschen ärgerlich: Mit dem geringen Freibord würde uns das Schiff auf Tuchfühlung mit dem Meer halten. Das hieß zwar schnell, aber auch ordentlich nass segeln. Wir wollten die See nicht herausfordern oder Rekorde ersegeln, demzufolge rechtzeitiges Reffen im Auge behalten. Mir gefiel das.

Meine Ansprüche waren so einfach wie das Schiff: Ich wollte mein Abenteuer auf und mit ihm erleben. Bis Spanien waren wir immerhin bereits gekommen – ohne Schaden an Boot und Mensch – mit viel Freude und ein bisschen Seemaladie. Ich war unheimlich bei der Sache. Als ich mich in Alicante intensiv an Bord umschaute, fiel mir die Winzigkeit der Kajüte erneut auf. Im Stehen den Kopf einzuziehen war teilweise erforderlich, die Arme auszustrecken dagegen kompliziert, ohne irgendwo anzustoßen.

Die Aufteilung war traditionell: zwei Kojen im Salon, etwa zwei Fuß breit. An Steuerbord neben dem Niedergang Kartentisch mit Platz für eine doppelt gefaltete Seekarte. Gegenüber, zum Verrenken ideal, der zweiflammige Gaskocher, fest montiert ohne Schlingergestänge und kardanische Aufhängung. Unter dem Niedergang die Maschine – ein Benziner von zehn PS, leicht mit Handkurbel zu starten. Mittschiffs ein Pumpklosett und gegenüber ein Kleiderschrank für Leute mit dünnen Fingern, so schmal war er. Im Vorschiff eine kurze Dreieckkoje mit einem 100-Liter-Wassertank darunter. Auf dem Kajütboden ein Perserteppich. Das Innere der Kajüte glänzte in mattem Mahagoni ganz ohne elektronisches Spielzeug. Luxus waren Borduhr und Barometer, exakt untereinander am Mittelschott montiert. Ordentliche Modelle aus Messing und von Wempe, die uns das Leben erleichterten. Genau, im Landleben geht's ohne Uhrzeit, an Bord wegen der Navigation und der erforderlichen Wachen eben nicht. Ein klassisches Aussteigen ohne Uhr funktioniert auf dem Meer absolut nicht. Mein Wilfried hatte die unheilvolle Erfahrung gemacht, war ohne Uhr über den Atlantik gesegelt und wäre bei der Ansteuerung der karibischen Inseln um ein Haar gescheitert.

Drei Jahre war unsere grobe Planung. Drei Jahre in einer Welt des Windes und des Wassers. Und der Wolken. Begleitet von steter Bewegung. Oben, unten, in der Mitte und hier drinnen. Alles bewegte sich. Allmählich kannte ich die Bewegungen beim Segeln in der Kajüte und konnte die Geräusche von draußen deuten.

»Hast du denn genug frisches Wasser zum Baden an Bord?«, war eine der Fragen von Freunden beim Abschied in Düsseldorf. Das war der Haken. 100 Liter im Tank, ich wiederhole 100 Liter, plus ein paar 20-Liter-Kanister waren alles. Da lebt man zeitweise ungewaschen. Das war mir klar und gewöhnungsbedürftig. Umständlicher jedoch die allgemeine Handhabung, denn es existierte kein Waschbecken. Nur eine Schüssel stand mir zur Verfügung – gerade so groß, dass ich meine Hand darin spreizen konnte. Die Waschschüssel per Handpumpe zu füllen dauerte, sodass ich außer Zähneputzen peu à peu auf das Waschen verzichtete. Solange es warm war und die Sonne schien, vermisste ich Frischwasser nicht sonderlich, was aber, wenn es weiter auf See gischtet, gar blankes Wasser übers Deck strömt?

Ich befand mich in Alicante und schaute dem Bootstischler beim Sägen und Leimen zu. Neue Passatbäume sollten uns über den Atlantik tragen. Wie Flügel baumen sie die Vorsegel aus und steuern über die Schoten das Boot automatisch. Pardon: das Schiff. Na egal. (Boot liegt mir doch näher.) Tolle Aussichten. Wie das aber genau funktionieren sollte, war mir schleierhaft. Es würde schon werden. Immerhin hatte Wilfried auch damals seine erfolgreiche Allein-Weltumseglung genau an diesem Kai vorbereitet und gestartet. Wenn das kein gutes Omen war.

Als die Bäume fertig waren, baute Wilfried ein Bord für meine persönlichen Sachen: Sonnenöl, Brille, Schere, Klammern, Spangen, Cremetöpfe und Fläschchen, Zigaretten, Streichhölzer ... Er wollte es mir bequem machen. Wegen des beengten Raumes, in dem alles in Reichweite lag, sollte es bei einem schräg, schräger, am schrägsten Kurs dort noch liegen.

Wo beginnt die Stadt in Alicante? Gleich links hinterm Hafentor mit einer schattigen, palmengesäumten Rambla, auf der es sich herrlich flanieren lässt. Mit ihrem feinen Marmormosaik soll es die schönste Allee in ganz Spanien sein (aber bis heute habe ich auch noch keine andere gesehen). Im rechten Winkel dazu und leicht bergan lag der alte Markt. Und in seinen Querstraßen befanden sich unzählige kleine Geschäfte für Stoffe, Lebensmittel, Drogerieartikel, Werkzeug und all den Kram, den man braucht, um ein Schiff besser für eine Langfahrt auszurüsten.

Abends boten die engen Gassen Bodegas und Culettas-Lokale. Meist in den Fels gehauene Stuben, in denen man den Verzehr per Kreide auf dem Tisch notierte. Manchmal denke ich noch an Alicante als die zum Leben schönste Stadt am Mittelmeer. Womöglich lag es auch an den Ortskenntnissen meines Mannes, der hier fast ein Jahr gelebt und sich in der Bucht das Segeln selbst beigebracht hatte. Dazu erzählte er gleich eine persönliche Geschichte, in der er beinahe beim ersten Alleinsegelschlag sein Boot verloren hätte. Bei der Übernahme der ersten KATHENA nannte der Verkäufer den zweiten Anker Badeanker. Als mein frischgebackener Yachtsegler dann zum Baden am Strand vor Anker ging, hielt natürlich der paar Kilo schwere Haken das Boot nicht. Wind und ein Unterwassersog schoben es langsam Richtung Brandung. Als Wilfried es bemerkte, schwamm er hastig zum Boot zurück, drückte es seewärts und jumpte mit Schwung an Bord. So wie einer allein sein Moped anschiebt und sich auf den Sitz schwingt. Das war sein Erlebnis mit dem Badeanker. Und ich fragte mich manches Mal: »Wie hat er das bloß alles geschafft?«, denn solche Episoden erzählte er im Laufe unserer Reise wiederholt.

Auch war die erste KATHENA aus Holz und später an einigen Stellen, zum Beispiel am Schwertkasten, undicht. Dagegen war meine K2 aus Stahl, wie ich fand, sehr viel vertrauenswürdiger.

ALS DER ATLANTIK
NOCH LEER WAR

7 Wenn man, wie ich zu der Zeit, 25 Jahre jung war und sich mitten auf dem Ozean befand, erschien einem die Erde riesengroß. Der Himmel, die Wolkenfetzen, der Horizont, alles wirkte schier unendlich. Vereinzelte Seevögel und ab und an ein Fisch, der im Bootsschatten mitschwamm, verstärkten die Isolation. Fehlende Kommunikationsgeräte wie Funk und Telefon die Einsamkeit. Ich fühlte mich, als schwebte ich rücklings übers Meer – getragen von Luft und Wolken. Dabei stand ich bei diesen Gedanken im Cockpit und bürstete mein Haar.

Meine Eintragungen in das schmale Tagebuch dagegen blieben riesenklein. Die Essenz meiner Empfindungen auf dem Atlantik waren sie nicht, eher Ergebnis meiner Kraft:

Gleich in der ersten Woche gab's einen netten Sturm von achtern mit Etmalen weit über hundert Meilen. W. fand das begeisternd, mir blieb nur die Waagerechte und ein trotz allem guter Appetit. Ich hatte nämlich mit dem Unwetter das Rauchen aufgegeben. Gezwungenermaßen. W. hatte absichtlich meine Zigaretten »vergessen«. So war erst mal Schluss mit Liebling.

Vergessen beim Proviantkauf. Nie und nimmer nahm ich ihm das ab. Ganz neutral: Ihn störte mein Rauchen an Bord. Wohin mit der Asche bei Wind und Welle, wo den Nachschub herkriegen und wie bekommt man Feuer? Feuerzeug, Zündholz? Ich wollte schon runter von meinen 20 Glimmstängeln pro Tag. Aber gleich auf null? Nein, das wollte ich auf keinen Fall. Außerdem, ein Entzug ohne jeglichen Ersatz und dazu in einem Leben in neuen »Räumen« ist die Hölle. Das Altbewährte aufzugeben fällt einem schon schwer, komplett neue Wege zu gehen in einem Milieu, in dem absehbar ist, dass für die nächsten Wochen außer Segeln und dergleichen nichts Abwechslungsreiches passieren würde, noch mehr. Da hätte ich lieber mit dem Rauchen weitergemacht. Sich das Rauchen abzu-

WÄRE ICH DOCH AN LAND GEBLIEBEN. SEEGANG, DIE DAMIT VERBUNDENE SEEKRANKHEIT UND NOCH ALLERLEI MISSGESCHICK QUÄLTEN MICH AUF DEM ATLANTIK.

gewöhnen (unter Zwang) war schwierig, allemal auf einer Ozeanfahrt. Es half auch nicht, dass Wilfried mir den neuen Zenith (Radio-
empfänger) auf den Bauch stellte und meinte: »Da ist Musik drin.«
Aber Musik und Nachrichten interessierten mich nicht.

Wir segelten im Herbst 1969 von Las Palmas aus über den Atlantik. 69 – lang ist's her, aber auf dem Meer hat sich nichts verändert.
Mit viel Elan ging ich an meine erste Überquerung. Mit dem Nordostpassat würde das eine herrliche Segelei werden. Nachtwachen
fanden nur sporadisch und sehr entspannt statt. Das Meer war leer.
Leer von Schifffahrt und Seglern sowieso.

Wir erwischten den Passat auch prompt wenige Tage nach den
Kanaren. Erst kam der Wind raum, dann direkt von achtern. Das
Boot jumpte, das Boot rollte sich die Seele aus dem Leib, und es segelte nass. Regelmäßig klatschten Wellen von achtern und auch seit-
wärts von Steuerbord ins Cockpit. Zwar füllten sie die Plicht nicht,
hielten nur das Cockpit leicht unter Wasser –, aber uns unter Deck.
Von der Salzbrühe hatten wir ausreichend in die Kajüte getragen.

Was ist Passatwetter?

Ein Windsystem, das ganzjährig nördlich (Nordostpassat) und
südlich (Südostpassat) des Äquators um den Globus weht. Es
bietet stetigen Wind um 4 bis 6 Windstärken. Dazu viel Sonne
mit geringer Bewölkung und wenig Niederschlag. Regenwasser
auffangen ist normalerweise jämmerlich. Wir mussten mit unseren Vorräten gut haushalten. Verklebte Haare und Zähne putzen
mit Meerwasser blieben die Regel.

Meine Koje war die an Backbord. Ich lag dort zwischen einem
Schlingerbrett und der Außenhaut wie in einer Kiste ohne Deckel.
Die Luken waren dicht, natürlich, die Lüfter zu klein, um mir Luft
zuzuführen. Ich versuchte es mir mit Kissen rundum bequem zu
machen, aber die Seekrankheit setzte mir heftig zu, sodass mir alles
abhanden kam: Interesse, Lesen, Liebe, Erzählen. Rauchen sowieso.

Dabei war ich absolut überzeugt gewesen, dass mir auf dem Atlantik mit seinen langen Ozeanwellen dieses Missgeschick halbwegs erspart bleiben würde. Das Endstadium mit Erbrechen erreichte ich freilich nicht, aber meine Leistungsfähigkeit und – schlimmer – meine Begeisterung wurden extrem herabgesetzt.

Mein agiler Mann, der mit Seekrankheit nichts am Hut hatte, war auch ziemlich sprachlos. Einerseits, dass ich damit wieder und wieder zu kämpfen hatte, andererseits hatte er solch starken Passat nicht erwartet. Und wohl auch keine Frau mit Schmerzen im Unterleib. Glücklicherweise arbeitete Wilfrieds System der Doppelfocks bestens. KATHENA 2 steuerte sich Tag und Nacht selbst. Nur wenn der Wind sich in Richtung und Stärke veränderte, bedurfte es kleiner Korrekturen. Die Enden der Schoten von den beiden Vorsegeln waren über zwei Blöcke direkt auf die Pinne gezurrt. Für Kursstabilität sorgten zusätzlich Gummistropps beidseits der Pinne. Ich hatte mich noch bei der Abfahrt über die Vielzahl an Gummibändern amüsiert, weitgehend ahnungslos, wie wichtig diese Stropps auf See sein würden.

Mir ging es mies. Wirklich. Und ich war in Sorge. Nicht wegen der Seekrankheit, die mich auslaugte, aber nicht kotzen ließ. Nein, schlimmer, jede Welle, die gegen den Rumpf schlug, versetzte mir Stiche. Zuerst nur schwach, dann immer heftiger. Ich war schwanger. Schon vor der Abfahrt auf den Kanaren war mir das klar. Da ich in meinem Leben immer gesund war, machte ich mir keine großen Gedanken. »Wird schon werden«, dachte ich. Aber es wurde nicht. Schmerz und das Gefühl, dass es ernsthaft zu Komplikationen kommen könnte, machten mich nervös. Wilfried versuchte mir Mut zuzusprechen. Er gab mir zu trinken, zu essen, er schüttelte meine Kissen auf. Er gab mir frische Luft, indem er die Luke öffnete und somit auch Salzspritzer hereinließ.

Ich war total aufgelöst. Vor Furcht. Vor Angst um mein Leben. Mein einziger Gedanke: »Weg, ich muss hier weg.« Ich fühlte Panik, die einer an einem total isolierten Ort empfindet, wo er keine Chance auf Hilfe hat. Nur zu vergleichen mit der Situation, wenn ein Schiff sinkt und für die Schiffbrüchigen keine Rettungsmittel vorhanden sind.

Schlafen konnte ich nur in kurzen Intervallen. Der Druck wurde heftiger. Trotzdem dachte ich: »Du musst weitermachen, raus kannst du hier nicht.« Gut tausend Meilen waren es noch bis zu unserem Ziel, Barbados. Wilfried reduzierte die Segel, um mir Erleichterung zu verschaffen, aber ich wollte es lieber schnell hinter mich bringen. Also setzte er wieder mehr Tuch.

Am 20. Seetag passierte es. Unterleibsblutungen setzen ein. Ein Frotteetuch nach dem anderen wurde notwendig. Es wurde Nacht. Ich nahm Antibiotika und quälte mich. Später notierte ich hastig:

Ich hatte in der Früh eine Fehlgeburt, nachdem sich schon tags zuvor heftige Blutungen eingestellt hatten. Meine Panik war so groß, dass ich auf einen Dampfer übergestiegen wäre, um schneller an Land zu kommen. Ich überstand diese Nacht und den Tag mit weiteren Schmerzzäpfchen. Ich fühlte mich schlapp und schmutzig. Und hatte nur becherweise Süßwasser zum Reinigen. In den folgenden sechs Tagen schenkte der liebe Gott uns jeden Tag ein gutes 100er-Etmal. In der Nacht zum 26. Tag sah ich dann das Leuchtfeuer vom Südende Barbados. Nun kann nichts mehr schiefgehen. Da gibt's Ärzte, die mir helfen können.

Der Sonnenaufgang des 26. Tages war der herrlichste Moment meines Lebens. Wir segelten bei leichter Brise sehr dicht unter der Küste auf die Bucht von Bridgetown zu. Viel zu dicht eigentlich. Von Land kam ein Eukalyptusgeruch, und wir sahen eine grüne, hügelige Insel mit hellen, hübschen Häusern und weißen Sandstränden dazwischen. Das war ein glückliches Lebensgefühl. Der Anker fiel auf feinen Sandgrund, der wie ein dünnes, leicht gemustertes Seidentuch unter glasklarem, völlig ruhigem Wasser dalag. Nachdem die Ankerkette um den Poller gezurrt war, war es absolut still. Es herrschte eine Stille, wie sie nur ein früher Morgen bietet. Ich beugte mich über die Reling und sah, wie scharf das Wasser mich spiegelte und ich zwischen Deck, Mast und Stagen unwirklich groß wirkte. Und dann sehnte ich mich die hundert Meter rüber zum Strand, um unter den Palmen auszuruhen. Aber fürs Erste reichte mir auch die schön lackierte Cockpitbank, die nach Wochen erstmals wieder völlig entspanntes Liegen ermöglichte. In Stille wieder zu mir zu kommen, nur das wollte ich. Die Schwäche spüren. Die angenehme Schwäche des Davongekommenseins. Und dann das Krankenhaus? Ein Arzt würde es vielleicht auch tun. Aber vorher wollte ich noch schwimmen.

Das Paradoxe: Du fühlst dich wochenlang wie ein Spielball der Wellen und denkst daran, so schnell wie möglich nach dem Landfall deinen Seesack zu packen und abzumustern. Und wenn du dort bist? Dann hast du es plötzlich nicht mehr so eilig.

Und fährst einfach weiter.

WER BIN ICH,
DIE SO WAS TUT

8 Auf dem Ozean bewegte ich mich, von der Balance her betrachtet, wie andere Menschen, die viel U-Bahn fahren. Gewusst wie – egal ob in der Kajüte oder an Deck. Ich hatte die richtigen Griffe und Schritte schnell raus. Vielleicht machte mich das beweglich – im Kopf wie auf den Beinen.

Meine Eltern betrieben gemeinsam ein Geschäft in Düsseldorf. Autozubehör mit Reifendienst. Das war gleich nach dem Krieg und forderte die beiden täglich bis spät in den Abend. Ich wuchs sozusagen auf der Straße auf, die bei uns eine hübsche Allee war. Musste meine Nachmittage selbst organisieren und gestalten. Mich um Schulaufgaben kümmern, um meine Kleidung, um Sport und Spiel. Und darin war ich gut bis sehr gut. Sei es bei Ballspielen aller Art, Rollschuhlaufen, Radfahren. Meine Fähigkeit lag darin, grundsätzlich schnell zu sein und die Übersicht zu behalten. Ich war in unserem Viertel mit den Rollen an den Füßen so schnell und sicher wie Erwachsene mit ihrem Moped. Das führte dazu, dass mich mein Vater irgendwann aufs Eis brachte. Ich sollte Eiskunstläuferin werden. Das Eisstadion an der Brehmstraße lag gleich nebenan. Ich machte schnell Fortschritte, hatte Talent, bekam einen Trainer und besuchte Lehrgänge in Garmisch und Chamonix. Schüttelte auf dem Eis meinem Vorbild, der deutschen Meisterin Ina Bauer, die Hand und hatte eigentlich mehr Lust zu spielen, als dieses harte und regelmäßige Training abzuspulen. Achten laufen, Pirouetten drehen, Pflicht, Kür – das ganze Programm. Hier muss auch mal gesagt werden, dass es unheimlich wehtut, an einem Trainingstag zigmal auf den Po zu fallen. Eis ist härter als Beton. Ich startete exzellent, sackte dann aber auf Normalmaß ab. Da half auch mein Ballettunterricht nicht, den ich nebenbei noch regelmäßig erhielt. Und das Normalmaß war meinem Vater nicht genug. Er meinte, ich wäre für mein Alter zu groß und mein Knochenbau sei zu schwer, um eine erfolgreiche Eiskunstläuferin zu werden. Also wechselte ich vom Eis auf Sand. Das hieß, ich wurde von meinen Eltern gewechselt. Der Tennisclub war mein nächstes Feld: Tennis ist was für groß gewachsene Mädchen. Wieder das ganze Programm: Tennisstunden, Tenniswettkämpfe, Training. Aber wo ich letztlich am erfolgreichsten war, das war die Leichtathletik. Mit 14 Jahren sprang ich schon fünf Meter weit. Und mein Wurfball landete regelmäßig über 60 Meter. Ich mochte die Atmosphäre auf dem Sportplatz und heimste tolle Urkunden ein, aber meine guten Leistungen im Sport wie in der Schule endeten, als sich meine Eltern trennten und mein Leben total umgekrempelt wurde.

Die großbürgerliche Erziehung mit Ballett und Klavier und allem Möglichen, was dazugehörte, mit Faltenrock und Rattenschwänzen, Einkaufsbummel auf der Kö, Café Kaiser und Ferien auf Sylt waren damit zu Ende. Gerade die Insel Sylt in den Sommerferien vermisste ich sehr.

Das neue Leben begann.

Wohin mit mir? Zunächst ins Internat in die Eifel. Wunderbar – in der Tat. Als Einzelkind (ich hatte gern Gesellschaft) kam mir das rhythmisierte Leben in einem Mädcheninternat entgegen. Ordnung, Sauberkeit, Schule, regelmäßig essen, Hausaufgaben, toben, Schlafsaal. Und am Wochenende ging's zu meiner Mutter. Im Winter in ihre Wohnung, im Sommer meist gleich aufs Boot nach Holland. Sie hatte mit dem Segeln angefangen. Und da meine Mutter, wenn schon etwas Neues, gleich voll durchstartete, war es ein seetüchtiges Kielboot. Darauf ließ es sich ganz herrlich leben, meinte sie. So habe ich erste Wurzeln geschlagen, die bis heute meinen »festen Stand« garantieren. Kein Hin und Her mehr.

EIN SPORT FÜR MUTIGE MÄDCHEN

9 Folgerichtig schickte meine Mutter mich zur Segelausbildung an den Chiemsee. In die Yachtschule des DHH (Deutscher Hochseesportverband Hansa) nach Prien. Eigentlich war ich viel zu jung, vorzugsweise stand die Schule erst Mädchen ab 16 offen, und ich war gerade 14, aber mit ihrer Überredungskunst und ihrem Charme schaffte sie es, mich dort unterzubringen. Ich sollte wenigstens die Grundbegriffe dieses herrlichen Sports lernen. Getreu ihrem Motto: Was man richtig beherrschen will, lernt man am besten von der Pike auf. So auch das Segeln. Und ab mit dem Zug nach Bayern.

»Was ist für ein Mädchen eigentlich am Segeln so schön«, dachte ich bei der Anmeldung. Um das herauszufinden, aber hauptsächlich meiner Mutter zuliebe, fuhr ich die lange Strecke. Ich liebte meine Mutter. Sie sorgte sich sehr um mich, bürstete stundenlang mein langes, blondes Haar, kaufte mir schicke Kleidung und steckte mir reichlich Taschengeld zu.

In der Segelschule angekommen, nahm ich eine der oberen Kojen im Bettenhaus in Beschlag und träumte bestimmt nicht von fernen Horizonten und den sieben Meeren, als ich mir als Erstes eine Cola gönnte und mir den Betrieb aus der Distanz anschaute. Die Schule lag leicht abschüssig am Hang und direkt am See, mit hohen, alten Bäumen, gemähten Rasenflächen, natur lackierten Holzbooten und flatternden Segeln. Wir Schülerinnen waren einheitlich gekleidet. Auch ich hatte weiße Blusen und einen marineblauen Rock eingepackt. Außerdem verlangte der Anmeldezettel von der angehenden Windsbraut leichtes Gepäck: Bootsschuhe, Badezeug,

Schleifen (für langes Haar), warme Wollsachen und Regenschutz. Gummistiefel wurden gestellt.

Geboten wurde Segeln mit H-Jollen. Die Ausbilder waren alles Männer und – natürlich – erfahrene Segler. Der Umgangston 1958 war sehr seemännisch. »Alle Mann aufstehen – alle Mann zum Frühstück – alle Mann zu den Booten.« Und so weiter (obschon wir nur Mädchen waren). Der Dienstplan war streng einzuhalten und wurde nur vom Wetter beeinflusst. Mag sein, dass in den Tagen der Windjammer und ersten Lustsegelyachten Segelfahrt eher als harter Männerberuf denn als Freizeitvergnügen galt und ein gewisser Drill vonnöten war. Die Mehrzahl der Kursteilnehmerinnen eckte oft an. Sie wollten von autoritärer Erziehung in den Ferien nicht viel wissen. Die Antwort der Veteranen war allerdings immer wieder: Gerade in einem Segelboot hängt viel vom Teamwork ab, manchmal sogar das Leben. Disziplin wurde daher großgeschrieben.

Mir war schnell klar: Eine Jolle auftakeln, zu Wasser lassen, wenden und halsen, auf Kurs halten, wieder rausziehen und abtakeln ist eine anstrengende Schinderei. Zwischendrin Theorie über Taue, Knoten, Segel, Wendewinkel, Segelsprache. Da konnte von Romantik und Erholung überhaupt nicht die Rede sein. Und ich hatte eigentlich Schulferien, wollte mir vor allem theoretisch nicht den Kopf zerbrechen.

Problemlos setzten wir die Segel und legten vom Steg ab. Fuhren unter Anleitung des Segellehrers Wenden, Halsen oder einfach geradeaus. Am Anfang war man Vorschoter. Ich war also diejenige, die auf Kommando mit dem kleinen Vorsegel, der Fock genauer, zu tun hatte. Die Schot dicht holen, fieren oder gar lösen, wenn es galt, das kleine Segel von der einen Seite auf die andere zu befördern. So blieb Zeit zu schauen, was der Lehrer eigentlich machte, wenn das Boot Kurven drehte. Bei wenig Wind war's richtig gemütlich – auf dem Boden hockend mit Blick in die Sonne oder zu den anderen Booten.

Der Chiemsee ist ein recht eigenartiges Windrevier. Hatten wir Wind und lagen ziemlich schief, dümpelten andere, keine hundert

Meter weiter, in einer leichten Brise dahin. Alle paar Tage wurden die Aufgaben getauscht. Mein nächster Platz war an der Großschot, dazu gehörten Schwert bewegen, ausreiten, Leinen klar halten. Ohne Hilfe des Segellehrers an Bord hätte das Chaos bedeutet. Erst im

dritten Anlauf kam die Pinne dran. Zunächst fuhr die Jolle eher mit mir, als ich mit ihr. Nach jeder Wende brauchte mein Orientierungssinn ganze Minuten, bis ich verlässlich wusste, woher (der Wind) und wohin (das Ziel). Ich lernte jedoch schnell, den Wind an den Fähnchen am Want abzulesen, das Gefühl für die Pinne wahrzunehmen, die Reaktion des Bootes einzuschätzen. Noch schneller hatte ich die neue Sprache intus: hol dicht, luv an, fier auf, rund achtern, Fock über. Steuerbord und Backbord, Luv und Lee hatte ich schon von meiner Mutter gelernt. Ich lernte am Wind, vorm Wind, beim Wind zu segeln.

Der Segeltag endete meist mit Abtakeln, Segelpacken, Aufklaren, Knotenstecken, Bootskunde, Wetterkunde, Fachwörterlernen

Segelkursus in der Yachtschule am Chiemsee. Oben, die Zweite von rechts, bin ich als 14-jährige Schülerin.

und anderen praktischen wie theoretischen Übungen. Die Segelmanöver liefen von Tag zu Tag besser – bei jedem Wind. Das Segeln machte mir Spaß. Was für ein Gefühl, am Wind zu segeln, mit 30, 35 Grad Schräglage, Spritzern im Gesicht und trotzdem auf Kurs zu bleiben – genau dorthin, wohin ich will. Wind, Wasser, Jolle und ich waren eins. Mehr und mehr verstand ich, warum es meine Mutter zum Segeln trieb.

Der zweiwöchige Kurs endete für die meisten mit dem A-Schein. Den gab's aber nur für die Mädchen ab 16. Mir händigte man einen Teilnahmeschein aus. Dafür gewann ich die Abschlussregatta als Schiffsführerin.

FAHRTENSEGLERIN WERDEN

10 Wie wichtig die gründliche Segelausbildung am Chiemsee war, verdeutlicht, dass ich eine begehrte Mitseglerin meiner Mutter wurde.

Von all dem, was ein Mitsegler machen muss, machen sollte, wusste ich damals noch nichts. Ich wusste nicht, wie groß eine seetüchtige Yacht sein kann, wenn es zu schleifen und zu lackieren gilt oder mal eben einfach das Deck zu waschen ist. Wie schwer es beim Festmachen am Steg werden kann und überhaupt ist, die vielen Dinge wegzustauen, bevor man auf See geht. Auf die »richtige« See (Nordsee) gingen wir dabei erst mal gar nicht. Meine Mutter und ich segelten von Muiden aus im ersten Jahr nur auf dem IJsselmeer, das damals noch ein bisschen größer war. Sieben Tonnen Schiff wollten bewegt und, nicht zu vergessen, wieder zum Stillstand gebracht werden. Dafür reichte uns der relativ kleine und überschaubare Meeresarm. ULTIMA RATIO war 9,50 Meter lang, aus Stahl mit Holzaufbau und hohem Holzmast. Ein schönes Schiff mit vollen Linien im Bug und achtern. Gebaut, um auf hoher See zu bestehen. Und explizit dafür von meiner Mutter gekauft. Irgendwann.

Ich bewunderte meine Mutter, so ein Kaliber von Schiff bewegen zu können. Sie war 37, als sie mit dem Segeln ernsthaft begann. Sie hatte Kraft, Mut, technisches Geschick und Geschmack. Ja, sie genoss das Schiffige – in der Kleidung mit Fischerbluse, in der Kajüte waren Kissen, Decken und Gläser mit maritimen Mustern versehen. Im Cockpit hatte alles seinen Platz: Kompass mit Peilaufsatz, Messer im Holster, Wasserpumpenzange, Schraubendreher, Fernglas in der Ablage, Bändsel.

Ihr ganzes Geld ging in Ultima. Und ich war dabei. Im Jahr nach meinem sogenannten Schein nahm sie mich jedes Wochenende und manchmal in den Ferien mit an Bord. Morgens um fünf Uhr über die Autobahn, weil es leer und dann Schnellfahren möglich war. Mittags ablegen und Segel setzen. Abends festmachen in einem der nahen Häfen am IJsselmeer wie Enkhuizen, Monnickendam oder Lemmer. Dort gab es gemütliche Runden mit irgendwelchen Seglern, die man vom Rhein kannte. Anderntags zurück nach Muiden und abends wieder Kurs Düsseldorf mit dem Auto. So sah ein Wochenende aus.

Ultima lag zwischen Pfählen und Stegen im Yachtclub Muiden. Eine wunderschöne Anlage mit Clubhaus und immer frisch gemähtem Rasen. Die Mitglieder kamen vorwiegend aus Amsterdam. Ultima war das einzige deutsche Schiff. Ein Schmuckstück mit vielen schönen Details – erforderlichen wie unnötigen. »Sieh an, die Deutschen«, wurde im Clubhaus getuschelt. Oder: »Sieh an, eine Frau auf einem Prachtschiff und nur mit ihrer Tochter.« Die Kriegsjahre waren so weit weg nicht.

Mit dem Segelkurs im Gepäck hielt meine Mutter mich für ihre Fahrten auf dem holländischen See reif genug und auch dafür, das Segeln auf einem richtigen Boot kennenzulernen. Mit den Leinen zum Losmachen und Festmachen hatte ich zuerst zu tun. Die ersten Handgriffe waren Tau aufschlagen – immer rechtsrum – verknoten und wegstauen. Das war nicht sonderlich spannend. Sie trug Wetterkleidung, Sonnenbrille und hatte immer Seezeichen und Karte im Auge. Ich machte die Segel klar, schlug die Persenning ab, band das Tuch auf, zog es am Fall hoch und holte es mit einer Winde am Mast dicht. Und schlug die Lose auf.

Ich segelte mit, beschäftigt hauptsächlich mit Tauenden, nicht immer genau wissend, wie und warum diese und jene Tätigkeiten gemacht werden sollten. Dabei war meine Mutter leise, auch wenn Fehler passierten wurde sie nie barsch. Beispielsweise wenn die Schot nicht am Vorsegel angeschlagen war und ich das Segel schon hisste, das Großsegel sich beim Hochziehen in der Saling verhakte oder – kostspielig – mir der Außenborder über Bord plumpste und nicht wieder aufzufinden war. Meine Mutter schüttelte nur den Kopf und griff zum Händlerprospekt.

Ich wurde mit ihr zur Fahrtenseglerin. Sie billigte meine Fehler. So ergänzten wir uns großartig. Bald hatte ich meinen Lieblingsplatz an Bord inne: die Pinne. Beim Ablegen, bei Starkwind, bei Amwindkursen, bei flauen Winden. Ich steuerte, und meine Mutter konnte dann ungestört erzählen und erklären. Sie erteilte mir Ratschläge. Logischerweise auch fürs Leben. »Sport und Musik wäre doch ein Beruf für dich.« Sie zeigte mir weitere Knoten, brachte mir Kompasspeilungen bei, erläuterte die Seekarte und erklärte das Wetter, denn das IJsselmeer war nicht nur Schönwetter. Es hatte seine Tücken, starke Böen mit Regen und Windsprünge.

Was ist ein Windsprung?

Wie der Name es schon sagt, eine plötzliche Änderung der Windrichtung. Tritt zum Beispiel häufig beim Durchzug von Kaltfronten oder Gewittern auf.

Sie selbst segelte fast bei jedem Wind los, in der Annahme, dass ein paar Meilen weiter das Wetter beständiger sei. Außerdem: »Segeln ist doch der Grund, warum wir gekommen sind.« Dann krachte eben der Bug in die Wellen und diese übers Deck. »Warum habe ich ein seetüchtiges Boot?« – »Ja warum?«, fragte ich. – »Damit ich mir dieses Wetter leisten kann.« Aber die kurzen Wellen auf dem IJsselmeer waren nass und verquer und zerstörten rasch einen direkten Kurs und den Spaß – weswegen wir auch nach Holland gekurvt waren. Egal, windzerfetzt wollten wir zurückfahren und nicht von einer Kaffeesegelfahrt reden.

Ich erinnere mich an die schönen Stunden: glitzerndes Gegenlicht, umhüllt von einem warmen Wind, der halb einfiel, im Boot 4 bis 5 Knoten Fahrt und ich an meinem Stammplatz – auf der Cockpitbank neben der Pinne.

Mit ihrem Wissen erklärte sie mir die Wolken:

Cirruswolken sind Eiswolken von feinfasriger Struktur in der hohen Troposphäre. Die Cirruswolken sind häufig streifig angeordnet und können in einer festen Wolkenabfolge Vorboten einer Wetteränderung sein.

Und zu den Hundstagen:

Der Name geht auf das Sternbild Großer Hund zurück. Sein Aufgang beginnt Ende Juli und dauert einen Monat. Da in dieser Zeit die heißesten Tage erwartet werden, benannten schon die Griechen diesen Zeitraum als Hundstage.

Mit den Griechen kannte sie sich aus. Die hatte sie zahlreich im Regal, und vor Ort war sie dort auch gewesen. Aber was ein Hundsfott ist? Klar doch, das wusste sie ebenfalls. Das ist der Bügel oder das Auge unter einem Block, an dem zum Beispiel eine Talje angeschäkelt werden kann.

So schaukelten wir uns über den See von West nach Ost, von Süd nach Nord und kreuz und quer. Mir steckte sie zwischendurch eine Zigarette an, selbst gönnte sie sich ein Glas Wein. Wohl bekomm's. Froh, jemanden zu haben, der gerne mitsegelte, sich auskannte und nicht schon, wie einer ihrer Freunde, mal gleich forsch fragte: »An welcher Schnur soll ich ziehen?«

Irgendwann, Jahre später, ich war schon nicht mehr ihre Mitseglerin, legte meine Mutter den Kurs Nord übers IJsselmeer hinaus, segelte allein nach Belgien, England und dann noch ein Stück weiter. Meine Mutter, Ingeborg von Heister, überquerte 1969 allein den Atlantik. »Und zurück«, wie sie immer mit Nachdruck ergänzte, denn das war das härtere Seestück.

VOR ANKER,
EIN ORT
DER GEBORGENHEIT

11 Barbados ist das Paradies. Alle Verheißungen erfüllen sich. Mein Körper war relativ schnell wieder in Ordnung. Das Leben erschien mir wieder segelwert. Ich war wieder die Bordfrau, die Decken aufschüttelte, Porridge kochte und das Deck schrubbte. Wieder einmal spürte ich, dass es meine Bestimmung war, mit Schiffen umzugehen. Lieber als Brote zu schmieren, hantierte ich mit Segeln und Tauen und Anker. Und notgedrungen mit dem Sextanten.

Ich liebte die Karibikinsel Barbados. Vereinnahmte sie förmlich, indem ich das Eiland über Straßen und Wege umrundete. Ich schmiss mich in das Wasser, in den Sand unter Kokospalmen, in die Stadt und ins – jaaa – Nachtleben. Feierte Weihnachten, Silvester und mein neues Leben. Und staunte. Staunte über Farben, Kleidung, Musik, die Lockerheit im Gang der Insulaner, ihre Sprache und einfach über alles. Wie grau und trist erschien mir plötzlich mein geliebtes Düsseldorf. Häuser, Geschäfte, Menschen, Kleidung.

Der Schritt ins Bootsleben war trotz einiger Widrigkeiten richtig. Und es war ganz anders als erwartet. Nämlich viel schöner. In Balance würde man heute sagen. Mein Wilfried meinte, erst in einer richtigen Bucht beginnt das Segelparadies Wirklichkeit zu werden, vor Anker in einer Bucht, umschlungen von Land und Sicherheit. Aber ich war hier schon glückselig. Brigdetown war ein sehr offener, aber schwellfreier Ankergrund. Der Passat zog über die Insel hinweg – von Ost nach West –, wo wir im Windschutz in einer sichelartigen Einbuchtung dicht unter Land gut lagen, den Wind eigentlich nicht spürten. Erst einige Bootslängen seewärts zeigten Lichtreflexe und strubbeliges Wasser, wo die Böen aufs Meer fielen.

Nachdem ich mich also total erholt hatte, landeten wir eine Nachtfahrt weiter ... (ich denke, wer wissen möchte, wie es ausführlich weiterging, greift besser zu dem Buch dieser Fahrt »Tausend Tage Robinson« und liest dort die Geschichte) ... in Bequia. Eine der Grenadinen-Inseln. Ein bergiges Eiland mit einem tiefen Einschnitt ins Innere und einem Dorf mit Haupt- und Nebenstraßen im Scheitel. Und einer Holzbootwerft mit einheimischen Schonern vor Anker und versunkenen Wracks, von denen noch Deck und Masten im Vordergrund zu sehen waren. Einer Kirche, einem Bäckerladen, einem Krämer, der Mehl und Zucker im Regal hatte, aber auch Stoffe und Angelhaken verkaufte.

Und gleich drei Schwimmzüge gegenüber von KATHENAS Anker lag ein Hotel. Ein ziemlich neues Hotel, vielleicht zwei Schritte vom Strand entfernt. »Hotel Frangipani« stand in schlanken, hohen Lettern am Eingang geschrieben. Es hatte vier Zimmer und eine nach drei Seiten offene Strandbar unter Palmwedeln. Vier Pfosten im Sand, ein Tresen, ein paar Hocker davor, ein Liegestuhl – fertig war der Ausschank. Das zu betrachten, beflügelte meine ohnehin vorhandene Leichtigkeit. Dies sowie die Kinder von Bequia, die täglich mit Bananenbündeln im türkis-, grün- und blaufarbenen Wasser zum Boot geschwommen kamen, machten das Leben romantisch. Sie wollten dafür nichts haben, kein Geld, keine Geschenke, sie wollten unterhalten werden. Nach einer guten Stunde Toben und Rumalbern im Wasser wie im Beiboot herrschte wieder Stille. Die Sonne knallte von oben auf glasklare Spiegelungen, dazu null Wind. Das waren die Voraussetzungen für absolute Stille. Wer einmal in einer annähernd leeren, geschützten Bucht geankert hat, bekommt eine Ahnung davon, was Stille bedeutet: nichts von der Welt mitzubekommen außer der Natur.

Wer die Stille einer Bucht erleben möchte, sollte erst mal das Ankern beherrschen:

Mit wenig Fahrt im Boot den gewünschten Grund ansteuern, loten und Wassertiefen dem Steuermann nach achtern ansagen, aufstoppen bei Erreichen der Position, weiterhin loten (bei uns per Bleilot), Anker klarmachen und über die Rolle ein Stück ablassen. Langsame Fahrt achteraus signalisieren, Anker fallen lassen und die Kette durch die Hand (besser Handschuhe) fieren, bis der Anker auf Grund liegt. Mit sachter Rückwärtsfahrt zügig Kette fieren. Wilfried steckt selten Kettenlängen unter fünffacher Wassertiefe. Kette am Poller belegen und das Boot ausschwojen lassen. Dabei kommt die Kette steif, und unten auf dem Grund kippen die Flunken des Eisens in die Eingrablage. Position peilen und in die Seekarte eintragen, gegebenenfalls mehr Kette stecken (bei heftigem Wind). Wir haben den Anker praktisch nie mit Motorhilfe in den Grund getrieben – wie es oft empfohlen wird. Ein gutes Ankergeschirr hat das nicht nötig. Als Wilfried mit seinen motorlosen Booten hantierte, konnte er das sowieso nicht. Man zerstört damit auch zahlreiche Wesen, die auf dem Grund leben.

Unser liebstes Getränk in der Strandbar war ein Rum-Punsch. Eine Hand voll Eiswürfel, ein ordentlicher Schuss Rum, frisch gepresster Limonensaft, Orangensaft, Grenadinesirup und geriebene Muskatnuss. Umwerfend. Der Drink kostete einen halben Westindien-Dollar, weniger als ein Bier in der Düsseldorfer Altstadt. Wie hieß meine Stammkneipe dort noch mal? Ich kam nicht sofort darauf. So lange war das doch nicht her! Die Beine baumelten von den hohen Hockern dicht über der Erde. Mit dem großen Zeh konnte ich Kreise im feinen, sauberen Sand ziehen.

Wenn man an Bord ist, schaut man normalerweise aufs Land, ist man an Land, schaut man aufs Boot und natürlich aufs Wasser. Da wir die Strandbar meist am späten Nachmittag besuchten, spiegelte sich das Gegenlicht hart auf der Wasseroberfläche und ließ die Gedanken so formidabel ausschwärmen. Es gab nichts zu verändern. Nur meine Seekrankheit musste ich in den Griff kriegen. Oder weiter damit leben: »Was sich nicht ändern lässt, muss man ertragen«, sagt mein Gatte.

Noch zum Anker:

> Der Anker ist schon seit Urzeiten das Sinnbild der Hoffnung und oft die letzte Rettung, sofern ein Schiff in die Bredouille gerät. Daher volles Augenmerk auf die Auslegung des Ankergeschirrs legen: Kette, Kette, Kette – anstatt Tau plus Kette zu benutzen. Die Kette alle zehn Meter mit Farbe markieren, das erleichtert schwierige Manöver immens. Dann drei verschieden große Anker in der Ausrüstung haben, wobei einer über- und einer unterdimensioniert sein darf.

> Beim Ankermanöver immer Arbeitshandschuhe tragen.

> Anker werfen und Anker lichten ist eigentlich Männersache, sofern keine Ankerwinsch vorhanden ist.

> Wir geben uns beim Ankern in der Regel Handzeichen, anstatt über Deck zu schreien.

UNTERWEGS
INS WIRKLICH FREIE

12 Das Meer bietet die absolute Freiheit, aber nur denen, die da auch hinwollen. (Ist nicht von mir, könnte es aber sein.) Was ist Freiheit?

Heide Voigt, junge Weltumseglerin der frühen Jahre, betrachtete die Freiheit der Meere recht kritisch. In der Fachzeitschrift »Yacht« schrieb sie 1984, als die Hälfte ihrer Fahrt achteraus lag:

»Seit auch die offensichtlichen Zwänge des bürgerlichen Alltags für viele unerträglich werden, das umweltgeschädigte Deutschland in den Fesseln des Sozialstaates zu versinken droht, das Fernsehen an die Stelle zwischenmenschlicher Beziehungen tritt und Uniformität Kreativität ersetzt, da lockt doch die Flucht aufs Meer besonders. Denn wo bleibt in dieser Gesellschaft noch ein heiles Plätzchen für den, der vor Tatendrang schier zerbirst? Aussteigen, hinaus aufs Meer, das könnte einer der letzten Auswege sein. Vielleicht gibt es noch irgendwo das Paradies auf Erden. So schlimm wie daheim kann es wohl nicht überall sein.

Dutzendfach in jedem Jahr werden diese Gedanken in Realität umgesetzt. Die zur Saison immer größer werdende Yachtflotte auf den Kanarischen Inseln zeigt es deutlich. Eigentlich schon dort bröckelte das erste Quäntchen meiner Illusionen ab. Aber egal, die Freiheit lag vor mir: 2700 Seemeilen im Passatwind, dachte ich. Doch Windstillen, Gegenwinde, Regenwetter und üble Rollerei waren meine Alternativ-Erfahrungen. Ideale Segelbedingungen sind selten, und höchstens jeder dritte Tag bescherte uns eine rauschende Fahrt. Dazwischen lagen die Kämpfe mit den Winden und der Technik.

In der Karibik erwartete uns zwar das so lang ersehnte Traumwetter, aber wo blieben die überquellenden exotischen Fruchtkörbe? Vielmehr sollten wir für vier Tomaten drei Dollar bezahlen. Auch die Einheimischen erwarteten uns nicht mit offenen Armen, sondern waren eher mürrisch, arrogant und brachen sogar in unser Schiff ein. Einige Inseln sind inzwischen so berüchtigt, dass man sie besser ganz meidet. Und dann die überfüllten Ankerplätze! Mit 100 Yachten teilten wir uns die Einsamkeit von Bequia oder Martinique. Über 200 waren es wohl in English Harbour. Wie herrlich einsam war es doch da im vergangenen Jahr in den Fjorden Norwegens.

Immer mehr Reparaturen fielen an. Trotz des riesigen Ersatzteillagers an Bord musste improvisiert werden, denn Nachschub gab es nur bei wenigen Yachtausrüstern. Viele Teile der Ausrüstung, die wir zu stolzen Preisen auf den Bootsmessen gekauft hatten, erwiesen sich nun als reparaturanfällig, unzweckmäßig oder gar fehlkonstruiert.

Aber es gab auch Lichtblicke: Unbeschadet und nicht überfallen umsegelten wir die Piratenküste Kolumbiens. Über den Panamakanal gelangten wir zu den Galapagos. Ernüchternd die Feststellung, dass die Inseln längst vom Tourismus überrollt worden sind.

Wieder 3000 Meilen bis zu den Marquesas, täglich 24 Stunden Einsamkeit mit dem sonst so geliebten Skipper. Es ist verblüffend, wenn man feststellt, dass man dem anderen schließlich für jedes Übel die Schuld zuschiebt. Dazu kamen Brot backen bei drückender Hitze, Scherben beim Abwasch, Salatsoße auf den Polstern, Arbeiten an den Segeln – und das immer nachts in meiner Freiwache. Das ewige Geizen mit Süßwasser war zwar lästig, aber bereits Gewohnheit.

Auf den Marquesas gab es dann wieder reichlich Wasser, aber auch viel Regen und blutsaugende Nonos (winzige Moskitos). Unendlich viele Fuhren waren notwendig, um mit Kanistern unsere Wassertanks zu füllen und einen Berg verschwitzter Wäsche zu waschen. – Eine Kaution von 1600 Dollar wurde in Papeete/Tahiti fällig, dafür waren wir eine von mindestens 100 Yachten. Die Hitze während der Hurrikansaison lähmte alle Energien, zudem wurden Polynesien sieben Wirbelstürme beschert, mit denen auch wir es zu tun bekamen.

Ich möchte die Aufzählung illusionsraubender Erfahrungen hier abbrechen. Ich möchte mich auch nicht beklagen über die umfangreichen Papierschlachten, die in immer mehr Ländern ausgefochten werden müssen.

Aber ich möchte die heimischen Träumer doch wenigstens darauf hinweisen, dass gerade ich als junge Frau auf See sehr häufig bis an die Grenze meiner Leistungsfähigkeit gefordert werde. Ich bin hier zwar emanzipiert, muss dafür allerdings voll mit anpacken. Jede Freiheit muss auch auf den Meeren durch entsprechenden vorherigen Einsatz erkämpft werden.

Die Werte haben sich für mich gegenüber früher verschoben. Aber ich bin weder ein weltfremder Sonderling noch ein zivilisationsmüder Aussteiger geworden. Vielmehr habe ich aus der extremen Ferne so manche Annehmlichkeit des Lebens in Deutschland erst richtig schätzen gelernt.«

So weit Heide Voigt von der PUSTEBLUME, die mit ihrem Mann Günther die Segelreise um die Erde glücklich in Hamburg zu Ende gebracht hat. (Und mit ganzem Herzen noch viele Jahre beim Segeln geblieben ist.) Auch ein Beispiel der Veränderungen in einer Zeitspanne von 15 Jahren.

Für Wilfried Erdmann ist die große Freiheit das Nonstopsegeln um die Erde. Er mag die Vorstellung, dass es eine Aufgabe gibt, die man für lange Zeit ganz allein und unabhängig ausführen kann und muss. Allein mit sich, mit dem Meer, mit dem Boot. Allein mit seinem Log-Tagebuch und der damit verbundenen Innerlichkeit. Auch mit Leid und großen Freuden kann er unterwegs allein umgehen. (Wäre auch schlimm, über elf Monate ununterbrochen zu segeln und es nicht zu mögen.) Das Meer bietet ihm den äußersten Grad an Freiheit. Keine Mitwisser. Keine Besserwisser. Kein nix. Über die

See ohne Geplapper. Um die Erde ohne Behördenkram. Er erfüllt
sich damit seinen Traum, seine Sehnsucht nach dem Ungewöhnlichen, nach einer Aktion, die stark vom Alltäglichen abweicht. Das
Meer bietet ihm den Raum der Freiheit als Voraussetzung zum Erleben von Neuem.

»Nur auf dem Begriff von Ordnung kann jener der Freiheit ruhen.« Johann Wolfgang von Goethe. Damit hat Goethe sicher nicht
die Ordnung an Bord gemeint. Indes: Ordnung und ein rhythmi-
siertes Bordleben tragen sehr zum Freiheits-(Wohlfühl-)Erfolg bei.
(Besonders ausgeprägt trug an Bord unser Kind zu Ordnung und
Freiheit bei.)

In der Lagune einer Südseeinsel. Sicher und idyllisch
vor Anker, das ist die pure Bootsfreiheit.

Immanuel Kant hat ganz klar herausgearbeitet, dass es Freiheit nur geben kann, wenn der Einzelne sich auch in die Pflicht nimmt. Das ist ziemlich genau das gedankliche Fundament eines Nonstopseglers. Wie bei jedem Seeabenteuer spielen auch beim Langfahrttörn die Unabhängigkeit, Logistik und Abfahrt die Hauptrolle. »Die Offenheit des Meeres suggeriert die Vorstellung von Möglichem, Gelöstem, Spannendem. Das Ursprüngliche als tragendes Motiv.« Noch einmal Kant.

Nun, mit Nonstopfahrten habe ich nichts (mehr) am Hut. Meine einmal 121 Nonstoptage langen mir. Anfangs während dieser extremen Route kribbelte es täglich im Bauch bei dem Gedanken, überhaupt zu solch einem Wagnis aufgebrochen zu sein. Das Meer brachte mich bei jeder Sonnenreflexion in Superstimmung, zum Schluss hin jedoch erschien mir die Oberfläche nur wie Blech. Diese Art Freiheit machte mich am Ende der Tour traurig. Es war ein Zuviel an Strecke, ein Zuviel an Verzicht, ein Zuviel an Kampf. Der erste Teil meiner Weltumseglung war mir sympathischer, eben weil geregelter: Hafen, ein Seestück, eine Bucht, andere Segler, Insulaner, wieder auf See, eine Insel ... In diesem typischen Rhythmus segelten wir wundervolle Strecken. Windsysteme und Seekarten schrieben den Ablauf vor.

Genial.

Freiheit auf und mit dem Meer heißt seitdem für mich, sich entscheiden zu können. Erlebnisse müssen nicht gefährlich und strapaziös sein, um die Freiheit zu spüren. Und im Vergleich mit dem Aspekt Sicherheit hat die Freiheit eine größere Bedeutung. (Wer stark auf Sicherheit setzt, sollte zu Hause bleiben.)

Um meinen Freiheitswillen zu stillen, reichten mir später Ausmaße und Beschaffenheit eines Ozeans. Der Südpazifik beispielsweise. Allgemein ist dieser Ozean unter »die Südsee« bekannt. Das ist unermesslich viel Meer (in den Pazifik passt die gesamte Land-Erdoberfläche hinein) im Wechsel mit bewohnten/unbewohnten Inseln und Archipelen zwischen Panama im Osten und der Torresstraße (nördlich von Australien) im Westen. Allerdings: Auf einer

Strecke von 9000 Seemeilen verlieren sich die Inseln darin wie Sterne im Weltraum.

Inbegriff von Weite, Unendlichkeit, Grenzenlosigkeit ist auch der hohe Himmel. Nirgendwo ist so viel Himmel wie beim Segeln über ein offenes, wirklich freies Stück Meer. Schon ein Blick auf die Seekarte, die den ganzen Pazifik darstellt, vermittelt eine Atmosphäre von Abenteuer und Fernweh. Holt man sich zusätzlich Detailkarten auf den Tisch, ist man hin und weg: Und da und dort und überall möchte man hin. Das wirklich freie Leben für mich fand hier statt. Ganz gleich, ob während meiner ersten Tour 1969/72 oder später 1976/79. Begleitet, jedenfalls zeitweise, von einem Sich-einfach-treiben-Lassen und machen, wozu ich am meisten Lust hatte. Es war ein blauer Traum von Freiheit angesichts der Weite des Meeres. Ich nahm mein Schicksal selbst in die Hand.

In Wahrheit gibt es kaum etwas Schöneres als das Fahrtensegeln. Wir hatten da draußen immer wieder wunderbare Momente, sahen Dinge, die sonst niemand sieht, lebten intensiv und sportlich. Einfach abends in den Himmel zu schauen, ins herrliche Licht der tropischen Breiten, dazu die ungestörte Gleichmäßigkeit eines segelnden Bootes. Da sitzt selbst manch unruhiger Geist still an Deck. Deswegen macht man das.

»Ich fühle mich frei.« Das sollte man zumindest nach dem Ablegen spüren. Und diese Freiheit habe ich in den Schären, in den rauen Lochs Schottlands und auch, ja, man glaubt es zum Verrecken nicht, in der Dänischen Südsee gefunden.

Funafuti, Fair Isle, Coconut, Pikenmenchaien, Moorea, Soviken, Läsø ... Viele Inseln kaum größer, als dass man Mühe hätte, sie an einem Tag zu umrunden. Es war schlichtweg die Kombination von Meer, Inseln und Buchten und Freiheit, die mich in den Bann zog. Die wichtigste Erkenntnis: Ja, ich genieße es. Ich kann schwimmen gehen, wann ich will, wandern, segeln, mich mit Kanuseglern unterhalten, mit Dorfbewohnern, mir generell die Zeit weitgehend frei einteilen. Es gab kaum irgendetwas, das nicht mit dem Freiheitsgefühl Meer in Einklang, in Verbindung stand. Notfalls würde ich auch täglich eine Tasse Reis essen, nur um als Fahrtenseglerin unterwegs sein zu können. Ich kann mit wenig zufrieden sein. Das Resultat sind dann die überaus glücklichen Momente: Auf den Galapagos mit Robben spielen; eine Vollmondnacht am einsamen Strand erleben; ein Kanufahrer, der mich vor Anker besucht; einfach in die Brandung springen und untertauchen.

Ach, hier auch das andere: Als freie Seglerin auf Fahrt zu sein ist kein Zuckerschlecken, sondern bedeutet Nachtwachen, Gischt, Periode, Ungewissheit (in der Vor-GPS-Zeit), wie von Heide Voigt beschrieben.

Das Meer ist nicht nur ferner Horizont, hoher Himmel, brechende Sonnenstrahlen und fürchterlicher Sturm, es öffnet einem auch das Herz. Die Menschen, die Insulaner an den fremden Ufern, sind oft die Freundlichkeit schlechthin. Liegt es daran, dass sie mühevoll übers Meer zu ihren Inseln gekommen sind? In ganz frühen Zeiten, vor über tausend Jahren? Hat sie die Fahrt in offenen Kanus über die, für damalige Begriffe, unendliche Weite für Generationen geprägt? Vermutlich. Sie leben vom Meer. Sie leben mit dem Meer. Auch heutzutage noch. Und nicht nur die Menschen, ebenso Hunde, Katzen, Schweine. Alle fischen und wühlen, suchen und finden irgendwas am Ufer.

Das Meer, am Meer, übers Meer. In die Freiheit. Ich blättere um in meinem Tagebuch und finde Entzückendes voller Zufriedenheit. Ich zitiere:

Craig Cove, Ambrym:
Die Bucht sieht nicht vertrauenerweckend aus, zu offen für meinen Geschmack. Doch am Strand haben wir Spaß mit den Kindern (veranstalten Bockspringen) und im Dorf Erfolg. Wir kaufen Muscheln und Schnecken und wunderbar frisches Weißbrot. Die Menschen im Dorf sehen wild aus. Wirklich dunkel mit Schildpattstücken in den Ohren, Hundezähnen als Ketten um den Hals, und als Armreif benutzen die Frauen rundgewachsene Schweinezähne, eigentlich sind es wohl Hauer.

Alesi Island, Espiritu Santo:
Nichts Besonderes. Ich paddle nicht mal an Land. Gerade als ich mei-
nen gebrochenen Zeh versorge, schleppt W. einen Eingeborenen an
Bord, dem beim Anblick meines Medikamentenkastens die Augen
überlaufen. Er bekommt jedoch nur Schmerztabletten und eine Heil-
salbe für sein mit Entzündungen übersätes Bein. Zögernd rücke ich
noch eine Packung Malariatabletten für seine kleine Tochter heraus.
Den letzten Wunsch, Medizin gegen Haarausfall, kann ich ihm leider
nicht erfüllen.

Lakonia, Banks Island:
Mit den Eingeborenen erzählen ist meine Lieblingsbeschäftigung an
Land. Dann spazieren gehen am Strand und Tauschgeschäften nach-
gehen. Meistens Milchdosen, Angelleine und -haken, Zucker und Tee
gegen Schweinezähne, Muscheln, Schnitzereien und wenn möglich Ba-
nanen, Süßkartoffeln, Nüsse. Lakonia ist ein von der Zivilisation völ-
lig unberührter Ort. Barfuß, Naturkleidung (Tapa/Blätter) und Aus-
legerkanus (ohne einen Nagel) die Besonderheiten.

Vanikoro, Solomon Islands:
Dort liegt ein Schiff auf dem Riff. Und von Bojen im Pass durchs Riff
keine Spur. Deswegen sitzt W. wie immer im Mast und hält die Augen
offen. Man kann anhand der Farben den Pass wirklich gut sehen –
auch aus meiner Perspektive an der Pinne. Ich möchte auch mal da
oben sitzen und den sicherlich imposanten Überblick auf das weiß
schäumende Riff und das hellblaue und türkise Wasser der Lagune
genießen.

Auf See, Rennel Island bis Port Moresby:
Sieben Tage für 880 Seemeilen. Fantastische Meilen und insoweit be-
merkenswert, dass wir nach langer Zeit wieder mal mit dem Passat
segeln. Das heißt, die Wellen schieben unter uns durch, heben leicht
den Bug an, und nachdem die Welle durch ist, senkt sich das ganze
Schiff im Tal ab und nimmt mit der nächsten Welle erneut Anlauf. Es

rauscht und spritzt. Göttlich, wenn die Segel gut stehen und die Steuerung funktioniert. Außerdem bin ich erstmals der Chef. Herrlich,
herrlich. Ab dem 2. Tag fallen mir alle Arbeiten zu. Segelführung,
Kurs, Logbuch, Navigation. W., der Arme, liegt mit 39,8 Fieber in der
Koje. Irgendwas zwischen Malaria und Grippe quält ihn. Auch dauert
es, bis die diversen Medikamente anschlagen.

Auf See, Moorea – Apia:
Das Wetter verschont uns nicht: Regen, viel Wind (von achtern), tol-
ler Seegang und Wale, zig Wale. Wale, die zum ersten Mal auf unserer
Reise gegen unser Unterwasserschiff bumsen. Unheimlich. Wieder
und wieder kommen die Fleischberge, einige wesentlich länger als
KATHENA, zu nah. Glücklicherweise in Längsrichtung. Angst habe ich
nicht. Stahl und Langkieler geben mir Sicherheit.

Auf See, Diego Garcia bis Diego Suarez:
Wie sollte es anders sein, ich bin seekrank, doch flachlegen kann ich
mich nicht, denn alle naselang heißt es Segel setzen, Segel schiften,
Segel bergen. Ursache stetige Windwechsel, zum Zähnezusammen-
beißen. Zum Trost erleben wir einen fantastischen Sonnenuntergang.
Der Himmel ist bedeckt mit Farben wie Rot, Lila, Grün, Orangegelb.
Ein einmaliges Spektrum. Der Himmel flammt in seiner ganzen Weite.
Dann erlischt alles schnell. Die Dunkelheit zieht die Farben hinab.

Auf See, Diego Garcia bis Diego Suarez:
Doch der Ostwind spielt sich ein, und so segeln wir zehn Tage ununterbrochen mit Genua und Groß, ohne einmal die Schoten, geschweige
die Segel zu verändern. So was habe ich noch nicht erlebt. Zwar nur
Etmale um 80 Seemeilen, aber bei total platter See. Zum Verlieben.

Ungan, Papua-Neuguinea:
Im Osten Wolkendramen, wie ich sie noch nie gesehen habe. Zum
Land hin (Kaviang) ging Regen nieder und ließ einen Regenbogen
entstehen, der den Himmel in Flammen setzte und es tröpfeln ließ. In

den Wolken fanden Kämpfe statt. Mit der einfallenden Nacht zog alles nach Westen ab.

Ergänzen möchte ich das Thema Freisein mit Worten von Ernest Hemingway: »Das Meer ist der letzte freie Ort auf der Welt.« Recht hatte er, würde mein Mann sagen. Wie herrlich, in einer Welt zu verschwinden, wo nichts anderes als Segeln wichtig ist. Ich erfüllte mir diesen Traum mehrfach – doch die zauberhaften Landschaften der Inseln und Atolle und (ja auch) des Meeres verstellten mir nicht den Blick für die Wirklichkeit. Zum Beispiel die immer zahlreicher und komplizierter werdenden Vorschriften und Bestimmungen der Behörden. Und damit das Hemingway-Zitat weiterhin Bestand hat, sollten wir auf See mit Plastikabfällen sorgfältiger umgehen.

Kleine Zugabe. Wilfried hatte das mit der Freiheit auf dem Meer auch schnell erkannt. Als er als junger Mann in Indien an der Malabarküste am Strand hockte, den frischen, salzigen Geruch der Seeluft einatmete und auf ein weites, silbriges Meer blickte, dachte er: »Das Meer bietet Freiheit schlechthin.« Müde von den vielen Menschen an Land, müde von der Visa-Beschaffung und vor allem müde von den täglichen Gedanken des Kilometermachens mit seinem alten Fahrrad, festigte sich dieser Gedanke. Nicht weit von seinem Strand entfernt lag im Schutz einer Mole ein Segelboot. Da er nicht sonderlich erfahren war, dachte er, damit könne er seine Reise um die Welt fortsetzen. Zu fernen Inseln, wo Bananen wild wuchsen und wo ihm die Mädchen ins Cockpit schwammen, weil es viele davon gab. (Das war 1959, und er war 18.) Eine Hand voll Dollarnoten hatte er noch. Aber es kam anders: Das Boot war zu klein und zu schwach für das offene Meer. Trotzdem half es ihm weiter. Ein Segelboot erschien ihm ganz spontan als ideales Reisemittel. Alles, was das Landleben so beschwerlich machte, gab's mit einem Boot »umsonst«: Kochen, Kojen, Ruhe, Sport für den Körper und für den Kopf Navigation, Abenteuer. Und Meer und Freiheit bis zum Rand der Erde.

Also sparte er wie besemmelt für ein seefestes Segelboot, was dann 1966 zu seiner ersten Allein-Weltumseglung führte.

ASTRID, SEGELN AUF SEE Ich segle jedes Wetter mit. Auch wenn es manchmal auf Wache bei Regen und Sturm keine grosse Freude macht.

WELTUMSEGLUNG 1969-1972 STILLE IN DEN
MALLUNGEN DES ATLANTIKS. UNSERE SITUATION IN EINER LANGEN FLAUTE –
SICH SORTIEREN, ZEIT ERLEBEN, SCHWIMMEN AUF 3000 METER

WASSERTIEFE GENIESSEN – BIS EIN DREI-METER-HAI BEDENKLICH NAHE
KOMMT. WÄHREND DER DREIJÄHRIGEN UMSEGLUNG LERNTE ICH VOM MEER:
WIE WENIG MAN BRAUCHT UND NICHT WIE VIEL.

DIE KARIBIK Beliebtes Ziel deutscher Blauwassersegler.
Was sich seit meiner Zeit geändert hat? Vieles. Der Umgang
mit Seglern ist kommerzieller geworden. Was Wunder, jede Insel

HAT IHRE YACHTCHARTERBASIS. – OBEN: MOORINGS-MARINA IN DER
MT. HARTMAN BAY AUF GRENADA, DARUNTER DIE SCHÖNSTE REGION DER
ANTILLEN: DIE GRENADINEN.

KATHENA NUI Eine vollverschweisste Aluminium-
Konstruktion, mit der Wilfried zweimal nonstop um die Erde
segelte. Zehneinhalb Meter lang und das einzige Schiff,

auf dem mir nur leicht unwohl wird. Das liegt ganz sicher am angenehmen Seeverhalten. – Die Fotos zeigen uns Ende der 1980er-Jahre in norwegischen Gewässern.

GALAPAGOS Schroff und abweisend wirken die Küsten des Archipels. Bis in die heutige Zeit haben die Tiere keine Scheu vor Menschen: Leguan auf Plaza.

IN DEN MALLUNGEN

13 Doldrums bedeuten, aus dem Englischen übersetzt, Flaute. Altdeutsch, zur Zeit der Windjammer beispielsweise, auch Mallungen genannt. Darunter versteht man die nahezu windstillen Gebiete im Bereich des Äquators zwischen dem zehnten südlichen und dem zehnten nördlichen Breitengrad, der sogenannten innertropischen Konvergenzzone.

Zu fachlich? Habe ich heute in meiner Tageszeitung gelesen. Im Einzelnen:

Ich liebe das melodische Wort Mallungen. Ob es wohl ursprünglich von Mall (Plattdeutsch verrückt) abstammt? Wenn Mallungen auf dem Meer zur größten Hitze und längsten Windstille werden, ist es mit der Liebe vorbei. Fast zwei Wochen lang, zwischen Panama und der Kokosinsel, habe ich meine ersten Mallungen erlebt. Wo auch immer ich mich an Bord hinbewegte, die Hitze war schon da. In der Koje, im Cockpit, an Deck. Auch wenn ich mich über Bord in die See stürzte, boten 32 Grad Wassertemperatur keine Abkühlung. Eher noch das Gegenteil, wenn ich einen der kleinen Haie erblickte, die uns täglich aufsuchten.

Mehr als zwei Drittel aller Logbucheintragungen unter der Rubrik Windstärke bestanden aus: 0 bis 1. Die Groß- und Vorsegel standen während dieser Tage selten unter Druck. Dümpeln mit all den Schwächen einer Selbststeuerung bei wenig Wind war die Regel.

Nichts war schön. Nichts elegant. Die Segel flappten am Mast. Sanft rollte KATHENA 2 in einer langen Dünung von der einen Seite zur anderen und zurück. Blöcke und Taue knarrten im Gleichklang.

Ich lag verschwitzt in der Koje. 33 Grad Celsius schon morgens beim Wachwerden. Puh. Das Laken fleckig und feucht. Die Haut salzig. Gegen Juckreiz an den Armen half nur eine Haarbürste. Ich verstand nicht, warum der Wind nie blieb, wenn er für Minuten aus den schwefelfarbenen Wolken vom Himmel fiel. Ein fatales Durcheinander war das, stumpfe Gleichgültigkeit vermischt mit Hirngespinsten. Meilen, Meilen, jetzt, sofort. Aber das Walker-Schlepplog schnurrte selten. Meist hing die Schnur achteraus fast senkrecht im Meer. Morgen, hoffentlich, sieht's anders aus.

Doch die Luft dampfte – auch am nächsten Tag.

So hatte ich mir die Mallungen nicht vorgestellt. Es gab keine Langeweile. Auch keine Eile. Am Ziel wartete niemand auf uns. Ich war nur aus segeltechnischen Gründen untröstlich. Segeln ist wundervoll. Der Bauch in den Tüchern, das brodelnde Kielwasser ... Auch Mallungen können zur Freude beitragen. Man erholt sich von einem Unwetter, organisiert sich neu, schöpft Kräfte, genießt das Meer und die unermessliche Weite. Jedoch: Wochenlang in den Mallungen dümpeln ist nicht der rechte Ort zum Glücklichsein. Nicht dass die »Landschaft« eintönig wäre, aber so ist es nun mal. Die Maschine zur Hilfe nehmen? Der Gedanke kam nicht. Bei 35 Liter Benzin im Tank und noch vielen Inseln und Ansteuerungen bis Tahiti wäre das keine gute Idee gewesen.

Schatten bot ein übers Cockpit gespanntes Sonnentuch. Leider staute sich darunter die stickige Seeluft wie unter einer Glocke. Und das Thermometer zeigte auch dort weit über 30 Grad an. Kein idealer Platz, der langen Weile zu begegnen.

Nein, ich rappelte mich selten hoch. Ich blieb in der Koje liegen. Alle Glieder von mir gestreckt, verbrachte ich den Tag mit Radiohören, Lesen, Dösen und damit, durchs Fenster über mir in Mast, Segel und Himmel zu schauen. Gegen Durst versorgte Wilfried mich mit Wasser aus dem Tank – lauwarmes Wasser, das ein bißchen trübe war. Hunger? Nein, Hunger war nicht vorstellbar bei diesen Temperaturen. Ein frisches Frotteetuch zum Abreiben des Körpers war wichtiger.

Elf Tage steuerten und dümpelten wir von Panama aus westwärts in den Pazifik hinein. 550 Meilen. Ziel war die Kokosinsel. Ein unbewohntes Eiland, über und über mit Dschungelgehölz bewachsen, das mich zugleich reizte und schreckte. Wenn dort nun doch ein Mensch lebt, versteckt im Dschungel, und unser Boot entwendet, während wir auf der Insel herumstöbern – was dann?

Die Stille auf See bekam ein Eigenleben. Jeder verbrachte die Zeit praktisch allein. Gespräche reduzierten sich aufs Technische. Kurs. Speed. Segel. Man blickte apathisch auf die bleierne See, wo Delfine jumpten, ein kleiner Hai Kreise zog, ein Wal, manchmal eine ganze Walherde gemächlich am Rumpf vorbeizog und einige eine weiße Schaumfontäne bliesen. Ein Seevogel, der sich auf der Winsch ausruhte, brachte dagegen aktive Abwechslung. Ich befreite ihn mit einer Nagelschere vom Plastik, das er um den Hals trug. Er ließ sich dafür wie ein Hund streicheln. Ich schaute ihn mir sehr genau an: 58 Zentimeter von Kopf bis Schwanz, acht Zentimeter sein spitzer Schnabel, weißer Bauch, lange Schwanzfedern, schokoladenbraunes Gefieder, hellgrüne Schwimmfüße. Vermutlich ein Brauntölpel.

Wilfried stand meist mit dem Hellwerden auf. Nahm das Deck, die Segel, das Meer und die Wolken in Augenschein. Nach der Morgenwäsche mit Seewasser saß er mit dem Oberkörper verdreht am Kartentisch, steckte mit dem Zirkel Distanzen ab und schrieb Logbuch. Anschließend setzte er Wasser für einen Kaffee auf den Kocher und schmierte Brote.

Bis zum Abend sprang er dann alle naselang an Deck. »Segel arbeiten« nannte er das, wischte seine langen Haare aus dem Gesicht, putzte am Sextanten herum und stöhnte nach der Mittagsposition. »Wieder nur 15 Meilen.« – »Wieder nur 48 Meilen.«

Dieses »wieder nur« bezog sich auf das Resultat seines fleißigen Tuns. Segel setzen, Segel bergen, Segel reffen, Segel ausbaumen, Segel schiften, Bullentalje scheren, Schoten dichtholen, Schoten fieren waren schweißtreibende Tätigkeiten. Manche Segelstellungen hielten dem Wetter kaum fünf Minuten stand. Wohl 20-mal am Tag änderten sich Windstärke und Windrichtung und das Wetter überhaupt.

Goss es eben noch in Strömen, so brannte im nächsten Augenblick die Sonne aufs Deck. Ich knirschte mit den Zähnen, aber das Wetter in der Zone der Mallungen blieb zum Verzweifeln wechselhaft. Immerhin: Die See blieb ruhig, und ich hatte nicht mit der Seekrankheit zu kämpfen.

Bruchstückhaft hielt ich im Tagebuch fest:

Es gibt für mich nichts zu tun. An Deck nicht und nicht in der Kajüte. Essen kochen? Bloß nicht. Ein paar Scheiben Brot reichen. Eine Dose Pfirsiche oder Ähnliches sorgen für Erfrischung. Schwül, drückend, stickig, heiß. Mittags an die 40 Grad. Ich habe ständig Durst. Regengüsse überfallen uns abends oder nachts. Immer im Dunkeln. Sie starten duster, Luft wird kühler, pechschwarz der Horizont, und dauern wenige Minuten. Das reicht, um mithilfe des Großsegels eine Pütz Wasser aufzufangen. Köstlich und kühl rinnt es zu jeder Zeit gleich in meine Kehle.

Nachts sprang Wilfried selten an Deck. Er starrte dann aus den Fenstern in die Dunkelheit, und nur manchmal, wenn eine schwarze Wand aus Wind und Regen heraufzog, stürzte er sich in die Öljacke und hastete nach draußen, um Segel und Wasser in den Griff zu kriegen.

Als wir nach elf Tagen in einer schmalen Bucht am Nordende der Kokosinsel vor Anker gingen, war mein erster Gang zu einem Wasserfall am nahen Ufer, klar doch, um meiner Leidenschaft ausgiebig zu frönen:

HAARWÄSCHE. Aus 20 Metern Höhe prallte tonnenweise das Nass auf meinen Kopf. Oberherrlich.

BETTWÄSCHE. Nach Wochen in verschwitzten Kojen freut man sich über gepflegte Kojenwäsche.

KOKOSNÜSSE. Köstlich die sprudelnde Milch aus den frisch ge-
schlagenen grünen Trinknüssen. Gut, dass ich einen Mann dabei-
hatte, der sie mir hoch in der Palmenkrone pflücken konnte.

Die Kokosinsel. Entlegen. Unbewohnt. Kaum zugänglich. Ein Eiland
im Pazifik. Wassermassen stürzen sich tosend von steilen Klippen.
Grandios und ein Traumziel. Hier soll einer der größten Piratenschät-
ze liegen. Schon die Wildheit der Landschaft suggerierte »Schatz«
und »Robinson«. Wir tendierten mehr zu Robinson.

Abends schlenderte ein Pärchen am Ufersaum entlang. Die beiden ähnelten sich von Statur und Größe, vielleicht schienen sie sich
deshalb sehr nah.

WRECK BAY, ZWISTIGKEITEN

14 Ich mixte uns eine Kanne Wasser mit Limonenscheiben und ließ mich auf der Koje nieder. Mein Gesicht brannte vom Wind, und meine Haut war körnig vom Salz. Wilfried kam herunter vom Deck, wo er die gelbe Quarantäneflagge gehisst hatte, und setzte gleich den ganzen Krug an den Mund. Das gefiel mir nicht, ich sagte aber nichts. Nicht alle seine Gewohnheiten waren zu akzeptieren. Beispielsweise spucken, im Hafen über Bord pinkeln und wie er aß. Auf den wenigen Quadratmetern entging einem nichts, aber auch wirklich gar nichts. Es störte mich, wenn er die Beine übereinanderschlug und mit den Fingern in den Löchern seiner Turnschuhe bohrte. Das trug nicht zur Romantik bei. Vermutlich gab's auch bei mir Situationen, die ihm nicht zusagten. Ich spürte, ein Diskutierclub werden wir nicht.

Es dauerte nicht lange, und eine kleine Garnison Ecuadorianer kam vom Strand herübergerudert. Sie hüpften über die Reling, holten Stempel, Stifte und Papier aus diversen Taschen und stempelten uns ein. Erst mit der Einklarierung durfte man an Land. So ist das hier, so war das in der Karibik, und so wird das weiterhin sein. Für Wreck Bay auf der Galapagosinsel San Cristóbal eine beachtliche Aktion. Die Galapagosinseln gehören zu Ecuador, und die Offiziellen sahen aus wie dunkle Spanier. Für sie war eine Yacht eine gern akzeptierte Abwechslung.

Was ich aber von Wreck Bay erzählen möchte: Keine Palme, keine Blätterhütte wärmte das Auge, hier brannte die Sonne auf dunklen Sand, auf schwarzes Lavagestein und Blechdächer, die wie Brenngläser zurückstrahlten.

Ein Gang in die Berge fiel wegen großer Hitze und unwegsamem Gelände aus. Wir gingen einen Pfad gen Süden die Küste entlang, wo zwei kleine Jungen am Ufer Buchstaben in den Sand kratzten. Dieses Ende des Weges mit den Kindern fotografierte ich. Von dort aus latschten wir durch knietiefes Wasser auf ein Inselchen mit Sand und Kakteenbäumen und wie üblich schwarz erstarrter Lava. Dort in einer einsamen Bucht, dem offenen Meer zugewandt, breiteten wir unser Badetuch aus und machten es uns bequem. Ein verdammt nettes Plätzchen: Das schwarze Gestein im Rücken machte den Sandstrand noch begehrlicher.

Die Überfahrt von der Kokosinsel war gottlob beendet. Ziemlich langwierig wegen der leichten und wechselhaften Winde. Zudem erforderten sie viel Aufmerksamkeit. Es hieß eine Kreuz segeln und täglich nur rund 20 Meilen gutmachen. In meiner Wache war ich ständig mit den Schoten und dem Großsegel beschäftigt, eben um ja jeden Wind optimal zu nutzen. »War ein bisschen sehr sportlich«, notierte ich. Und weiter:

Geduld bewahren ist das Motto! Stundenlang die Pinne zwischen Daumen und Zeigefinger; Sonne ziemlich steil von oben (Äquatornähe); Fähnchen im Rigg, die kaum den Schwanz heben; leichtes Plätschern am Rumpf; kein Land, an dem mein Auge Halt finden könnte, und keine Zigarette. Ich steuere mehr oder weniger nach Gehör. Lässt das Plätschern am Rumpf nach, falle ich leicht ab und umgekehrt. W. hält sich, wie üblich, mehr an den Kompass. Das führt zu einem leichten Schlingerkurs.

Da nun weit und breit keine Seele, der weiße Sandflecken vor schroffen Klippen sozusagen unser war und wir uns dem anpassten, zückte mein Ehegatte die Kamera und fotografierte mich – hm, nachdem ich abgelegt hatte. Das gefiel mir ganz und gar nicht. Er hätte mich ja fragen können. Und überhaupt: die kostbaren Fotofilme fremdbestimmen. Nein: Unser Privat-Inselchen sollte privat bleiben. Nicht, dass ich prüde war. Ich war nicht reif.

Ich wurde zornig, als er es wieder tat. »Du Blödmann.« – Er: »Stell dich nicht so an.« – »Im Wasser kannst du deinen lustvollen Gefühlen freien Lauf lassen, nicht hier am Strand.« Unser, eigentlich mein Disput endete mit Händen vorm Gesicht und einem kräftigem Fluch. »Ja, da bist du perplex.« Das sagte ich nicht, dachte es aber. Mein Fotograf verstummte. Vermutlich war er wirklich perplex.

Aus der Adam-und-Eva-Idylle wurde Adam. Das einsame Inselchen wurde zur Streitinsel. Noch tags zuvor hätten wir beinahe unser Boot in der Brandung verloren, als wir für die Nacht in der Stephensbucht ankern wollten, und jetzt lagen wir uns in den Haaren. Aus der maritimen Strandekstase wurde nichts. Jeder schwamm für sich. Die Spuren im Sand blieben die von Einzelnen.

Lag es daran, dass unsere Reise bisher kein Zuckerschlecken war: hastiger Aufbruch, Stürme von vorn im Mittelmeer, ein Zuviel an Kranksein und anstrengendes Segeln auch wegen der fehlenden Selbststeueranlage? – Ich weiß es nicht. Hinzu kam, meine Mutter allein auf See zu wissen, von meinem Vater kein Wort (er war total gegen meine Reise) und überhaupt: keine winkenden Tücher beim Abschied in Düsseldorf. All das kostete Lebenskraft. Ebenso die Enge und das stete Miteinander. Jeder Gang an Land, in die Stadt, zu anderen Yachten, immer als Doppel. Vermutlich war das nicht die richtige Einstellung. Jedenfalls träumte ich eigentlich davon, mal auf einer einsamen Insel in den Arm genommen zu werden, loszulaufen über den festen Ufersaum, einen übermütigen Sprung ins Wasser zu tun, eingefangen zu werden und eng umschlungen auf weißem Sand zu liegen ... mit einem: Liebst du mich?

Stattdessen kehrten wir unglücklich zum Boot zurück. Legten uns in die Kojen und schwiegen. Gottlob gab es noch mein Tagebuch.

Es war nicht wie sonst, ein kleiner Zwist und eine Stunde später vergessen. Ich kann nicht beschreiben, warum ich auf dem Fleckchen Insel so wirsch reagierte. Es ist dieses abgeschnittene Leben, so weit

entfernt von meiner eingegrabenen Bürgerlichkeit. Ich verstehe sehr
gut, dass man berauscht sein kann beim Anblick der hübschen Land-
schaft. Dann nimmt man sich seine Frau eben, wie man Lust hat. Na,
klasse. Mit 25. »Stell dich nicht so an«, – wenn ich das höre. Ich hoffe,
dieses Datum, gerade wenige Tage nach unserem ersten Hochzeitstag,
hat keinen starken Einfluss auf unser weiteres Um-die-Welt-Segeln.

Noch zu Wreck Bay:

> Vielleicht ist es doch wichtiger, miteinander zu reden, um Zwis-
> tigkeiten zuvorzukommen.

> Wilfried ist nicht einfach, aber ich liebe es, wenn ein Mann
> seine eigene Stärke hat.

> Wenn ich etwas auf See vorschlage und ihn frage, ob wir das
> machen sollen, dann sagt er ganz schnell: »Nein.« Aber wenn er
> nicht zurechtkommt, meint er: »Okay, vielleicht können wir es
> doch so machen.«

ICH LIEBE DIE SEE,
NICHT DEN SEEGANG

15 Die Galapagos wurden dann doch noch wunderschön. Nach dem Anschweigen rauften wir uns wieder zusammen. Etwas Vages irritiert mich. Daher war ich immer für klare Entscheidungen: »Bis die nächsten Funken sprühen.« Unsere Alltagsprobleme hatten wir natürlich wie im Landleben. Klar doch, bloß, dass sie bei uns auf dem Wasser stattfanden. Ich sagte schon mal: »Segle deinen Dampfer doch allein«, wenn ich einen anderen Kurs nehmen wollte.

Doch zurück zu den verzauberten Galapagos. Wir genossen die Menschen wie das Landschaftliche dieser einzigartigen Inseln und allemal die zutrauliche Tierwelt. Spielten mit Leguanen, die sich auf den Arm nehmen ließen, und amüsierten uns über Robben, die am liebsten an Deck klettern wollten.

Als ich Tahiti erreichte, spürte ich: Das wird nichts mehr mit einer Heilung meiner Seeübelkeit. Kopfschmerzen, Würgegefühle, Unkonzentriertheit. Dabei spürte ich sie weniger bei extremem Wetter als in einer normalen Dünung, beispielsweise bei einem Vorwindkurs mit all seinen Rollbewegungen. Das Phänomen begleitete mich beispielsweise an 30 von 35 Tagen auf der Strecke von den Galapagos zu den Marquesas. Eindeutig zu viel. Ich lag während dieser Zeit überwiegend flach, ging trotzdem regelmäßig meine Nachtwache, griff in die Segel und kochte auch einige Male ein Essen. Reis, Corned Beef und grüne Erbsen aus der Dose. Aber ich war nicht imstande, längere Gespräche zu führen. Nein, ich wollte nur meine Ruhe.

Unerträglich fand ich, nichts zur lockeren Stimmung beitragen zu können. Mein inzwischen wieder geliebter Mann war sehr nachsichtig. Als »gelernter« Alleinsegler kam er diesbezüglich bestens ohne mich zurecht. Nicht immer, aber wir arrangierten uns.

So viel nochmals zur Seekrankheit. Auch wenn auf den übrigen Seiten nicht mehr von ihr gesprochen wird, begleitet sie mich doch bis heute. (Klingt anstrengend? Ist es auch.) Also: »Ruhe! Mir ist schlecht.«

Sorgen mit der Seekrankheit:

Es gibt kein Wundermittel und keine Medikamente, die nicht auch unerwünschte Nebenwirkungen haben. Nicht ohne Grund wird auf den Beipackzetteln darauf hingewiesen, dass Tabletten gegen Seekrankheit die »Verkehrstüchtigkeit« einschränken. Egal, ob am Ruder mit Blick auf den Horizont oder vor einem Becher Tee: Man fällt in eine Art Koma. Auf mein Gedächtnis ist kein Verlass. Einmal, nach Einnahme von Scopoderm TTS, musste ich sogar zwei Tage und Nächte die Koje hüten. Befallen von Müdigkeit, einer Irritation der Sehkraft und totalem Desinteresse, döste ich dahin.

Ich habe vielleicht nicht alles, aber vieles versucht, diese Qual zu besiegen: Hypnose, Fleur de Sel, Ingwer, Druckarmbänder, Petersilie, Stutgeron. Keines dieser »Gegenmittel« hat gewirkt. Einmal ein paar Rollbewegungen auf See oder vor Anker, und schon wird mir übel. Was immer hilft, wie schon seit eh und je – vorbeugen, und zwar über eine Pütz –, funktioniert bei mir nicht. Ich bin zwar anfällig und manchmal ist mir sauschlecht, aber zum Kotzen langt es nicht. Und es hilft auch nicht die Binsenwahrheit: steuern, Horizont fixieren, Tage zuvor fettfrei essen oder überhaupt die Seekrankheit mit Aktivität kompensieren. Ich bin ein hoffnungsloser Fall.

Brandneu: Für Seekranke besteht Hoffnung, ist zu lesen. Jetzt hat nämlich ein Mediziner aus Wien den Übeltäter gefunden: Histamin. Das Hormon wird ausgeschüttet, wenn der Körper unter Stress steht, und ist nach Ansicht des forschenden

Mediziners eine Hauptursache für Seekrankheit. Nur bleibt schleierhaft, warum mir vor Anker in einer sicheren Ankerbucht oder im Hafen bei Schwell übel wird. Orte, an denen ich keinen Gedanken an See und Stress verschwende. Eine ganz simple Waffe soll gegen Histamin helfen: Vitamin C. Bekömmlich also sei der Verzehr von frischen Früchten, Vitamin-C-Bomben und viel Schlaf. »Im Schlaf sinkt der Histaminspiegel im Blut gegen null.« Dass viel Schlaf dem Unwohlsein entgegentritt, habe ich natürlich gespürt, aber zum Vielschlafen segle ich nicht um die ganze Welt.

Diese Zauberformel gegen Seekrankheit steht auf schiefem Kurs: Ich habe mit Früchten (unbewusst) hantiert, mit Schlaf (bewusst), und das Resultat ist bekannt. Einen Ausweg aus diesem Dilemma mit der Seekrankheit und seinen Gegenmitteln gibt es – vielleicht. Ich habe die Lösung noch nicht gefunden. Medikamente jedenfalls sind wegen gravierender Nebenwirkungen nicht zu empfehlen.

Wir haben den Eindruck, dass willensstarke Menschen weniger leicht von Seekrankheit befallen werden. Und weiter: In gewissen Grenzen kann man ganz gut gegen die Übelkeit kämpfen – allerdings nicht, wenn Ermüdung eintritt.

Man wird leichter seekrank, wenn man friert. Und immer wenn man den Kopf zu viel bewegt. Besser den Kopf wenig drehen und die Bewegung des Schiffes mit dem ganzen Oberkörper ausgleichen.

Das Thema Seekrankheit klingt gar nicht arbeitsfreundlich. Sprich: Aufgabe an den Fallen und Schoten ganz schnell erledigen und ab in die waagerechte Lage.

Bei ersten Anzeichen von Unwohlsein: an Deck – und dort anleinen, anleinen, anleinen.

Segeln wir trotzdem weiter.

Gerne hätte ich auf See mehr zur Arbeit der Segelführung, zu Instandhaltung und Kurs beigetragen. Ich war regelrecht wild darauf, segeltechnisch einzugreifen. Zum Beispiel die Segel nachts in einer Regenböe zu reffen und zugleich Wasser für den Tank aufzufangen oder einen Fisch zu fangen. Wie gesagt: Ich wäre gern tatkräftig dabei gewesen. Auch um meiner großen Begierde, dem Vorankom-

men, Befriedigung zu verschaffen. Mittags, wenn die Position bestimmt wurde, war ich höllisch gespannt: »Was, 128 Seemeilen? Wenn du die Backbordschot etwas dichter holst, vielleicht flappt die Fock dann nicht so häufig und wir kommen morgen auf 130.« Meist musste ich mich jedoch mit Beobachtungen durchs Luk und Lesen zufriedengeben. Schade, schade ...

Das Seesegeln als Disziplin erfreute mich. Allemal dieses wochenlange Unterwegssein auf dem weiten Meer – Seevögel, Wolken, Horizont, Sterne, alles begeisterte mich. Das Meer sowieso mit seiner Ungestümheit, mit seiner flimmernden Schönheit, die frische Luft, und dann die Tage, an denen die Segel das Boot optimal durchs Wasser zogen. Und ohne Frage begeistert mich das Bordleben in seiner Einfachheit bis heute bedingungslos.

Es gibt kein Wundermittel für Seekranke. Ich musste mit Hausmitteln zufrieden sein. Eines war Liegen.

Das Leben an Bord mit seinen Aufgaben hatte sich folgendermaßen eingependelt:

Auf See war Wilfried die tragende Säule. Er sorgte für Unterhaltung, versorgte die Kochecke und hatte segeltechnisch sowie navigatorisch und letztlich handwerklich alles in der Hand. Bestimmte Kurs und Ziele und führte ein Logbuch. Er regelte den Tagesablauf.

In Häfen und Buchten fühlte ich mich verantwortlich (ohne Zwang) für gute Stimmung und dank meiner Sprachkenntnisse für Informationen und (fremde) Gesellschaft. Weiter war ich zuständig für Sauberkeit, Ernährung und Organisation. Und Wäsche.

Die Schlussfolgerung daraus: Wir ergänzen uns großartig. Wir sind mit der Aufgabenteilung glücklich, ohne auf die strikte Einhaltung zu bestehen. Es ergab sich so.

Hilfreich: Wir sind beide Wassermenschen, lieben den Umgang miteinander an Bord, das liegt auch an der Fähigkeit meines Mannes, schlimme Situationen leicht zu nehmen.

Kommandos gibt eigentlich keiner an Bord. Und wenn erforderlich, meist nur mit einer leichten Handbewegung. Segelmanöver erledigen sich im Wesentlichen automatisch. Und sind Kommandos wirklich nötig, gibt sie derjenige kund, der gerade an der Pinne steht. Bei einer engen Hafenansteuerung oder beim Ankern. In den Deckswachen kann jeder seinen fachlichen Qualitäten freien Lauf lassen. Mein Weltumsegler hat großes Vertrauen in mein Wissen, das ich leider aufgrund meiner Gesundheit nicht so oft umsetzen kann wie gewünscht und gefordert. Ein Segel bei einer Brise optimal zu trimmen ist meine Sache. Geht es ums Harte-Wetter-Segeln – logisch – ist es Wilfrieds Arbeit. Womöglich macht gerade diese Situation – er zieht auf See die Fäden, ich im Hafen – ein ziemlich knitterfreies Segelleben möglich.

Noch zum Leben an Bord – nur präziser:

Viel wichtiger als Ankerwinde und Ersatzteile ist die Klarstellung des Themas »Harmonie an Bord«. Wer hat das Sagen? Wie ist die Aufgabenverteilung? Wer ist ernsthaft verantwortlich für Navigation, Technik, Proviant, Behördenkram, Post, Fotoarbeit, Geld?

Sich darauf einstellen: Ein Abmustern auf See ist schier unmöglich. Vor Anker ist es nur mit einem Dingi möglich. Es bleiben nur Koje, Kajüte, Cockpit als Rückzug.

Nachtwachen: Liegend mag das gehen, aber vier Stunden am Ruder hocken? Besser einen Zwei- bis Drei-Stunden-Rhythmus wählen.

Ich werde zu einer offenen Person. Schweiß, Wäsche, Toilette, Magen ... eben die unvermeidliche Intimität, die bei zwei Personen auf zwei Quadratmetern entsteht.

Nichts gegen Nacktsein – aber Tag für Tag?

Fluchtpunkte einrichten und jeweils akzeptieren.

Gedanken machen über Fehler und miese Einstellungen gegenüber Einheimischen und Gastgebern. Sich hinterfragen: Nutze ich deren Freundlichkeit/Freigiebigkeit/Zeit aus?

DIE ERSTE
SÜDSEEINSEL

16 *So, das wäre geschafft, 3008 Seemeilen in 35 Tagen. Die süd-lichste Insel der Marquesas, Fatu Hiva, kommt am Vormittag verschwommen in Sicht. Zu erahnen ist ein 1000 Meter hoher Gipfel-klotz. Wahnsinn. Mühsam kämpfen wir uns voran. Der Wind wird stärker, die Wellen sind enorm hoch, stürzen an Deck, und wir beide sind sehr konsterniert, als wir eine hässliche Salzwasserdusche abbe-kommen. Als dann noch rabenschwarze Regenböen aufziehen, schickt mich W. unter Deck – ins Trockene. Die Insel verschwindet hinter ei-ner dichten schwarzgrauen Wolkenwand. Zitternd vor Nässe und Kälte warte ich unten, dass das Heulen des Windes und das Prasseln des Regens endlich aufhören. W. segelt tapfer weiter, und zu meiner Überraschung sind wir bald in Nähe des nördlichen Kaps. Jetzt noch 3 Meilen – und wir sind da! Aber die von Fallböen bewachte Leeküste muss erst erobert werden. Das Wasser ist zwar ruhig, aber der Wind kommt mit 70 Knoten die Steilhänge herabgepfiffen. Die Leeseite von* KATHENA 2 *taucht bis zu den Fenstern weg. Irre. Um an unseren Ankergrund zu kommen, müssen wir sogar die Maschine zu Hilfe nehmen. Nur: Die Kiste läuft trotzdem nicht. W. springt über Bord und kratzt mit einem Messer unsere Freunde, die lästigen Enten-muscheln, vom Propeller. Danach versuchen wir erneut unser Glück. Der Wind peitscht den Regen gegen mein Gesicht. Ich bleibe am Ruder, da W. sich sputen muss, die Anker klarzukriegen. So ein Wetter!*

Hinter den Regenwänden lassen sich hohe Felsen mit üppiger Ve-getation vermuten. Den ersten Blick in die Runde können wir erst später tun, als wir die Bucht der Insel, Virgin Bay, ansteuern.

Es zeigt sich ein imposantes Bild: alles überragende, steile, ver-
schachtelte Felswände, so recht geschaffen für schwere Böen. Wir set-
zen dann auch gleich zwei Anker in V-Position. Überall, selbst an den
schrägsten Hängen, kleben Kokospalmen. Hohe, schlanke, die bei die-
sen Böen umzubrechen drohen. Vom Dorf ist nur ein weißes Kirchlein
zu sehen, die Hütten sind hinter einer Huk mit Blumensträuchern
und viel Grün versteckt. Der liebe Gott hat ein Einsehen, er lässt die
Anker halten und uns tief und ungestört schlafen und schenkt uns am
anderen Morgen einen prächtigen Tag.

Die steilen Klippen, die sich 300 Meter über die Virgin Bay auftür-
men, sind ein Anblick, den es wohl kein zweites Mal in der Südsee
gibt. Fatu Hiva liegt genau im Südostpassat und ist deshalb regen-
reich und dicht bewachsen. Tropisch und spektakulär. Die Landschaft fällt, in dunkles Grün getaucht, vom hohen, bergigen Insel-
kern zum Ozean ziemlich zerklüftet ab. Am Inselsaum stürzen
Klippen, die riesigen Bärentatzen ähneln, mehrere hundert Meter
tief in die schäumende Brandung eines tiefblauen Ozeans. Die Virgin Bay ist der einzige sichere Ankerplatz der 5 Meilen langen Insel,
ein schmaler, geschützter Einschnitt mit einer Lichtung am Scheitel.
Einige Auslegerboote lagen umgestülpt im Schatten der Baumkronen
am Strand. Dahinter Hütten aus Holz mit Blechdächern und vereinzelt auch aus Palmwedeln. Der Qualm von Feuerstellen zog schräg
durchs Dorf. Monoton heulte der Passat durchs Tal und zerrte an
unseren Ankerketten.

Kontakt mit den Dorfbewohnern bekam ich trotz Wind und
Welle am frühen Morgen. Gleich nachdem es hell wurde schwangen
sich einige Einheimische in zwei Kanus und kamen zu uns heraus-
gepaddelt. Nur mit einer schmalen Stoffbahn bekleidet, stiegen zwei
Frauen, ein Mann grazil vom Kanu über unsere Reling an Deck. Um
ihre Kanus an KATHENA festzuzurren, benutzten sie eine Leine aus
geflochtenen Kokosfasern. Sie palaverten unbekümmert auf Französisch los. Ich verstand viel, staunte jedoch mehr über ihre langen,
schwarzen und glatten Haare, die im Morgenlicht glänzten. Ein

wunderschöner Schildpattkamm hielt die Haare zusammen und
faszinierte mich sehr. So einen würde ich gern haben. Die Insu-
lanerinnen hatten eine zimtfarbene Haut (eigentlich hatte ich sie
mir viel dunkler vorgestellt) und volle Brüste. Hinter den Ohren
steckte jeweils eine Blüte – rot und weißgelb.

Mitgebracht hatten sie uns Früchte in Basttaschen, die sie peu à
peu auf unser Deck beförderten. Nach 35 Tagen auf See – von den
Galapagosinseln – waren sie herzlich willkommen. Rote, grüne, gelbe. Die meisten Früchte kannte ich überhaupt nicht. Also biss ich
erst mal gierig in eine Banane, hielt eine Mango an die Nase und
genoss den süßen Duft. Der Mann zeigte mir, wie man sie aß: schä-

Hanavave 1970. Ein Dorf mit Wasserhahn, Früchten
und Wind. Viel Wind. Der Passat düste durch die Schlucht
und zurrte heftig am Ankergeschirr.

len und reinbeißen. Ich hatte den Kern der Mango noch nicht abgelutscht, da bot mir eines der Mädchen einen fasrigen, mit Ornamenten bemalten Stoff an. Tapa nannten sie ihn. Fünf Dollar solle das armlange Stück kosten. Das erschien mir viel Geld. Zu viel, denn wir mussten sparsam mit unseren Mitteln umgehen. Nichts schien mir schlimmer, als in der Ferne ohne Geld dazustehen. Und überhaupt: Gleich am ersten Tag auf einer Südseeinsel Geld in die Hand zu nehmen ging mir gegen die Natur.

Alle gemeinsam zogen wir vergnügt an Land. Nachdem ich die Balance auf dem wackligen Auslegerkanu gefunden hatte, stach ich das Paddel tief ins Wasser, während die Mädchen mit viel Mühe versuchten, ihre einen Quadratmeter kleine Stoffbahn festzuhalten. Es fehlte nicht viel, und der Wind hätte uns zwei nackte Südseeschönheiten präsentiert. Wir folgten ihnen und wurden unter großem Kindergeleit durchs Dorf geführt. Die kleine einklassige Schule hatte gerade Pause. Teils weinende, teils lachende Kindergesichter stierten uns an. Frauen und Männer, denen wir begegneten, lachten und winkten.

Das war also das Dorf Hanavave. Mitten im Dorf wuchsen alle Arten von Früchten. Manche an Stängeln, andere an Büschen, Brotfrucht und Mangos an riesigen Bäumen. Die zwei Wege waren schmal, aber mit Sand befestigt. Gleich hinter den Hütten ragten steile Felskanten empor. »Wenn da mal ein Brocken herunterfällt«, dachte ich. Nicht zu übersehen war (wie schön für meine Wäsche) ein Wasserhahn! Direkt dort, wo wir mit dem Kanu gelandet waren. Brot wurde unter einem Wellblechstand gebacken. Reis, Mehl, Zucker und ein paar Konserven gab's in einer Holzhütte. Der »Laden« war das Zentrum der 80 Einwohner zählenden Ansiedlung.

Blumenketten und sehnsüchtige Lieder auf der Ukulele gab es in Hanavave nicht. Dafür war ich wohl einige Jahre zu spät gekommen. Gauguin, Heyerdahl, Hiscock, deren Bücher ich gelesen hatte, erlebten das noch anders. Was sich sicher nicht verändert hat, ist: Kopra machen, Tapa schlagen, Fischen vom Kanu aus und – Mücken, Mücken, Mücken. Hanavave liegt im Tal des Schattens.

Trotzdem erlebte ich die Woche in großartiger Stimmung. Eine Basttasche schwingend, ging ich mehrfach den 100 Meter langen Dorfpfad entlang. Machte Tauschgeschäfte – eine Flasche Shampoo gegen ein Glas Honig –, machte kleine Geschenke und schaute mir die Tätowierungen an Armen und Beinen der Männer an, die allesamt gut genährt waren.

Meine Scheu verdrängte ich durch Neugier. Was ist das? (Früchte.) Warum macht ihr das? (Tätowierungen.) Wo lebt der Pastor? (In Omoa.) Wie knotet ihr das Tuch um den Körper? Überhaupt – ich im europäischen Kleid! Damit kam ich mir fremd vor. Ich wollte mir auch so ein praktisches Tuch um den Körper schlingen und besorgte mir später in Tahiti viele bunte Pareos. Es ist das bequemste Kleidungsstück des Pazifiks. Immer luftig, immer locker. Zudem verletzt man, solchermaßen gekleidet, den Anstand der Einheimischen nicht.

Auch konnten wir einer Einladung zum Mittagessen nicht widerstehen. Ich ließ mir, im Freien und auf einer geflochtenen Matte hockend, eine geröstete Thunfischart samt Kopf, serviert auf Bananenblättern, wohl schmecken. Fischallergiker Wilfried gab sich mit Brot und gebratenen Bananen zufrieden. Dafür hatte ich die »Arbeit« mit der Sprache. Indes: Egal wie gut du dich unterhalten kannst, wie großzügig du dich gibst, so manches bleibt dem durchreisenden Segler verschlossen.

TAHITI, WARTUNG

17 Zur Null im Segeln wurde man in den Häfen schneller erklärt, als man »Hallo« sagen konnte. Ein falsch aufgehängter Fender, ein fehlerhafter Knoten am Dingi oder in der Seglersprache halsen mit schiften verwechselt zu haben – das reichte. Der Grund: Allgemein war Mitseglerinnen bei ihren Freunden oder Ehemännern das Badetuch näher als die Winschkurbel (man könnte ja Muskeln kriegen).

Auf Tahiti hatte ich erstmals mit vielen Yachties zu tun und diese Erfahrung gemacht. Eine ganze Flotte lag dort fein ausgerichtet vor Buganker und Heckleinen zum Kai, der befestigt und mit Wasseranschluss versehen war. Wilfried kannte ihn 1967 noch mit Grasböschung unter hohen Bäumen und natürlich ohne Wasserschlauch. Damals waren 4 Yachten auf Durchreise, bei mir schon 14. Eine ordentliche Steigerung in nur drei Jahren.

Die meisten waren Paarsegler, also entweder als Ehepaar unterwegs, oder man hatte sich einfach so zur Weltreise zusammengetan. Und die Frauen waren bei Weitem nicht alle mit Begeisterung Mitseglerinnen. Das hat mich erstaunt. Zwangsverpflichtete Mitseglerin sozusagen? Nichts für mich, das würde ich nie mitgemacht haben. Wenn mir diese Art Leben nicht zusagte, wäre ich schnell wieder zu Hause. Notgedrungen auch alleine. Mitgeschleppt werden heißt auch oft, ohne Interesse für See und Seemannschaft dabei zu sein. Es kamen mir am Kai Sätze zu Ohren, die ich eigentlich nicht hören wollte. »Ich hasse segeln.« – »Und wenn wir segeln, hasse ich ihn.« – »Am meisten aber hasse ich das Boot«, während ihre armen Männer kopfüber im Motorraum schwitzten. Und so war ich eine der wenigen, die an Bord ihres Bootes seemännisch und handwerklich tätig war. Das Deck malte, Leinen wusch und mich mit Hammer und Schraubendreher an die festgerosteten Wantenspanner machte. Ein Sonnensegel spannte und Luken und Backskistendeckel mit Gummistreifen dichtete. (Die Deckel waren unser Problem.) Primär war ich für die sogenannten kleinen Wartungsarbeiten zuständig: Kochergestänge entrosten und neu anstreichen, Petroleumlaternen warten, Werkzeug trocknen und mit Talkum pudern, aufräumen.

Wilfried war anderweitig tätig. Er musste (und wollte) Geld verdienen. Tahiti war sauteuer. Und beide waren wir keine Typen, denen das Minimum reichte. Es sollte schon möglich sein, sich mal ein Essen und ein kühles Bier im Lokal zu gönnen, ohne vorher lange durchrechnen zu müssen.

Meist passierte diese Lohnarbeit gleich nebenan: ein Boot komplett frisch in Farbe bringen; Taue und Fallen neu spleißen und ins Rigg einziehen; Berichte für »Welt am Sonntag« und »Rheinische Post« schreiben; und, die anspruchsvollste Aufgabe: einen Holzmast reparieren. Auf der Slup von Pierre Deshumeur war der Mast in Höhe der Saling durchgefault. (Wer Moitessier-Bücher gelesen hat, wird Deshumeur kennen, er war ein Jugendfreund Bernards aus Vietnamzeiten.) Der Mast musste gelegt werden und ein neues Stück Holz geschäftet und eingesetzt werden. Ein schieres Stück Kiefernholz war schnell in Papeete gefunden. Dennoch war es insgesamt eine verdammt schwierige Aufgabe, weil mit einem Minimum an Werkzeug zu erledigen: Ein großer Fuchsschwanz, ein Handhobel, Hammer und Stecheisen, ein paar Schraubzwingen standen Wilfried zur Verfügung. Da der Mast auf vier Böcken am Kai abgelegt war, fanden sich ständig Begutachter ein, die Wilfried mit Urteilen und Ratschlägen nervös machten. Vor allem Bernard Moitessier, der dort mit seiner roten Ketsch JOSHUA lag und seinem Freund täglich kopfschüttelnd andeutete: »Das wird nichts, Pierre!« Der Mast war auch kein Stängel, er hatte zwölf Meter Länge.

Obschon Wilfried Bernard hoch schätzte, bekam er bei Sätzen wie:»Damit schaffst du es vielleicht gerade bis Moorea«, die Krätze.

Moorea liegt in Sichtweite von Tahiti. Nun, nachdem der Mast wieder aufgeriggt war, stand er nicht nur gerade, er hielt auch ausgiebigen Südseetörns stand – wie wir später erfuhren. Meine »Liebe« zu Bernard war danach erloschen. Er schien mir Dinge nur nach ihrer Verwertbarkeit zu beurteilen. Seine damalige Frau Françoise war dafür ein Beispiel. »La petite Cap Hornière«, wie er sie mal liebevoll nannte, war passé. Sie war gut für Frankreich, hier gab es eine neue Liebe.

Wilfrieds Verdienst half, die langen Wochen in Papeete zu überstehen und unser Schiff zur Überholung in die Werft zu stellen. Zehn Tage schufteten wir von Sonnenaufgang bis Sonnenuntergang, um unsere Stahl-KATHENA für die Weiterfahrt zu überholen. Sie rostete, und die Farbe blätterte mehr, als wir vertragen konnten. Maler Wilfried tendierte zum Klecksen (hier und da ein bisschen schleifen und übermalen), ich riet zu einer gründlichen Überholung: »Komm, wir machen alles runter bis aufs blanke Eisen.« Ich dachte mir, wenn schon schwitzen, dann richtig und im Paradies. In der Tat geschah es unter Palmen. Wir gingen also der Farbe stückweise an den weißen Bordwänden und komplett am ganzen Unterwasserschiff mit Flex und Pinsel zu Leibe. Das ist bei einem Langkieler eine große Fläche. Wir sahen aus wie Bergmänner in einer Kohlengrube, allerdings mit einer Hibiskusblüte im Haar. Ringsum war die Slipanlage von hinreißender Blütenpracht umgeben: Hibiskussträucher, Frangipani und rote Gatae.

Der Farbaufbau mit fünf Anstrichen ging dann nochmals mächtig in die Arme. Oben: Grundierung, 2 x Vorstrich, 2 x Lack (weiß). Wasserpass ebenso (grün). Unten: 2 x Grundierung, Vorstrich, 2 x Antifouling (rot). Es war noch die Zeit der Einkomponentenfarben und einer Sorte Verdünnung – White Spirit. Damit wurde nicht nur die Farbe verdünnt, sondern auch Pinsel und Haut gereinigt.

Das Resultat im Tagebuch:

KATHENA ist das schönste und sauberste Schiff im Hafen. Es schwimmt so herrlich gleichmäßig genau eine Handbreit unter der

Wasserlinie. Der Selbststeueranlage wegen waren wir auch in der Werft. Es wurde ein Rohrgestänge ans Heck geschweißt, und W. hat nach harter Arbeit eine Windsteueranlage gebaut und montiert. Besteht aus zwei Trimmruderblättern, sodass wir jetzt drei Ruderblätter haben. Jetzt ist hoffentlich Schluss mit dem elendigen Von-Hand-Steuern auf hoher See!

Noch zu Schiff und Ausrüstung:

Ein Stahlboot braucht Farbe. Immer wieder. Wenn ich nicht möchte, dass der Rost überhand nimmt, heißt es streichen, streichen. Da geht einiges an Kraft und Zeit drauf. Nun, die Hoch-Zeit der Stahlyachten ist vorbei. Kunststoff ist das gängige Material. Es ist aber nicht so, dass man auf den modernen GfK-Yachten die gesparte Überholungszeit »in der Sonne liegen« umsetzen kann. Sie geht für anderweitige Pflege drauf: waschen und polieren, sonst sieht so ein Schiff schnell stumpf und hässlich aus. Zudem sind die Reiseschiffe inzwischen beträchtlich größer geworden, haben daher mehr Quadratmeter an Pflegefläche. Außerdem hat der moderne Weltumsegler entschieden mehr Geräte und wartungsintensive Ausrüstung installiert, die auch ein Großteil Pflege im Hafen erfordert. Auf KATHENA 2 waren Rigg und Segel, Kocher und Toilette der ganze technische Aufwand, der im Auge behalten werden musste. Mit Kühlung, Computertechnik, verschiedenen Generatoren und so weiter ist der Aufwand wesentlich umfangreicher und sensibler geworden. Da ist immer irgendwann etwas zu reparieren und – für mich besonders nervig – sind Ersatzteile nachgeschickt zu bekommen. Das führt unweigerlich zu dem Spruch: »Ich habe mich um die Welt repariert.«

MOOREA,
MEINE TRAUMINSEL

18 Robinson Cove, Moorea. Hier erlebte ich, was Wilfried mir beim Bootskauf versprochen hatte: dicht am Ufer den Anker fallen lassen, achteraus ins knietiefe Wasser springen und die Heckleine an einer Palme festmachen. Quelle vie!

Ich sprang gleich hinterher. Ins Sandige und ins türkisfarbene Wasser – bonfortionös –, hüpfte den Strand entlang, breitete meine Arme aus und dachte nur: »Das ist das tropische Paradies. Was für eine herrliche Bucht.« Im Hintergrund hohe, zerklüftete Berge und grüne Täler. Nun, das »da oben« interessierte mich in dem Moment nicht. Ich schmiss mich ins flache Wasser und spürte den weichen Sand unter meinen Brüsten. Warm umspülte das erfrischende Nass meinen Körper, es schmeckte nach Salz, und der leichte Wind strich durch mein offenes Haar. Mich überkam eine tiefe Ruhe, die man erlangt, wenn man dem Ursprünglichen begegnet: Sonne, Palmen – KATHENA 2, frisch gemalt, sicher vertäut, mit Proviant gefüllt – die perfekte Situation. Dann wir beide, fit und gesund, und eine absolute Stille (angenehm nach dem lauten Papeete). Hier würden wir es aushalten können. Das Gefühl sickerte in jede Pore: »Für l a n g e aushalten.«

Moorea ist der Traum eines jeden Ozeanseglers. Für Wilfried ging er 1967 in Erfüllung, für mich drei Jahre später. Wieder an Bord nahm ich glückselig sein Gesicht zwischen meine Hände und knutschte ihn. »Hast du das gesehen?«, damit meinte ich die schroffen Vulkangipfel, die uns einschlossen. Umgeben ist die Bucht von palmengesäumten Ufern, die sich langsam heben, um dann steil bis zu 1200 Metern aufzusteigen.

Ich war angekommen. Schöne Blicke. Stille in der Luft wie auf dem Wasser. Nur in der Ferne, draußen vorm Seeriff, war ab und zu das Tosen der Brandung zu hören. KATHENA lag über ihrem Spiegelbild. Traumhaft. Unsere deutschen Vorgänger Elga und Jürgen Koch landeten hier 1965 an. In ihrem herrlichen Weltumseglerbuch steht zu Robinson Cove ein Satz, den ich ziemlich kitschig fand: »Wenn wir am Ufer stehen und das alles überblicken, müssen wir uns in die Arme kneifen, um zu fühlen, dass dies Wirklichkeit ist.«

Und jetzt standen wir hier, fünf Jahre später. Das zweite deutsche Paar auf Weltumseglung. Und nichts war übertrieben.

Schon der Name Robinson Cove klingt nach Abenteuer, nach Exotik, nach Exklusivität, nach ... eben Robinson Cove. So wie Parkallee in Düsseldorf nach edel und gepflegt. Nun also wild und allemal unvergleichlich. Wir waren die Einzigen, auf dem Wasser wie an Land. Es war zudem der vollkommene Ankerplatz – mit Strand und Versorgung. Kokosnüsse und Früchte gab's nur ein Stück den Hang hinauf. Stoffe und Brot in Pao Pao, einem Dorf im Scheitel einer anderen, Kilometer entfernten Bucht.

Was stellt man an in einer paradiesischen Bucht? Gefangen vom Zauber der Landschaft läuft man erst sein umliegendes Revier ab. Den Strand ein Stück auf und nieder, dreht Steine, um nach Muscheln zu schauen. Man schwimmt ums Boot, taucht mit Flossen und Taucherbrille am Korallenriff, lässt sich beeindrucken von vielen bunten Fischen, von denen man, außer dem Papageifisch, kaum einen benennen kann. Korallenfische eben. Tja, dann geht man in die Berge, kommt aber aufgrund der Unwegsamkeit nicht allzu weit. Fotografiert. Schwitzt. Bekommt Durst und schaut in die riesig hohen Kokospalmen. Wilfried entert die Krone und pflückt ein paar grüne Trinknüsse. Kehrt zum Boot zurück, kocht Reis, röstet Brotfruchtscheiben in einer Pfanne (köstlich) und denkt dabei an Capt. William Bligh, der diese Früchte mit der BOUNTY aus Westindien hergeschafft hatte. Hier im Schatten hockend, kann man verstehen, dass seine Crew diese Gegend schöner fand als Middlesbrough oder Colchester in England, partout nicht zurückwollte und meuterte.

Zugestanden: Es gab auch Langeweile, wenn wie hier alles stimmte. Man kann nicht täglich neu überwältigt sein von der Szenerie. Auch wenn man die Ausflüge immer weiter steckt, wie zu den verstreut in die grüne Landschaft gesetzten Hütten – immer aus Holzbrettern mit Veranda und Blechdach. Nicht ebenerdig, sondern auf Pfählen etwa kniehoch bis einen Meter über den Boden gebaut. Stets hatten die Einheimischen für uns ein Geschenk parat. Einen Fisch, eine Muschel. Ich hielt fest:

Ich lerne Frau und Herrn Thieme kennen. Die hat es während des Nationalsozialismus von Berlin direkt in die Südsee verschlagen. Auf

Strahlender Abschied von Tahiti: mit Blütenkranz, Muschelketten und Bananenstaude. Später wird dieses Foto wie vieles andere Opfer der Wassermassen.

Moorea haben sie sich ganz einsam im Tal mit einer Vanille- und Ananasplantage niedergelassen und zwei Söhne zur Welt gebracht – Peter und Conrad. Wunderbare Menschen, die uns unterhalten und mit polynesischem Essen verwöhnen und mit Bergen von Ananas und anderem Obst versorgen. Der alte Thieme belehrt uns: »Ihr Seefahrer braucht Vitamine.« Und schleppt wieder und wieder Bündel mit Ananas heran. Wie hält sich ein Deutschinsulaner fit? Er schläft in seinem spartanischen Holzhaus auf harten Planken, arbeitet unentwegt und hat den »Spiegel« abonniert. Stapelweise liegen die Hefte, hübsch nach Jahrgängen sortiert, im Zimmer. Dies zur geistigen Fitness.

Also setzten wir, nachdem eine Woche um war und ich mich im Dorf ausreichend mit geblümten Pareos versorgt hatte, die Segel.

Ich vergaß ganz, von W.s Spendierfreude zu erzählen. In Papeete schon ein Kleid, sehr schick, dazu silberne Sandalen und ein weißer Minirock. Ich kam mir sehr elegant vor, als ich dort über den Boulevard stelzte. Und nun, im Dorfladen von Pao Pao, ein Bikini mit passendem Pareo und mehrere Meter Tahitistoff, um die Kajüte farblich aufzupeppen: Gardinen, Kojen, Kissen.

Wieder auf See, legte ich mich bäuchlings mit einem Tahitikissen auf den Kajütaufbau, schaute ins Kielwasser und sehnsüchtig auf die Insel – und dachte: »Moorea ist *die* Insel.«

Aber das dachte ich bei der Abfahrt von Tahiti, der Nachbarinsel, auch schon.

BRIEFE AUS DER SÜDSEE

19 Konfrontiert mit dem Thema Weltumseglung wurde ich zuallererst durch Wilfried. Wir lernten uns in Gibraltar kennen. Er war mit seiner KATHENA auf dem Sprung zum Atlantik, ich in den Ferien an Bord von ULTIMA RATIO, dem Trimaran meiner Mutter. Fortgesetzt wurde die Urlaubsliebe während seiner Alleinweltumseglung in Form von Briefen und Postkarten. Die meisten seiner Briefe hier im Folgenden (in alter Rechtschreibung) und leicht gekürzt. Sie geben ein wenig Aufschluss über Kommunikation und Verhältnisse der damaligen Zeit.

Las Palmas, 13. Okt. 1966
Vielgeliebte A.,
hab herzlichen Dank für Deinen dicken Brief. Fein, daß es Dir gut geht und Du an mich denkst. Vielmehr speziell an K. Ja, sie hat »dichtgehalten«, und ich war nach unserem Abschied am Bahnhof so in Schwung, daß ich mich sofort aufs Boot stürzte, es klarmachte und mit dem ersten Licht in Gibraltar – tucker, tucker – ablegte. Das war dann gleichzeitig das letzte Mucken meiner Maschine. Bis heute habe ich sie nicht wieder in Gang gebracht. Nun, ich will ja um die Welt segeln, und demzufolge bekümmert mich das Problem nicht wirklich. Schade um das viele Benzin, es steht mir jetzt im Boot herum.

Kaum zu glauben, aber ich habe 14 Tage von Gibraltar bis in diesen Hafen benötigt. Ungewöhnlich lange für 760 Seemeilen. Ich habe mich auf See wohl gefühlt, vielleicht lag's daran. Dann hatte ich viele Flauten und schwache Winde mit dem Vorteil, daß bei leichten

Winden ich mein Boot zum Selbststeuern kriege. Glaube mir, einer der schönsten Momente war, als ich im dicken Nebel K. zum Alleinsteuern brachte und mit meiner englischen Riesenmuck (über die Du Dich mokiert hast), voll mit Kakao, am Niedergang saß und daraus in kleinen Schlucken schlürfte. Ganz langsam, denn ich wollte diese Situation – Nebel, Selbststeuern, Kakao – irgendwie mitnehmen.

Mein längster Schlag, und ich kann wirklich sagen, das Alleinsein hat mich eher beflügelt als bedrückt. Aber was jetzt vor mir steht, ist doch von anderem Kaliber. Im doppelten Sinn, der Ozean und danach die tollen karibischen Inseln, denn Las Palmas ist voll durchtouristisiert.

Genug von mir. Was macht das Leben in Düsseldorf? Was machen »Deine« Kinder in der Schule? Hoffe sehr auf einen Brief vor meiner Abfahrt – fürs Kopfkissen.

Ich habe zu tun, Du weißt, Holz macht stolz, aber auch viel Arbeit. Es wäre »ganz große Klasse«, wie Du immer sagtest, Dich hier zu haben. Mein Interesse an Dir ist nicht verflogen. Überhaupt nicht, obschon Gedanken an mein Vorhaben Atlantik es häufig überdecken.

In Liebe und viele Grüße und Küsse.

Dein W.

Las Palmas, 26. Okt. 1966

Meine allerliebste A.,

leider keine Post von Dir. Schade, schade ... Ein paar liebe Zeilen für unterwegs hätten mir gutgetan. Jetzt muß ich wohl bis Barbados damit warten. Hoffentlich.

Es ist soweit. Morgen früh Anker auf und los. Das Wetter ist prima und mein Befinden super. Hätte nie gedacht, daß eine Vorbereitung für eine Fahrt über den Atlantik so viel an Arbeit bedeutet. Ich war wochenlang mit Rigg, Segel, Grifflleisten, Persenning gegen die Sonne, Proviant und vielem mehr zugange. An der Clubrampe habe ich K. noch aus dem Wasser geholt und neu gestrichen.

Jetzt bin ich klar, bis auf eine Uhr. Radio und Uhr hat mir die See genommen. Und meinen Plattenspieler. Hoffentlich nimmt sie mir nicht mehr. Sonst ist alles in Ordnung.

Etwas Liebes zu schreiben fällt schwer. In Gedanken bin ich ganz woanders. Irgendwo zwischen den Plänen zu diesem Vorhaben und den Inseln vor mir. Du wirst das sicherlich verstehen. So viele Jahre dafür gearbeitet, davon geträumt und morgen früh soll es passieren. Mein Gefühl sagt mir, es wird schon klappen. Wenn ich an Dich denke, habe ich ohnehin keine Zweifel, mein Liebling. Ich möchte gestehen, dass ich Dich sehr gern habe. Ich könnte richtig sentimental werden, weiß aber nicht, ob es richtig ist, wo wir uns, von der Distanz her betrachtet, immer weiter voneinander entfernen. Glaubst Du, dass wir uns wiedersehen werden? Und vielleicht lieben werden? Ich wünsche es mir sehr – aber erst mal Amerika. Und dort: die karibischen Inseln.

Übrigens: Erinnerst Du Dich noch an den netten Engländer, der in Gib. auf K. achtgegeben hat? Er hat seine ELSA hier verloren. Nachts bei der Hafenansteuerung ist er in die Brandung gekommen. Und aus. Absolut nichts hat er retten können.

Ich habe diese Zeilen an der Bar des Club Nautico geschrieben. Im Stehen mit einem Glas Tinto zwischendurch.

2800 Grüße und Küsse

Dein W.

PS.: Dein Foto hat die Maststütze nicht verlassen.

Kingstown, St. Vincent, 20. Dez. 1966

Liebe A.,

ich bin da. Ich bin rüber. Allerdings nicht dort, wo ich hinwollte. Fühle mich trotzdem bestens. St. Vincent heißt die Antilleninsel. 90 Meilen westlich von Barbados. Verdammt schön hier und grün und bunt. Die Ankerbucht im Hafen habe ich solo. In der Bar, gleich gegenüber von K., hängen viele Mädchen rum. Solche Bilder sind mir von der Seefahrt bekannt. Lieber wäre mir Nachricht von Dir, aber die Post liegt auf Barbados. Was tun? Ich habe dorthin ein

Telegramm geschickt. – Warum St. Vincent und nicht Barbados? Ich war wohl zu lange unterwegs und habe am Ende die Koppelübersicht verloren. Mangels Uhr habe ich ja nur mit der Breite navigieren können, da wußte ich am Ende nicht, sind es noch 500 Meilen oder 50. Dazu viel Regen und Strömung, die mich südlich versetzte. Also alles gegen mich, sodaß ich froh bin, hier unbeschadet gelandet zu sein. Als ich das erste Land sah, befand ich mich inmitten von schäumenden Felsen (südöstlich der Insel Bequia), und bin daher glücklich, zur rechten Zeit aus der Koje gekommen zu sein.

47 Tage für 2800 Seemeilen. Einfach zu lange für mein Boot. Ich muß immer noch lernen. Das heißt, an der Segelstellung arbeiten, Schoten und Fallen im Auge behalten (sind mir mehrfach gebrochen) und nachts aktiver an Deck werden. Herrlich waren die Stunden, wenn alles wie von selbst lief und ich im Cockpit hockte und entspannt zugucken durfte. Meilenweit nur Wasser und immer, fast täglich, Fische im Kielwasser meiner KATHENA. Ab dem 8. Tag bin ich nicht mehr ins Wasser gesprungen. Wollte wie üblich mein Bad nehmen, stand bereits auf der Reling bei den Wanten, um reinzuspringen, da sah ich einen Hai, ganz dicht am Heck. Ein richtiger Brocken. Zwei Stunden hielt er es bei mir aus. An dem Tag habe ich nicht an Dich gedacht, aber sonst mehr als mir lieb war.

Morgen geht's weiter. Schreib ganz schnell. Meine nächste Adresse ist dann Panama.

Salzige Küsse

W.

Cristobal, Panama, 3. Jan. 1967

Allerliebste blonde Düsseldorferin,

Post? Nein. Vermutlich war ich zu schnell für Dich. 12 Tage für 1250 Meilen! Ich habe dazugelernt. Zeitweise drückte der Wind so stark in die Segel, daß der Rumpf völlig in der See verschwand. Ich stand nur da und staunte. Auch die nachgeschickte Post aus Barbados habe ich nicht erhalten. Wird verloren gegangen sein. Das macht mich traurig. Von meiner Mutter natürlich auch lange nix gehört.

STURM Das Wetter schlägt um. Für diesen Fall habe ich
meinen Seemann. Er reduziert Segel und justiert die Steuerung.
Stürmen begegnen wir meistens aktiv.

DIE SÜDSEE Das Leben ist dort formidabel. Schwimmen in türkisfarbenen Lagunen (Funafuti); Flechten von Matten und Körben aus Palmblättern (Marquesas); Kinder, die ihrer

LEHRERIN BLUMENGESTECKE MITBRINGEN (SAMOA); EINE FRAU
TRANSPORTIERT FEUERHOLZ IM KANU (VANUATU). DIE SÜDSEE IST EINE
WELT, DIE SANFT WIRKT, ABER LANGEWEILE NICHT KENNT.

MARQUESAS HANAVAVE AUF DER INSEL FATU HIVA IST DAS
PARADIES. VOR ALLEM FÜR SEGLER, DIE VON DEN GALAPAGOS KOMMEN.
EIN SCHÖNER LIEGEPLATZ IN EINER BUCHT MIT KOKOSPALMEN AUF

GRANITFELSEN, WUCHERNDEM TROPENGRÜN UND FRISCHEN FRÜCHTEN
ERWARTET EINEN. UND EINHEIMISCHE, DIE NOCH MIT DEM KANU SEEWÄRTS
AUF FISCHFANG GEHEN.

MOOREA Eine Insel wie im Bilderbuch. Fast unmöglich, einen Platz zu finden, der nicht beeindruckt. Hoch aufragende Berge, tief ins Land schneidende Buchten, Riffe und Lagunen

PRÄGEN DAS EILAND. GÄSTE WERDEN MIT BLUMENKETTEN BEGRÜSST
UND BEGLÜCKT; LINKS: DIE BETÖREND RIECHENDEN FRANGIPANI-BLÜTEN;
RECHTS: HANDBEMALTE PAREO-STOFFE.

ZIELE Einsame Inseln mit sicheren Ankerplätzen; darauf zielt die Sehnsucht. Davon gibt es im Pazifik weniger als vermutet. Ant in den Karolinen war eine.

Ich fühle mich hier wohl. Club mit Bar und Musikbox (Dr. Schiwago rauf und runter) am Scheitel des Steges. Furchtbar nette Amerikaner, die bei der Kanalgesellschaft arbeiten. Ein Essen mit Burger, Fritten und Cola kaum einen Dollar. Der Segelclub ist sozusagen mein Wohnraum. Diesen Brief schreibe ich gerade dort. Viele im Club sind wild auf Dein gestreiftes Polohemd, das ich trage. Bewundern es und möchten es mir abkaufen. So knapp bin ich glücklicherweise nicht, sodaß es den Pazifik sicher auch erleben wird.

Grüße und Küsse

W.

Balboa, Panama, 21. Jan. 1967

Meine liebe A.,

Deinen Brief vom 13. soeben erhalten und schon mehrfach gelesen und jetzt sorgfältig verstaut. Danke für Deinen Glückwunsch. Hast Du nicht ernst gemeint? Von fabelhafter Atlantiküberquerung kann natürlich keine Rede sein.

Dies ist mal wieder ein Brief kurz vor der Abfahrt. Habe mir Direktkurs Tahiti ins Logbuch geschrieben. Wenn ich an die Südseeinseln denke, kribbelt es vor Neugierde. Und das Wichtigste: Ich bin mit Uhr (Omega) und Kurzwellenempfänger (Zenith) endlich navigatorisch besser gerüstet. Jemand, der sich auskennt, wird wissen, wie hart und mühsam es ist, nur per Breite zu navigieren. Panamaansteuerung war so ein Beispiel. Schlechte Sicht und ich alle Stunde in den Mast. Hand über Hand bis in die Spitze, um Ausschau zu halten.

Wie ich durch den Kanal gelangt bin? Ein koreanisches Fischerboot nahm mich in Schlepp. Die Kanalgebühr hat nur fünf Dollar betragen.

Ich bin bis über die Kojenbretter voll mit Proviant aus einem PX-Laden. Die lieben Amis haben mir sehr geholfen. Übrigens: Ich habe schon im Pazifik geschwommen.

Kuß und alles Liebe

W.

Papeete, Tahiti, 8. April 1967

Bonjour aus Tahiti, geliebte A.,

darf ich das noch sagen? Momentan habe ich anderes im Kopf. Ich stehe heute auf der Titelseite der hiesigen Zeitung. Gefalle mir aber nicht. Abgekämpft schaue ich da aus. Resultat der 69 Tage von Panama, schätze ich. Nun, eine Kaffeefahrt war es nicht. Erst Flauten, dann Böen in Sturmstärke, die zu ständigen Manövern führten. Dann: Das Gas zum Kochen ging mir aus, Risse in den Segeln, eine gebrochene Spiere, letztlich habe ich den Spinnaker, als er gesetzt war, verloren – einfach so in einer Nacht, ohne es zu bemerken. Da hatte ich mal was zu lachen – Segelschule KATHENA. Gut, viele Seevögel und Meeresgetier brachten auch Abwechslung. Die Welt ging für mich auf, als ich tatsächlich die erste Atollinsel der Tuamotus vor dem Bug hatte – genau leicht an Backbord. Ich stürzte aufs Vordeck und fühlte mich glückselig und riß die Arme hoch. Mit einem Brüller begrüßte ich die echte Südsee.

Tahiti, dann einige Tage darauf, erreichte ich am frühen Morgen. Grandios der Anblick der 3000 Meter hohen Vulkaninsel. An der Küste qualmende Feuerstellen, Blätterhütten, auf den Strand gezogene Kanus und ein mörderisch brandendes Riff davor. Ein Traum. Aufgeregt, aber zufrieden machte ich das Schiff hafenklar. Schnell noch aufgeräumt, alles geputzt und gewaschen, Flaggen gesetzt – schließlich wollte ich doch einen guten Eindruck auf die »Schönen« der Insel machen. Nun, Blumenkränze und Südseetänze (Tamure) gab's nicht, aber immerhin einen Willkommensdrink von einem Franzosen.

An K. gibt es viel, viel, viel zu tun. Bohrwürmer, undichtes Deck, Entenmuscheln, Lackieren. Vor allem muß ich hier schnellstens die sogenannten Kriechtiere von Bord befördern. Lasse ich abends einen Rest süße Milch in einem Glas stehen, ist es am anderen Morgen fast gefüllt mit ertrunkenen Kakerlaken.

Ich liege direkt in der kleinen Stadt – gegenüber von einem Park. Schattenspendende Bäume, 27 Grad Celsius, in Sichtweite üppige Blütenbüsche. Das würde Dir auch gefallen. Sonst geht es mir gut – und Dir? Schule? Ferien? Schreib mal drüber. Gehe heute abend tanzen. Ins »Quinns«, ist *das* Tanzlokal von Papeete, und werde dort ein Glas auf unser Wohl trinken.

Tausend Südseeküsse

W.

Papeete, Tahiti, 3. Mai 1967

Meine liebe A.,

Gott, bin ich froh, von Dir einen Antwortbrief zu bekommen. In der Regel schneiden sich unsere Briefe. Erfreut zu lesen, daß ich noch einen festen Platz neben Dir habe. Aber, »vorherrschend ist immer noch das Gefühl, das Angenehme, das ich empfinde, wenn im städtischen Düsseldorf ein Brief von Dir ankommt«, ist doch sehr nüchtern. Du fragst: »Was soll ich Dir eigentlich wünschen?« Ganz simpel, daß ich in der Werft einen Termin für K. kriege und ich den Absprung wieder schaffe. Ich lebe hier einerseits wirklich paradiesisch, möchte zum anderen aber doch bald wieder Seeluft schnappen.

So exponiert am Kai in Papeete ist der ideale Ort, um Bekanntschaften zu machen. Hänge ich beispielsweise im Rigg, um die Wanten und Stagen mit einem Gemisch aus Leinöl und Lack zu präparieren, werde ich schon nach wenigen Minuten angesprochen und zu irgendwelchen Feiern eingeladen. Oder neulich saß ich im Cockpit und kam mit meinem neu erworbenen Primuskocher nicht zurecht, prompt sprang eine Tahitianerin, die mich vom Kai beobachtet hatte, an Bord und wies mich ein. Andertags brachte sie mir eine Brotfrucht vorbei und bereitete sie mir zu. So kann ich neben Spaghetti und Reis endlich auch mal was anderes kochen. Kochst Du eigentlich für Dich? Für mich kocht hier hauptsächlich die Fremdenlegion. Habe vom Kommandanten eine Essenkarte bekommen, sodaß ich täglich in der Kaserne essen könnte. Richtig französisch mit Salat, Hauptspeise und Kuchen, Kaffee, Wein. Nett, nicht wahr!? Meine langen Haare sind dort allerdings nicht sonderlich willkommen.

DIE MEISTEN BRIEFE VON MEINEM WELTUMSEGLER HABE ICH
AUFBEWAHRT. DIE KORRESPONDENZ MIT EINEM MANN, DEN ICH KAUM
KANNTE, WAR UNGEMEIN SPANNEND.

Bis dann. Meine Anschrift: Yacht KATHENA, Papua Yacht Club, Port Moresby, Papua-Neuguinea.

Viele Grüße und Südseeküsse

W.

Pao Pao, Moorea, 3. Juni 1967

Liebe A.,

diese Insel wirst Du in Deinem extra erworbenen Atlas nicht finden. Moorea liegt gleich nebenan von Tahiti. Hat 1500 Meter hohe zerklüftete Berge und traumhafte Lagunen. In einer liege ich – an einer Palme vertäut. Südsee pur. Neidisch? Meinst Du nicht, das habe ich mir verdient?

Nur, Du fehlst mir hier. Als kleinen Trost habe ich Dich in vielen Briefen. Kurz vor der Abfahrt in Tahiti bekam ich, Du glaubst es nicht, einen ganzen Packen Post aus Panama und Barbados nachgeschickt. Dein halbes Dutzend war auch dabei. Weihnachten im Juni! Danke für beigelegte Fotos. Ich habe leider kein Bild von mir. Fotografie interessiert momentan nicht. Ich habe rundum eine phantastische Szenerie und mittendrin K. und ich. – Ich in Tahitihemd (geblümter Stoff), Tahitishorts und Flipflops an den Füßen (während meiner Seefahrt auch japanische Seestiefel genannt).

Die Frage zurück über Suezkanal oder Kap der Guten Hoffnung hat sich wohl erledigt. Die Politik spricht im Rundfunk von einem wahrscheinlichen Suezkrieg.

Alles wunderbar – wenn nicht das Weiterfahrenmüssen wäre. Ich will doch rum. Dafür habe ich mich jahrelang zerrissen. Doch wenn ich den Blick hebe, sehe ich im Hintergrund eine Ananas-Plantage und einen blütenweißen Strand – alles zum Bleiben schön!

Herzliche Grüße an Deine liebe Mutter. Sie war auch in meiner Weihnachts-Juni-Post. Schreibt, was ich mache, sei mit keinen Maßstäben zu messen. Naja, leicht übertrieben.

Alles Gute und Schöne im Urlaub bei ihr an Bord.

In Liebe

W.

Postkarte
Port Moresby, Papua-Neuguinea, 19. Juli 1967
Liebe Urlauberin,
hurra. Ich bin gestern angekommen. 45 Tage/4000 Seemeilen. Bleibe vier Wochen. Schreie nach Post von DIR. Sonst alles in Butter.
Dein Halbweltumsegler
W.

Port Moresby, Papua-Neuguinea, 18. Aug. 1967
Liebe, liebste, allerliebste A.,
was davon trifft noch zu? Keine Post von Dir ist das Schlechteste seit langem. Einen ganzen Monat habe ich gewartet. Gewartet! Jeden Tag im Yachtclub nachgefragt. Und nichts von Dir.

Es ist wieder soweit. In ein paar Stunden werde ich Anker einholen und Segel setzen. Mit Kurs Kapstadt habe ich mir allerhand vorgenommen. Ach, es ist alles nicht einfach. Die Vorbereitungen waren verdammt anstrengend. Organisieren mit wenig Geld in der Tasche ist zudem zeitraubend. Bin ziemlich durcheinander. Hätte gerne etwas Liebes von Dir mit aufs Wasser bekommen.
In Liebe
W.

Coconut Island, Torresstraße, 23. Aug. 1967
Liebe A.,
die Torresstraße ist ein Schiffsfriedhof. Beinahe hätte K. gestern dazugehört. Nichts an Inseln und Seezeichen, die ich gesucht habe, gesichtet, trotzdem nicht komplett die Orientierung verloren. Liege auf fast 20 Meter am Anker vor einem Atoll mit einem Dorf zwischen den Palmen. Diesen Brief will ich dort noch loswerden und einen Blick der tropischen Idylle mit auf See nehmen. Um an Land zu kommen, werde ich gleich den »Regenschirm« (wie Du mein Dingi nanntest) aufbauen und gegen einen steifen Passat rüberrudern. Hoffentlich klappt's. Wegen der Wellen habe ich meine Zweifel. Es ist nämlich weit, vielleicht einen Kilometer.

Morgen geht's weiter. K. macht leider viel Wasser. Muß beim scharfen Segeln auch nachts ein- oder zweimal schöpfen.

Grüße W.

PS.: Schon am Ufer wurde ich mit einer Nuß, klar zum Trinken, begrüßt. Logisch, so ist es halt auf Coconut Island.

Kapstadt, Südafrika, 26. Dez. 1967

Liebe A.,

Danke für Deinen dicken Brief. Danke, daß Du mir Geld schicken möchtest. Das ist wahnsinnig nett, aber ich habe noch genug, um auch den letzten Schlag bis Helgoland zu finanzieren. Das heißt, ich bin schon ausgerüstet und klar zum Ablegen und vielleicht, so Gott will, gibt es Ostern ein Wiedersehen. Freust Du Dich? Wohl kaum so wie ich? Nun A., mein Schatz, du weißt, unsere Zeit war kurz, aber heftig, und manchmal frage ich, wie soll eigentlich eine 14-tägige Liebe über fast zwei Jahre halten. Kurz gesagt: Du ziehst mich immer noch an. Ich möchte Dich wenigstens noch einmal sehen.

Ich habe K. vollkommen überholt. Zum Teil gar mein Rigg erneuert (handgespleißte Drähte). Auf dem letzten Stück meiner Reise möchte ich kein Risiko eingehen. Wäre auch zu blöd, hier feiern und auf See im Regen stehen. Verständlich, im Club werde ich mit Hilfe und Unterhaltung überschüttet. Nachdem ich in der Zeitung war – 8000 Meilen/98 Tage – war's mit der Ruhe an Bord vorbei. Gastfreundschaft wird hier groß geschrieben. Und schön ist es in Kapstadt. Wunderschön.

Bis April, also dann. (Sich mit Gruß & Kuß zu verabschieden fällt mir langsam schwer.)

Ich umarme Dich.

W.

121 TAGE
AUF SEE

20 121 Seetage – da kann man auch vom schönsten Segeln genug haben. Denkt man.

Ich sah es sportlich beim Start: 10 000 Seemeilen? Wow. Vier Monate auf See. Formidable. Das wird ein herausragendes Erlebnis. Da steht Leistung dahinter. Tag um Tag auf dem Meer mit seinen Wellen, seinen stetig wechselnden Lichtreflexen. Alles würde uns gehören. Jedoch erschien mir zum Ende hin das Spiel auf der Meeresoberfläche vollkommen reizlos. Es war doch kein Zuckerschlecken.

Vier Monate ununterbrochen auf See. Mit einem Mann, von dem man eh schon alles wusste. Dazu mit der kleinen KATHENA 2, beladen bis in jede Ecke. Zwei Schritte Kajütboden und zwei schmale Kojen waren unser Lebensraum. Ich ärgerte mich unterwegs mehr als einmal, diesem verrückten Vorhaben zugestimmt zu haben. Nonstop von Diego Suarez auf Madagaskar rund ums Kap der Guten Hoffnung nach Helgoland. Aber war ich nicht auch gefangen von der Idee, die Weltumseglung mit einem anspruchsvollen Seestück zu beenden?

Wie hat man sich das vorzustellen, als 1971, zwei Tage vor Weihnachten, der Anker für diesen Törn an Bord gehievt wurde? Keineswegs bewegten wir uns wie zwei strahlende Seefahrer. Keineswegs waren wir überzeugt, dass es gelingen würde. Ein Beginn des tiefen Ein- und Ausatmens. In Stille und ohne Blickkontakt machten wir das Boot seeklar. Daran denkend: Was wird alles passiert sein, was werden wir erlebt haben, bevor der Anker wieder zum Fallen klargemacht wird? Was überhaupt treibt uns zu diesem Vorhaben?

Die extrem lange Seestrecke begann kühn und nass und lausig wechselhaft. Flaute, Sturm, Zyklonausläufer, ein Zyklon, Wind von vorn, Wind von überall lösten in der Straße von Mosambik einander rasch ab. Das dauerte fast den ganzen ersten Monat. Nur selten griff ich zum Tagebuch:

An Weihnachten erleben wir innerhalb einer Viertelstunde einen Anstieg auf 9 Windstärken mit dem Durchzug einer pechschwarzen Bö. Da heißt es auf Draht sein und die Tücher bergen. Der Hagel knallt mir hart auf die bloße Haut, in der Eile konnte ich die Öljacke nicht überstreifen. Nur gut, dass Böen wieder weiterziehen. In diesem Fall von drei Tagen Flaute abgelöst werden.

Die ersten Tage sind durch ihre unerträgliche Hitze gekennzeichnet, und uns beiden fällt es schwer, Segel zu flicken und die Kochecke in Betrieb zu halten. Recht typisch stellt sich vorzeitig meine Periode ein. Jetzt bin ich restlos außer Gefecht gesetzt.

Das hieß: Ich lag in der Koje mit unproduktiver Stimmung. Draußen versuchte Wilfried, unser Boot auf Touren zu halten. Er meisterte seinen Job – bis er in die nächste Windstille hineindümpelte. Lakonisch hielt ich fest:

Wie immer erlebt man bei Flaute und spiegelglatter See etwas. Ein Riesenwal umkreist uns mehrfach. Angst und Bange wird mir, wenn ich an die zahlreichen Havarien mit Walen denke. Aber er zeigt sich friedlich, sein Nachfolger dagegen, ein Vier-Meter-Hai, attackiert uns mit kräftigen Stößen. Beim Auftauchen sehen wir unsere rote Unterwasserfarbe an seinem Rücken kleben. Das Ungeheure: Ich puffe und steche ihn mit dem Bootshaken, doch er kommt immer wieder zurück. Zu diesen beiden Wassergenossen gesellen sich zur Abwechslung die über Wasser schwimmenden fünf Tanker am Horizont.

Das Segeln in der Straße von Mosambik mit reichlich Schiffsverkehr und Windsprüngen kostete viel Schlaf, Kraft und Geduld. Doch echter Kampf sollte erst am Südende Madagaskars beginnen. Innerhalb einer Viertelstunde zog ein Sturm aus Nord bis Nordost auf, tags darauf Flaute mit weiter anrollenden Seen, später Kreuzseen und dann plötzlich ein immenser Sturm aus Südwest. »Ich heiße Amelie, wenn das kein Zyklon ist.« Die zehnstündige Flaute und auch der dicke Regen nach dem Unwetter schienen sehr dem Auge eines Zyklons zu gleichen.

Neben aller Anstrengung führte der Zyklon zu Konflikten, die mir bis dahin auf See unbekannt waren. Wir schwiegen uns an. Über den Tag hinweg und länger.

Es ist scheußlich, zu allem Überfluss kriegen wir ernsthaft Streit, und die ersten Unglückstränen fließen. Ich will W. nicht an Deck beim Segelbergen fotografieren. Meine psychischen und physischen Kräfte sind einfach nicht zu mobilisieren. Ich will weg von hier! Nur weg. W. schimpft und stichelt. Zur Strafe bleibt der Kocher kalt und mein Magen leer.

Und wie geht's weiter? Wir hatten den ersten von geplanten vier Monaten nicht mal rum.

Wilfried setzte sein Bordleben fort wie gewohnt. Lag im Cockpit, schaute in die Luft, ging der Segelstellung zu Leibe, las in einem Buch, führte Logbuch und griff zweimal am Tag zum Sextanten und bestimmte die Position. Mit einem Bleistift trug er sie in die Seekarte ein und reichte mir die Karte. Die Kreuzchen in der Karte ergaben wenigstens eine klare Linie. Dann legte er sich in die Koje, um bereit für die Nachtwache zu sein. Wir passierten eine Menge Schiffe – die ganze wässrige Welt dort unten glich ziemlich genau einer wichtigen Kreuzung in Düsseldorf. Der Suezkanal war seinerzeit noch geschlossen.

Wir segelten also gut 10 Meilen parallel zur Küste Südafrikas im Agulhasstrom, wo auf der Seekarte »bis zu 5 Knoten Strom« verzeichnet stand und gleich daneben erschreckende Vermerke wie »abnormal waves« und »up to 20 meters high«. Der schnelle Agul-

ZULADUNG: KATHENA 2 IN DIEGO SUAREZ/MADAGASKAR

FÜR 10500 SEEMEILEN NACH HELGOLAND

PROVIANT:

52 Dos. Früchte	45 kg	Reis	15 kg
50 " Gemüse	40 "	Mehl	12 "
15 " braune Bohnen	10 "	Zucker	6 "
25 " Fleisch	12 "	Pudding	3 "
40 " Kondensmilch	17 "	Milchpulver	6 "
11 " Brot	6 "	Nudeln	10 "
25 " Tomatenmix	5 "	Honig	5 "
28 " Fertiggerichte	37 "	Eipulver	4 "
5 Glas Marmelade	3 "	Hülsenfrüchte (getr.)	5 "
28 Dos. Paté (franz.)	6 "	franz. „Kriegsbrot"	10 "
24 " Camembert	7 "	Tütensuppen	2 "
2 Glas Erdnußbutter	2 "	Kaffee / Tee	2 "
2 Dos. Kakaopulver	2 "	Kekse	4 "
14 " Sahne	3 "	Schokolade	2 "
8 " Margarine	6 "	8 Fl. Saft	7 "
6 " Haferflocken	6 "	4 " Rotwein	5 "
6 " Fischkonserven	2 "	60 Dos. Bier	28 "
3 " Butterkeks	3 "	30 Fl. Limonade	15 "
4 " Kartoffeln	4 "	4 " Rum / Gin	4 "
5 " Nüsse	2 "	4 " Kochöl	4 "
		Salz + Gewürze	2 "

FRISCHPROVIANT:

Kartoffeln	30 kg	130 Ltr. Trinkwasser	130 kg
Zwiebeln	65 "	35 " Benzin	35 "
Knoblauch	4 "	15 " Petroleum	15 "
Obst	20 "	10 kg Gas	10 "
Gemüse	10 "	Zeitschriften, Bücher	35 "
80 Eier / Käse	10 "	Draht, Tauwerk (extra),	
Sonstiges	20 "	Seekarten, Batterien	12 "
		Andenken, Geschenke	10 "

Dez. 1971 – 775 kg insgesamt

MIT FAST EINER TONNE ZULADUNG HABEN WIR KATHENA 2
MÄCHTIG »UNTER WASSER GESETZT«. TROTZDEM WURDEN PROVIANT
UND TRINKWASSER UNTERWEGS KNAPP.

hasstrom schob uns zwar kräftig, kann aber verheerende Auswirkungen haben. Die Strömung verkürzt die Wellen, macht sie steil und damit gefährlich. Mir kribbelte schon der Rücken beim Lesen im Seehandbuch über Zustände und Folgen. In Gedanken war ich bei unseren mürben Segeln, denn wir zitterten um die alten Tücher. Nähen und Flicken beherrschten schon die letzten Wochen. Wie sollte das bloß werden zum Ende hin – im Nordatlantik?

Noch waren wir bei der Umrundung Südafrikas. Steifer Wind von vorn und die Schifffahrt hielten uns auf Trab. Bis zu 50 Schiffe täglich erforderten Tag- und Nachtwachen und manch knappes Ausweichmanöver. Das führte zu übermäßig viel Arbeit, Anspannung und Gereiztheit. Doch das Seemännische steht in diesem Kapitel nicht im Vordergrund, sondern das Miteinander, ohne auch nur einmal ein anderes Du vor sich zu haben. Allerhöchstens in einem Buch oder als Foto in Magazinen.

Es gab viele Orte und Begebenheiten, über die Wilfried gern erzählte. Prägend für ihn war wohl die Radtour nach Indien 1958: »Sechs Monate bin ich in Indien rauf und runter. Ich erinnere mich an Menschen und Staub, Ratten und Kühe. Und täglich die große Frage: Wo schlafe ich? Auf dem Tisch einer Teestube, in einem Tempel oder im Vereinshaus der Pfadfinder? Und mein einst schönes Diamantrad fuhr praktisch auf den blanken Felgen. Kein Geld, keine Reifen. Letztlich war ich glücklich, noch einen indischen Händler gefunden zu haben, der mein zerschundenes Rad gegen einen englischen Militärrucksack tauschte. Ausgemergelt von dem langen Weg über Nordafrika, Orient, Persien, Pakistan wollte ich nicht mehr in die Pedale treten. Also ging es mit Trampen und Bahnfahren weiter. Indien ist groß, mein Hunger war riesengroß. Mit meinem Standardgericht, Bananen und Brot, konnte ich ihn nicht stillen. Ich heuerte auf einem Frachter an. Damit war die Indienreise zu Ende.«

Angesichts Kapstadts und des berühmten Tafelbergs kamen keine befürchteten Abbruchgedanken. »Frauen halten mehr aus, als du denkst.« Wir zogen rasch vorbei, saßen an Deck und sagten: »Wie schön.« Fast euphorisch notierte ich in mein Tagebuch:

Jetzt sind wir im Atlantik, das heißt schon beinahe zu Hause. Ha ...!
Klasse Sonnenschein beflügelt zu großer Wäsche (Meerwasser) und
»Hausputz«. 50 Kilo Zwiebeln sortiert und getrocknet. Schönheitspflege
mit Mittelchen noch aus Neuseeland. Haarwäsche. Abends ist alles
Land achteraus. Wir sind wieder einsam. Auch die Schifffahrt hat sich
verkrümelt. Streng Wache gehen hat sich erledigt.

Drei Tage blieben die Schotten noch dicht. Sturm von vorn und von
achtern. Dahinein eine meiner üblichen Pechsträhnen: Einen Becher heißen Kakao und einen Topf mit Suppe verschüttete ich auf
mein Kojenpolster. Ich wurde böse, da mein lieber Mann mir nicht
half, es wieder sauber zu machen. Ich fühlte mich so elend und
unglücklich in diesem Moment, dass ich am liebsten wie ein Stier
gebrüllt hätte. Ach, schreien aus Wut und Verzweiflung kann ich eh
nicht leiden. Selbst ein Kerl sein und mit Schwierigkeiten allein fertig werden. Zum Abschluss dieses unglückseligen Tages schoss eine
Sturmwelle durchs Luk in die Kajüte. Alles nass, alles salzig, alles
Scheiße. (Pardon.) In Großbuchstaben schrieb ich auf: WAS IST
SCHÖN AM SEGELN? NICHTS!
Entspannung war erst auf 25 Grad Süd angesagt. Beim ersten
heißen Sonnenstrahl wurde getrocknet, was die Kajüte so hergab.
Polster, Wolldecken, Wäsche, mein Körper. Das Schöne und das
Gute an unserem kleinen Schiff: Die Cockpitbänke waren lang und
breit genug, um sich locker auszustrecken, was bei den heutigen
Yachten eher selten der Fall ist.
Tags darauf, noch immer Schönwetter und achterlicher Passat,
brach ich mit 36 Seetagen meine Bestleistung im Seesegeln. Meine
bisherige Zeit waren die 35 Tage von den Galapagos zu den Marquesas. »Prost!«, sagte Wilfried. Ich aber hatte einfach nicht den Elan,
die Dose aufzureißen. Keine Initiative, keine Energie, ich konnte
mich selbst nicht leiden. Dieser grässliche Zustand blieb bis auf
kleine Unterbrechungen, in denen ich an neuen Betttüchern fürs
Vorschiff nähte und Karten (Canasta) spielte. Ansonsten war ich
von sträflicher Schlappheit. Das musste sich ändern.

Es änderte sich nichts, die Passatsegelei blieb monoton. Am liebsten legte ich mich an Deck platt auf den Bauch, wobei mein Arm seitlich über Bord hing und die Hand durchs Wasser rauschte. (Wie gesagt: kleines Boot, wenig Freibord.) Der Speed puschte mich ein wenig – gab mir ein stimmiges Gefühl. Ausgestreckt auf diesem lichtgrün gestrichenen Deck, die Sonne im Rücken, den salzigen und feuchten Passat in der Nase, das blaue Glitzern des Ozeans im Augenwinkel, auf diesem einsamen Lieblingsplatz zwischen Kajütaufbau und Fußreling fühlte ich mich herrlich von Wind und Wärme vergewaltigt.

Maler Wilfried fleckte derweil an Deck mit Farbe und Pinsel den Rost weg. Ich, sofern ich nicht grün im Gesicht war, bekochte uns: Nudelsuppe; Reis, Corned Beef und eine Dose Gemüse; Spaghetti-Tomatensoße; Pfannkuchen waren die Standards. Der Umstand, dass alle Arbeiten bei den Bewegungen die doppelte Zeit dauerten, ließ den Tag schneller vergehen, als man vermuten würde. Es gab mehrere Haupttätigkeiten für mich an Bord: Kochen, Putzen, Lesen, Segeln, Schreiben, Erzählen, Fischen.

Beim Fischfang mit Leine und federgeschmücktem Blinker war ich super erfolgreich:

... und was ich fünf Sekunden später am Haken hängen sehe, ist eine tolle, gelbblau schimmernde, meterlange Makrele. Schnell wird sie im Cockpit abgestochen, ausgenommen, gewaschen, und zu Mittag finden zusätzliche Vitamine den Weg in meinen Magen. Köstlich. Der arme W. Ihm bleibt nur das Zusehen. Er kann Fisch nicht vertragen.

In den Mallungen, 100 Meilen nördlich des Äquators, war eine neue Ära angebrochen. Ich war schwanger. Boing. Ich war (beinahe) sicher, dass wir ein Kind bekommen. Gerne, nur meine Position war mitten auf dem Atlantik. Was war zu tun? Azoren ansteuern? Noch weit. Dakar? Keine Seekarten. Barbados? Keine Lust auf große Umwege. Gar Gibraltar? Alles weit entfernte Ziele. England erschien uns noch am sinnvollsten. Das könnte noch zwei Monate dauern –

als Zugabe ein vermeintlich rauer Nordatlantik im März/April. Wir Blauäugigen blieben auf Kurs.

Noch wenige Tage zuvor erschien uns die Fahrt wie ein intakter Kuchen. Doch jetzt grübeln, abwägen, segeln – ja doch. Das Seemännische wurde konzentriert fortgesetzt. Zu jeder Nachtzeit die Segel dem Wind angepasst. Regenwasser mit einem Tuch aufgefangen. Segel geflickt und Nähte nachgenäht. Über Bord gesprungen, um das muschelbewachsene Unterwasserschiff zu säubern. Nautische Daten und Persönliches ins Logbuch geschrieben.

Ich notierte:

Wir müssen auf Kurs Helgoland bleiben, denn es war eine höchst spannende Aufgabe, diesen langen Schlag in Diego Suarez vorzubereiten. Man plant schließlich nicht jeden Tag einen solch extremen Segeltörn. Als es so weit war, wir wirklich alles an Ausrüstung zusammengetragen hatten, war dies schon mit einer gewissen Anspannung und Erwartung verknüpft. Es war verrückt, sich mit der Kathena *nicht ganz spaßige 10 000 Meilen vorzunehmen. Für mich bedeutete es die totale Erfüllung. Nicht bummelnd von der Weltreise zu kommen – sondern obersportlich. Denn das war mein Ding.*

Das Gefühl, von den Wellen und Wind davongetragen zu werden, war einfach wunderbar. Und Phasen mit Streit, Sturm, Gegenwind, elendigen Nachtwachen gehören nun mal dazu. Bald nachdem W. mir diese Strecke angetragen hatte, war mir klar: Es muss sein. So ein Seestück gehört dazu.

Mein Weltreisender erzählte eine neue Geschichte, auch wenn ich gar nichts hören wollte: »Komme ich auf meiner Radtour nach Italien, mit gerade mal 18 Jahren, und sehe die Menschen beim Essen die Nudeln um die Gabel drehen und bündelweise in den Mund schieben. Erst dachte ich: ›Spielen die, oder wollen die mich auf den Arm nehmen?‹ Ellenlange Nudeln hatte ich weder zuvor gesehen noch gegessen. Du weißt, ich kam direkt aus einem Dorf in Mecklenburg.« – »Wo Kartoffeln das Köstlichste waren«, unterbrach ich ihn.

– Oder er gab seine unglaubliche Geldwechselgeschichte zum Besten: »Mit 200 Mark in der Tasche radelte ich los. An der französischen Grenze wechselte ich alles in Francs, an der italienischen die Francs in Lire, in Tunesien Lire in tunesische Francs und in Libyen – da gab's nichts mehr zu wechseln. Ich hatte mehr Geld an Wechselgebühren ausgegeben als fürs Essen.« – »So blöd muss man erst mal sein.« Er redete, als ob wir uns erst seit gestern kennen würden: »... in Madras schwamm ich im Meer, als ein Hai ...«, »... allein reisen, da verliebt man sich leicht ...«, » ... damals, in Alicante ...«.

Drei Jahre segeln gehen aufs Material. Hier hantiert Wilfried mit einer gebrochenen Spiere auf dem Vordeck.

Allmählich fand ich wieder Freude am eigenen Körper, am Segeln, an allem. Wir führten dieses Leben in den Kojen und auf den Fußbodendielen. Nur dort konnte man sich einigermaßen bequem aufhalten. Der Passat, hart am Wind, war besonders nass – und demzufolge schräg. Die Sonne brannte, ich schmeckte die salzige Gischt und hörte das laute Arbeiten von Mast und Segeln. Die Rossbreiten erlebten wir teils stürmisch bis schwer stürmisch. Trotz des ungestümen Wetters auf der Höhe der Azoren dachten wir nicht an Abbruch. Wir waren gehärtet. Ich machte Gymnastik, hatte guten Appetit, meine Träume wurden besser, ich schaute optimistisch in die Seekarten und malte an der Ankunft und dem Schwangersein herum.

Mir ging es gut. Meinem Seemann nolens volens ebenfalls. Das Boot zeigte keine Schwächen; jetzt deutlich leichter, rauschte es trockener durchs Wasser. Die Segel, zwar mehr und mehr ramponiert, würden immerhin durchhalten.

Alles verschob sich, als eine Monsterwelle uns erneut den Kopf zurechtrückte. Eine Sturmsee schickte uns in einen Raum der Lähmung. Und zwar unter Schmerzen und mit hellen, glucksenden Geräuschen. Das schwappende Wasser in der Kajüte ist mir heute,

KURSKONTROLLE, WACHE GEHEN, SEGEL TRIMMEN, TAGEBUCH
SCHREIBEN – DAS WAREN MEINE LIEBSTEN AUFGABEN.

36 Jahre danach, noch deutlich bewusst. Dieser besondere Tag hat im Tagebuch nur wenige Zeilen:

Es ist der 6. April 1972. Weststurm der übelsten Sorte in der berüchtigten Biskaya. Vorgestern. Gestern. Heute. Und der Luftdruck deutet nicht auf Änderung hin. Sicht klar, doch wolkig und kalt. Vor allem nass und Brecher, die W. an der Pinne umspülen. Als für mich (uns) die Katastrophe beinahe stattgefunden hätte, ist es mitten in der Nacht.

Ich wurde in einer Nacht von allem Unangenehmen gereinigt, was mir wettermäßig auf See bisher angetan wurde. Wie oft hatte ich gemeckert wegen ein paar Tropfen, die durchs Luk ihren Weg in meine Koje gefunden hatten. Und jetzt dies. Es war der vierte oder fünfte Tag in Folge mit schwerem Sturm. Ursache war eine Westwindwetterlage überm Atlantik mit »schlechtem« Wetter, wie es Anfang April häufig vorkommt. Die Temperaturen lagen im kühlen Bereich. Oft erreichte der Wind 11 Beaufort. Gerne hätte ich die Windstärke gemessen, aber wir hatten kein klassisches Windmessgerät unserer Zeit (ein mechanisches Schalenkreuz-Anemometer) an Bord. So blieben uns nur geschätzte Angaben – anhand der Seen, des Gehörs, des Gespürs. Die Gefahren für Segelboote im Sturm hängen nicht so sehr von der Windstärke ab als von den Wellen. Dabei spezifisch sowohl von der Höhe wie von den geringen Abständen, die sie voneinander trennen. Ich hatte den Eindruck, dass wir kaum zehn Schiffslängen zwischen den Kämmen hatten, mit tiefen Gräben dazwischen und höllischem Schaum vor dem Kamm.

Sie, die heftigste Welle, der grauenhafte Angriff, schlug in der Nacht 2 bis 4 Strich achterlich ein, wirbelte KATHENA auf die Seite und richtete an Bord ein Chaos an, das uns alles bisher Dagewesene als lächerlich erscheinen ließ. Die beiden Fenster an Steuerbord waren offene Löcher. Draußen tobte ein Wind um den Mast, der sich ungeheuerlich anhörte. Die See rauschte wie Schneelawinen. Ich stand bis zu den Knien im Wasser und schrie: »Ich ertrinke, ich ertrinke.« Meine einzige Abwehr bestand darin, dass ich mich mit beiden Händen irgendwo festklammerte. Wilfried war an Deck, um das Boot vor dem Wind zu steuern – ohne ein Stück Segel im Mast. Ich lag in meiner Koje, als es passierte. Ich lag nicht wirklich entspannt, so wie im Grunde immer, wenn etwas in der Luft liegt.

KATHENA hatte in einer anrauschenden See für lange Sekunden jegliche Stabilität verloren, war 80 bis 90 Grad auf die Seite geknallt, und dabei wurden die Kajütfenster (in Lee), bei uns recht groß, eingedrückt und die Kajüte kniehoch unter Wasser gesetzt. Alles, was nicht übersorgsam verstaut war, schwamm daraufhin. Glasgeschirr, Kameras, Bücher, Lebensmittel, Kleidung ...

Die Aufgabe bestand zunächst darin, die Fenster dicht zu kriegen, damit eine nachfolgende See uns nicht komplett unter Wasser setzen konnte, und dann musste das Wasser mit einer Pütz aus dem Boot geschöpft werden.

Es war eine der ganz seltenen Situationen an Bord, wo ich spürte, dass ich zum Nichtstun verdammt war. Eigentlich wartete ich apathisch auf die nächste Welle. Noch so ein Schwall Wasser, dessen war ich mir bewusst, hätte das schwer gebaute Stahlboot nicht vertragen.

Erst zum Ende meiner ersten Weltumseglung wurde mir klar: Segeln übers Meer hat auch was mit Risiko, mit Lebensgefahr zu tun. Wir hatten weder Funk noch Rettungsinsel noch einen Seenotsender. Wir hatten Vertrauen zu uns, zum Boot. Das war alles.

Die Woge hat uns nicht vernichtet. Zwar Schaden zugefügt, Mut genommen, Material zerstört. Doch das Allerschlimmste war nicht passiert: Ich atmete noch. Ich war wohlauf. Vertrauen und Liebe zueinander stimmten. Schließlich waren wir nicht den einfachsten Weg gesegelt. Dass es nicht immer geradeaus geht, war mir durchaus bewusst.

Zwei Tage später: »Okay«, sagte ich, selbst von mir erstaunt, »wir räumen auf.« Es war grau, schwachwindig und diesig. Auf der Reling trockneten bald Seekarten und Kleidung, im Cockpit Bücher, Kameras, Matratzen, wertvolle Fotos. Mithilfe eines Wasserkessels und eines Eisenrohres verwandelten wir mühsam Meerwasser in Trinkwasser, denn das Desaster hatte auch Wasser und Nahrung verdorben. Alles wurde knapp. Ein tristes Bild gaben wir ab, Glanz und Kraft wie zu Südseezeiten waren dahin.

Mit 2, 3 Knoten, höchstens mal 4 schlichen wir Richtung Ärmelkanal.

Es wurde uns weiterhin nicht leicht gemacht: Navigation war häufig unmöglich – grau in grau das Wetter mit reichlich Ostwind, also von vorn – und kalt. Schlaf fand statt in drei Pullovern übereinander. Die Petroleumlichter waren zerschlagen. »Was haben wir im März und April auch nördlich der Azoren erwartet?« Ohne uns groß abzusprechen, entschieden wir uns für England, als die Küste in Sicht kam. Vorsicht ist die Mutter der Weisheit. »Nee, Seemann, wir wollen nicht tollkühn sein. Plymouth ist auch sehr schön. Helgoland muss eben warten.«

15 Tage nach dem Orkan ankerten wir in der Abenddämmerung in der Bucht von Plymouth. 121 Tage nach Diego Suarez – wo alles noch traumhaft war.

Die Crew eines vorbeituckernden Lotsenbootes füllte unseren Wasserkanister. Ich erinnere mich nur, dass ich ihn gleich an den Hals setzte und das kühle kostbare Nass laufen ließ. Ein, zwei, drei Liter …

Im Schutz der Hügel war es ein warmer Abend. Noch lange hockten wir auf der Cockpitbank bei einem Glas Wasser, ich mit meiner Hand auf dem Bauch und über uns nur der liebe Gott.

Nie mehr in meinem Leben habe ich eine schönere und finsterere Reise zugleich durchgemacht. 121 Seetage auf einem 8,90-Meter-Boot – ein surreales Erlebnis.

Worauf kommt es an bei extremer Langstrecke?

Letztendlich schon auf den Mut, der eigenen Leidenschaft zu folgen. Bei solch einer Route geht es um Willensstärke und Geisteskraft, die aus der Crew selbst kommen.

Dann darauf zu vertrauen, dass die Dinge bei allen damit verbundenen Risiken schon richtig kommen.

Nur durch eine Krise entsteht wirklich etwas Neues.

Nicht immer der logischen Route folgen. Einfach geradeaus geht es meiner Erfahrung nach sowieso nie. Das macht ja das Ganze so spannend, das ist es, wieso man sich beim Segeln lebendig fühlt.

Wenn es im Kopf ist, muss es raus, das Extreme. Egal ob über eine 10 000-Meilen-Strecke oder ins Eis. Es ist wie bei unseren Knospen im Garten, die unter unglaublicher Spannung stehen, bevor sie sich entfalten können.

Wir hatten in der Zeit auf Sprayhood, Rollsegel und Generator verzichtet (verzichten müssen) und hatten trotzdem viel Freude an dem heftigen Törn.

Logistik: Sonne und Salz, dagegen gilt es sich zu schützen. Die richtige Kleidung fördert die Stimmung. Sehr gewissenhaft den Proviant auswählen.

Ans Sinnliche denken: Hochwertige Cremes bunkern. Wein, um eine Feier zu zelebrieren. Gläser aus Glas einpacken. Porzellanbecher. Romane, die bewegen, die unterhalten.

Das kürzeste Gedicht, das ich kenne, passt voll zu jeder Extremfahrt: »Es gibt nichts Gutes außer: Man tut es.« Es stammt von Erich Kästner.

NEBELFAHRT,
GRAU IN GRAU

21 Dichter Nebel ist, wenn du das Esso-Emblem im Schornstein eines Tankers siehst, aber nicht das Drumherum. Keine Konturen der Bordwände, keine Aufbauten, lediglich das Schornsteinende mit diesem Logo war zu erkennen, über das leicht die Nebelschwaden zogen. Oder war es Qualm? Nein, es waren dichte Nebelfetzen.

Das war hochgradig gespenstig. Wir waren wie gelähmt. So eine Situation hatten wir nie zuvor erlebt. Die Begegnung im Nebel auf der Nordsee war wirklich eng. Das Schlimmste, eine Kollision, schien uns bevorzustehen. Was war zu tun? Beide rissen wir verzweifelt die Augen auf, versuchten mehr zu sehen, mehr zu erkennen. Blicke nach rechts, nach links. Sich zu orientieren, in welche Richtung das Schiff fährt, ist die allererste Pflicht. Erst danach kommen das eventuell erforderliche Ausweichmanöver und die Angst. Bei uns ist Dank raschem Handeln alles gutgegangen.

Der Schock und der Respekt vor der Großschifffahrt nach solch haarsträubender Begegnung saßen tief. Es wurde noch intensiver geschaut, die Ohren gespitzt, das Kursdreieck geschwungen. »Möchte gern wissen, wo wir sind. Ungefähr wenigstens. Koppel noch mal nach.« – »Hör mal, ist das ein Schraubengeräusch?« – »Woher kommt das Getute? Von vorn?« (Nebel verzerrt den Schall.) – »Da, unter der hellen Schicht, ist das ein Schiff?« Die Augen brannten zusehends. In jeder veränderlichen Nebelwolke sichteten wir Gefahr. Lebensgefahr. Zu Recht.

Nebel ist ganz übel. Allemal wenn man, wie wir 1972, auf den letzten Meilen einer Weltumseglung vor Helgoland steht und nicht weiß, wo man ist. Ohne Landsicht, ohne ein Seezeichen ausmachen zu können, irrten wir herum. Sind es noch 10 oder sind es eher 30 Meilen bis zur Insel? Dazu kam die Schifffahrt in der Deutschen Bucht. Außer auf der Seekarte mit Dreieck, Zirkel und Bleistift den Kurs hin- und herzuschieben, blieb uns nichts zu tun. Wir wussten tatsächlich selbst die ungefähre Position nicht. Dichter Nebel über Tage und ein Kreuzkurs hatten zu diesem Wirrwarr geführt. Auch unser Handlot half nicht weiter. Der Boden ist ziemlich eben, so war die Position auch anhand der Tiefe nicht festzustellen. Dabei sehnten wir uns nach quälenden Wochen im Englischen Kanal und auf der Nordsee danach, die Fahrt endlich zu Ende zu bringen. Ankommen. Duschen. Essen. Schlafen. Genießen.

Hinderlich bei diesem lang anhaltenden Nebel war die kolossal mit Muscheln bewachsene KATHENA 2. Sie manövrierte schlecht und langsam. Außerdem war die Maschine defekt. Das machte uns ziemlich unbeweglich. Und zu allem Übel kam die starke Tidenströmung in der Deutschen Bucht.

Nun, wir resignierten nicht. Ließen die Aussichtslosigkeit nicht über uns bestimmen und hielten weiter tapfer Ausguck, betätigten das Nebelhorn, verfolgten alle Geräusche ringsum und warteten bei verminderter Fahrt ab. Irgendwann lichtet sich jedes Nebelfeld – und das war ein grandioser Moment: Unser Ziel, Helgoland, lag zum Greifen nah vor dem Bug.

Am Rande:

Für wen schreibe ich das eigentlich? GPS hat doch heute jeder an Bord. Und ein Echolot. Und wenn nicht, handelt er fahrlässig. Radar und ganz neu AIS-Transponder zum Beispiel helfen bei Nebel, ohne Kollisionen sicher ans Ziel zu kommen.

Wenn tatsächlich Gefahr droht, den Kurs mithilfe der Seekarte außerhalb der Schifffahrtsroute legen. Erwischt mich dichter Nebel in Küstennähe (dazu rechne ich eine Sichtweite von um die 100 Meter), einfach das Ufer ansteuern und vor Anker gehen – sofern es Wassertiefe und Seegang erlauben.

Selbst wenn der Schiffsort bekannt ist: Fahrt vermindern, Nebelhorn betätigen, alle Geräusche ringsum aufmerksam verfolgen.

Man glaubt es nicht, Segeln in einer sanft umschlingenden Nebelsuppe kann auch berühren. Mir machte solch ein Kurs in den Äußeren Hebriden sogar Spaß. Beim Ablegen in Eriskay sahen wir Nebelschwaden über den Kuppen. Dann im Freien war die Sicht eine halbe Seemeile, wenig später nur noch eine viertel, und es dauerte nicht lange, und es herrschte dichter Nebel mit Sichtweite von weniger als 100 Metern. Dazu raumer bis halber Wind, kaum Seegang, Groß und Fock gesetzt und ich an der Pinne. Wir kamen sagenhaft voran: 7 Knoten, am Ende 9. Das war unheimlich in dieser einhüllenden Suppenküche. Zum Ende betrug die Sicht nur wenig mehr als zehn Meter, knapp über den Bug hinaus. Eigentlich waren wir zu schnell, aber mein Göttergatte wollte erst nicht reffen. »Hier gibt's keine Fischerboote.« Dann wurde doch zwangsläufig das Groß durchgerefft und die Fock gegen die Sturmfock getauscht. 5 Knoten Speed blieben immer noch. Sturmböen fetzten von den Bergen der Western Isles nieder.

Ich fühlte mich in dem dicken Nebel relativ wohl. Es war ein Erlebnis. Eingehüllt in diesen gleichmäßigen, sauerstoffgetränkten Dunst, fühlte ich mich geborgen, völlig losgelöst von der Erde und unendlich weit entfernt von allem. Wären wir auf offener See gewesen, hätte es tagelang so weitergehen können, zumal wir bei wenig Seegang blendend vorankamen.

Die Hebriden sind ein Ort, wo Nebel gemacht wird. Fischerlatein. Insofern hatten wir auch nicht abwarten wollen, weil gutes Wetter und Hebriden zwei unvereinbare Begriffe sind. Unser Ziel, die verlockende Bucht Skiport, lag zudem nur einen Tagestörn entfernt. Also stand ich an der Pinne, steuerte und hielt zugleich Ausguck. Wilfried positionierte sich mit dem Nebelhorn auf dem Vordeck. Der Nebel zeigte sich undurchdringlich, trotzdem waren wir überzeugt, nach Skiport zu kommen. GPS und Echolot waren unsere Hilfsmittel. Kurz nach Mittag, wenn sich der Nebel in der Regel lichtete, verdunkelte er sich plötzlich an Steuerbord. Ein Fischerboot, etwa 50 Meter entfernt, schob sich in unser Blickfeld. Es handelte sich um die OCEAN STAR mit geringer Fahrt auf dem gleichen Kurs. Die Crew fischte. Wie war das noch …?

Der Wind war bitterkalt (wir hatten Hochsommer!), und der Nebel blieb. Wir kauerten im Ölzeug um die Seekarte und starrten ungeduldig in die Nebelschleier. Die vorgelagerten Inselchen hätten bald auftauchen müssen. Seezeichen oder einen Leuchtturm gab es als Orientierungshilfe nicht.

Vorarbeiten und Augen aufreißen waren die einzige Chance. Langsam, am Ende nur mit Sturmfock, hangelten wir uns in die insel- und felsenbestückte Bucht und schrammten fast ein flaches Eiland an Backbord. Gelegentlich gab der Nebel für Sekunden den Blick auf eine bleigraue Weite frei. Auf diese Weise begann eine spannende Nebelphase: Lichtete sich der Schleier ein wenig, steuerten wir dem Scheitel zu, verdichtete er sich, drehten wir bei. Das ging so lange, bis sich das Licht endlich durch die Dunstglocke gequält hatte und uns half, den Ankergrund von Bagh Charmaig zu finden.

Paradox: Als der Anker auf acht Meter fiel, riss die Nebeldecke vollends auf. Jedenfalls in der Bucht. Fasziniert bestaunten wir die Szenerie: Inseln, Buchten, Fischzuchtanlagen, Kuppen, Täler, Schafe. Seewärts Nebelschwaden und weiße Schaumkronen. Irgendwo an Land bellte ein Hund. Irgendwo unter Deck wurde eine Dose aufgerissen. Ja, ein Bier in einer überwältigenden Bucht nach einem anstrengenden Seetag – das war die Krönung.

GELD & ZEIT

22 Ehe ich über meine zweite große Reise (stückweise) berichte, komme ich erst mal zu Problem eins: das Finanzielle. Es hat ja keinen Sinn, über eine Segelreise um die Welt zu reden, als ob man sie sich einfach so leisten könne. Eine moderne Zehn-Meter-Yacht kostet so viel wie ein halbes Haus. Und schau ich mir Berichte von Weltreisen an, sind zehn Meter schon die kleinste Größe. Der klassische Ozeansegler segelt heute auf mindestens zwölf Metern. Und nebenbei: Er ist über 60 Jahre alt, zeitlich unabhängig und finanziell sowieso gut gestellt.

Ich war zu meiner Zeit Mitte zwanzig, segelte 8,90 Meter Stahl bei knapper Bordkasse, und es war trotzdem meine Lebensreise. Ich habe nichts vermisst. Mir fehlte auch der Vergleich, denn ich kannte nichts anderes. Mit 12 000 Mark Bordkasse waren wir so gestellt, dass Extras wie Kneipen- und Restaurantbesuche noch drin waren. Wohlgemerkt, angesparte 12 000 Mark für drei Jahre segeln. Außerdem hat Wilfried auf Tahiti, Neuseeland und in Weipa (Australien) dazuverdient.

1996 sah das Pekuniäre schon ganz anders aus. Das Boot war zehn Meter lang, die Reise ging rund um die Nordsee und kostete uns 1000 Euro monatlich. Mindestens. Das ist auch das Minimum für derzeit Reisende – bezogen auf moderne Schiffe um die zehn Meter und zwei Personen an Bord.

Die Eigner größerer Yachten neigen dazu, mehr unter Maschine zu laufen, und haben dementsprechend mehr Kosten. Auch höhere Liegeplatzgebühren, höhere Rechnungen für Ersatzteile, Reparaturen und so weiter. Und da sie zudem mehr Platz zur Verfügung haben, tendieren sie zu sogenannten Luxusgütern, oder sie installieren Dinge, die das Fahrtensegeln einfacher machen, was andererseits zu einem Mehr an Kosten führt. (Von Zeitaufwand und Nerven ganz zu schweigen.) Die Zahl dieser größeren Yachten scheint trotzdem stetig zu wachsen.

Dazu zitiere ich aus dem Buch »Segeln mit Wilfried Erdmann«:

> Die Kosten schlüsseln sich folgendermaßen auf: ein Drittel Lebensmittel, ein Drittel Verschiedenes (Porto, Foto, Landausflüge, Kleidung, Geschenke) und ein Drittel Unterhalt des Schiffes (inklusive Treibstoff, Liege- und Behördengebühren, Farbe/Politur). Wer, wie einige Salonsegler, seine Kosten so aufschlüsselt, dass ein Drittel nur für Reparaturen draufgeht, hat falsch gewählt bei Schiff und Ausrüstung. Wenn es teuer wird, prinzipiell nicht vergessen: Was würde das Leben zu Hause kosten – mit all den Belastungen für Auto, Miete, Heizung, Strom? Der Gedanke ließ uns so manches Mal mit Jubelgeschrei in eine blaue Lagune jumpen.

Für Menschen, die mit einem Stahlboot reisen, ist die Welt allerdings immer noch günstig. Die Anschaffung kostet ein Drittel moderner neuwertiger GfK-Yachten. Immerhin zeigt der Vergleich, dass eine Ozeanfahrt für jeden im Bereich der finanziellen Möglichkeiten liegt. 30 000 Euro wird manche Frau und Mann wohl schnell aufbringen – wenn ich bedenke, dass das der Preis für einen Mittelklassewagen ist. Weitere 20 000 sind schnell weg für die notwendige Ausrüstung. (Selbststeuerung, Segel, Ankergeschirr und so weiter.) Wohl oder übel soll dieser Anstoß das Ergebnis von Überlegungen und immer neuen Kassenstürzen sein. Beispielsweise ist der Gebrauchtbootmarkt voll von Angeboten. Und das wird sich in naher Zukunft nicht ändern. Auf den Werften werden auf Teufel komm raus neue Schiffe produziert und ins Wasser geworfen. Das lässt die Preise sinken. Speziell bei modernen Performance-Yachten.

MEIN BLAUWASSERETAT

Kosten einer rund 10 Meter langen Segelyacht
samt Ausrüstung und 2 Crew auf Ozeanfahrt

Schiff (gebraucht)	ca. 50000 Euro
Navigation (GPS, Sextant, Handbücher, Seekarten, Radioempfänger, Handfunke etc.)	3000 Euro
Selbststeueranlage (Wind)	5000 "
Solarzellen, Extra 12-Volt-Batterie	2000 "
Zusätzliche Segel	2000 "
Rettungsmittel (Insel, Westen, Gurte, Signalmittel, JOR-Boje)	2000 "
Zweiter Anker + Kette + Trosse	1000 "
Zusätzliche Festmacher, Schoten, Fallen, lange Leinen + weiteres Tauwerk	1000 "
Beiboot	2000 "
Werkzeug, Ersatzteile	2000 "
	70000 EURO

Unterwegs: Liegeplatzkosten, Proviant, Reparaturen
am Schiff, Film + Foto, Ausflüge, Kleidung,
Geschenke, Kommunikation, Behördengebühren,
Bücher, Instandhaltung, Diesel + Öl, Restaurantbesuche etc.   1200 Euro
                              monatlich

Soweit das Wichtigste. Hinzu kommen eventuell Versicherungen, Computertechnik,
Satellitentelefon, Seenotfunkboje ....

Klar, zu unserer Zeit ging's noch billiger. Ich meine, man bekam 1969 wesentlich mehr für sein Geld. Die Yachten waren nicht so umfangreich ausgerüstet – es fehlte an Rollsegeln, elektrischen Ankerwinden und aufwendiger Elektronik. Die dazugehörenden Energieversorger gab's praktisch in dem Umfang nicht. Man segelte noch ziemlich konventionell. Wenn Sie Fotos von der KATHENA 2 sehen,

DIE WICHTIGSTEN KOSTEN FÜR EINE LANGFAHRT
MIT EINER YACHT VON RUND ZEHN BIS ELF METER LÄNGE.

werden Sie überrascht sein und sagen: Sieht ja aus wie ein Daysailer. Und das ist nicht mal abwegig.

Aus der Weltumseglung mit KATHENA 2 gingen wir mit Gewinn (um beim Geld zu bleiben) heraus. Illustriertenberichte, ein Reisebuch, Bootsverkauf und drei Jahre Charter sicherten uns die nächste Traumreise. Mutig flogen wir nach Neuseeland, um ein Segelboot zu kaufen und damit »en famille« (mit Sohn Kym) primär die Südsee zu bereisen. Der Flug war zwar teuer, aber der Kauf eines Zehn-Meter-Bootes in Auckland kompensierte das.

Ich komme noch mal auf die Kosten eines Fahrtenbootes zurück: Stahl macht es erschwinglicher. Ich habe mehrere Bekannte, die wiederholt bei Ebay ein Schiff ersteigerten. Die Ansprüche waren allerdings nicht sehr hoch. Einer unserer jüngsten deutschen Atlantiküberquerer, Johannes Erdmann (wir tragen nur den gleichen Nachnamen), hat ebenfalls bei Ebay sein Glück gemacht. Seine MAVERICK brachte ihn zwar hinüber (Atlantik), aber nur in Verbindung mit sehr viel handwerklichem Geschick. Neben Fachzeitschriften ist das Internet eine große Hilfe bei Angeboten auf dem Gebrauchtbootsmarkt.

Noch zum Geld:

Je einfacher Ihre Yacht ausgestattet ist, desto geringer sind die laufenden Kosten. Logisch!?

Wer im Landleben 3000 Euro zum Leben verbraucht, wird auch unterwegs schwer davon runterkommen.

Das Gefühl für das rechte Maß an Kosten bekommt man am besten unterwegs.

Was kostet es, ein Boot auszurüsten und dann auf Langfahrt zu gehen? Bernard Moitessier antwortete auf diese Frage: »Genau so viel, wie man hat.« Und erntete damit einen Lacherfolg. Aber ein Blick auf unsere Kosten zeigt ziemlich genau, wie Recht er hatte. Es hat immer bis zum Ende gereicht.

Man benötigt mehr Geld im Alter, denn man mag keine schlechten Nahrungsmittel, keine billigen Stoffe, braucht seine Bücher, seine Medikamente, benutzt für den Komfort mehr Maschinenkraft, ab und an ein Taxi und rüstet sich mit doppelter, zuweilen dreifacher Sicherheit aus. Alles, was ein junger Segler eher nicht berücksichtigt.

Am Ende dieses Themas das eigene Geld. (Als Frau.) Eigenes Konto macht Sinn, bar oder Karte. Es reduziert Sorgen, Ärger und fördert Gelassenheit. Jedenfalls habe ich immer mindestens so viel dabei, dass ich im Notfall von jeder Ecke der Welt nach Hause fliegen kann. Nichts ist neben der Seglerfreiheit schöner als die finanzielle Unabhängigkeit.

Problem zwei: die Zeit. Der Berufstätige (2008) verfügt über ausreichend Urlaub – will er jedoch seine Lebensreise umsetzen, muss er wohl oder übel kündigen. Nicht unproblematisch in unserer globalisierten Wirtschaft – soll es auch ein Arbeitsleben nach der Fahrt geben. Dieser Aspekt hat schon manchen zermürbt.

Für eine atlantische Reise sollte man ein bis zwei Jahre einplanen – drei Jahre für eine Weltumseglung. Wenn es nicht möglich ist, ganz große Pläne umzusetzen, warum nicht einen Sommer lang einen schnellen Blick auf Ost- und Nordsee werfen? Man kann hoch ins Nordmeer oder in den Bottnischen Meerbusen segeln. Immer noch besser, als im Sessel mit Büchern dieses Genres zu verweilen. Nur Sechs-Wochen-Urlaubstörns? Dann lassen Sie's lieber! Ich spreche hier von Lebensreise! Das Problem mit der Zeit ist aufs Engste verknüpft mit dem Wohin. Wohin oder wenigstens in welche Richtung soll ich Kurs legen? Da gibt es eine Vielzahl an Möglichkeiten. Ich denke, das Beste wird sein ist, ich richte dafür ein eigenes Kapitel ein.

Anhängen von Zeit:

Egal, wie ernsthaft die Weiterfahrt geplant war: Wenn man sich nicht gut fühlt, ist es besser, nicht in See zu stechen, einfach einen Tag oder mehr anzuhängen. Für mich waren diese »verschobenen« Abfahrtstage, es gab einige, die schönsten und oftmals die entspanntesten des gesamten Törns. Einige dieser vermeintlichen Abfahrtstage sind mir unvergesslich.

WIE FINDE ICH
MEIN ZIEL?

23 Es geschah in der Koje. Beim Blättern in einem Buch stieß ich auf die Kokosinsel. Der Autor hatte die Insel mit einem Segelboot besucht und sehr verlockend darüber geschrieben. »Das passt«, dachte ich. Ankerbucht. Geschichte. Schatz. Pure Natur. Und dann der Name: Kokosinsel. Da wollte ich unbedingt hin.

Ebenso, nämlich übers Lesen, habe ich Plaza, Santa Fe, Vanikoro, Fair Isle, Wallis entdeckt. Oder Laxford Bay in Schottland. Auch Suwarrow mit Tom Neale (aber dort ist uns leider ein Sturm in die Quere gekommen), Haparanda und Gotland habe ich aufgrund von Büchern in die Wunschliste aufgenommen. Überhaupt: Fast alle Reisebücher vom Segeln befassen sich am Rande auch mit Planung und Zielen.

Sie bieten darüber hinaus Anregung, Ermutigung und Tipps für abenteuerliche Traumziele. Die weiterführende und bessere Planung jedoch erfolgt mit Karten und Büchern über nautische Fakten wie Wetter, Windsysteme, Wirbelsturmgebiete und -zeiten. Eine Ozeanüberquerung ist also in erster Linie unter Berücksichtigung der Jahres- und der Hurrikanzeiten zu planen.

Nehmen wir zunächst die nahe liegenden Ziele.

Auf Schottland, die Orkneys und Shetlands habe ich Sie schon neugierig gemacht. Dort passen Sprache, Mutter Natur, wunderbare (skurrile) Menschen und Tierwelt. Ein bisschen wetterfest sollte man schon sein, aber dann ist das Revier mit seiner grandiosen Landschaft, seinen anspruchsvollen Passagen und jeder Menge Wind eines der interessantesten im Norden Europas. Obwohl wir in Ostsee, Mittelmeer und Atlantik voll auf unsere Kosten kamen,

kann keine andere Gegend Europas der schottischen Westküste und Inselwelt das Wasser reichen. Nebenbei: eine echte Prüfung für Crew und Ölzeug.

Norwegen ist vergleichbar. Die schönsten Flecken sind die tief verschlungenen Fjorde. Skandinavien und das Nordmeer überhaupt sind ein Höhepunkt für eine Sommersaison. Und vor allem sind die Regionen auch geeignet für Mittelalte (ab 60?), die schon mal einen Arzt aufsuchen möchten, ihre Brille reparieren lassen müssen und gut zu Fuß sind (wegen der Querfeldeinwanderungen, die man gerade hier unternehmen kann). Dank der kurzen Sommernächte eignet sich der Norden (nördlich von Skagen oder Bornholm) per-

DIE SEHNSUCHT NACH KARIBIK, SÜDSEE, INDISCHEN OZEAN REISST NOCH IMMER VIELE BEDENKEN NIEDER.

fekt, um nachts durchzusegeln. Somit erweitere ich leicht mein Segelgebiet und erlebe zugleich das brillante Licht des Nordens.

Für Ein-paar-Wochen-Urlauber bleiben von deutschen Häfen aus immer noch Dänemark sowie die West- und Ostschären Schwedens. Wobei der Westen im Hochsommer überquillt von kleinen und großen Yachten. Ein Freund, der letzten Sommer dort war, erzählte: »Man muss höllisch aufpassen, nicht übergemangelt zu werden, so ein Auftrieb herrscht dort.« Dänemarks Süden wird von noch mehr Booten frequentiert, und man findet in der Saison schwer einen guten Liegeplatz. Segeln gerät dort zum Konsum.

Will ich klimatisch angenehmer segeln, kann man das Mittelmeer nicht ignorieren. Diese Kulturvielfalt auf wenigen tausend Meilen ist nicht in einem Sommer zu schaffen. Auch nicht in zwei. Teilt man das Mittelmeer in drei Etappen, würde ich vorschlagen: ein Jahr den Westen (auch hier muss man um Liegeplätze kämpfen), ein Jahr die Mitte mit der Adria und ein Jahr den Osten mit Griechenland und Türkei. Ich war dort lange nicht auf dem Wasser, aber die Côte d'Azur, Korsika, Sardinien, Italien haben ein Flair, das dem Norden abgeht. Leider wird man im Hochsommer kaum Liegeplätze finden und wenn, dann irrsinnig teure. Sichere Ankerplätze sind ein Manko. Ungeachtet dessen ist das Mittelmeer Favorit der deutschen Langfahrtsegler.

Die Sehnsucht nach den Tropen ist unter Seglern noch immer ungestillt. Es bietet sich zunächst die Karibik an. Selbst schlechte Nachrichten wie Raub, Diebstahl, Betrug, Unfreundlichkeit und Abzocke können den Reiz nicht reduzieren. Das karibische Segelgeschehen ist weiter im rasanten Aufwind. Häfen und Buchten voll bis übervoll. Es liegt zum einen am Passatwind, der die Inselkette im rechten Winkel streichelt und es möglich macht, die Inseln praktisch hinauf und hinunter ohne Kreuz abzusegeln.

Zum anderen ist die Erreichbarkeit der Inseln von Vorteil. Im Sommer verlässt der Segler Europa, kommt locker mit dem Passat Weihnachten in der Karibik an und kann im darauffolgenden Sommer via Azoren wieder zu Hause sein. Der klassische Lebenstörn.

Zusammengefasst die einjährige Atlantikrundreise en détail: Beim Start zwischen Elbe/Ostsee sollte man nicht so viel Zeit verlieren. Am besten in einem Rutsch durch bis zum Englischen Kanal. Dort sich an der englischen Küste entlanghangeln und von Falmouth oder dem Helford River aus die Biskaya queren. Hier spürt man schon die lange Atlantikdünung und das starke Gefühl: Es liegt Raum voraus. Das Wasser wird blau und tief, der Himmel wirkt superhoch. Der Wind wird schärfer, die Luft schmeckt nach Salz, und der Kopf wird klar.

Das Fremde und das sogenannte Schönwetter beginnen mit der Iberischen Halbinsel. Auf den Kanarischen Inseln stehe ich vor der Frage, welche Route jetzt, um nach Amerika zu kommen. Lege ich sie über die Kapverden, Afrika oder direkt nach Brasilien und dann gen Norden oder mache ich letztlich den Brot-und-Butter-Törn, von den Kanaren quer über den Atlantik in die Karibik? Alles hochspannend. Alles hochinteressant. Ich würde die Brasilienroute wählen, dann über Guyana in die karibische See bis zu den Virgin Islands und Bahamas, Bermudas, Azoren. Den Rest kennen Sie ja.

Wer es nicht ganz so eng wie in der Karibik mag und den Atlantik nicht verlassen möchte, kann nach Brasilien ausweichen. Man spricht dort zwar Portugiesisch (und wer beherrscht schon diese Sprache?), aber sonst hat es Inseln und Reizvolles im Überfluss. Das Land bietet alles, was das Herz begehrt. Ich war noch nicht dort, es ist aber ein Wunschziel von mir. Die andere Möglichkeit wäre, nach Norden hin auszuweichen, Richtung Ostküste USA und Kanada. Ziele mit klassischem Charme (das einsame Haus auf der Felsenkante) und geschichtlichem Hintergrund. Und nicht zu vergessen: die segelbegeisterten Amerikaner. Es lohnt sich bestimmt, diesen Abstecher ins Kalkül zu ziehen. Die Rückreise wäre dann über den hohen Nordatlantik. Eine Reise zum Beneiden und zeitweise zum Fürchten.

Vor einer Vielzahl an Möglichkeiten steht ein(e) zukünftige(r) Weltumsegler(in). Soll es das Übliche sein? Via Panama, oder wage ich es via Patagonien um die Erde? Die Frage hängt zum einen sehr vom Schiff ab, zum anderen von der Erfahrung der Crew – besser umgekehrt. Einmal im Pazifik angekommen, ist es möglich, überallhin den Kurs zu legen, ohne der Südsee (Idylle) zu entgehen. Sie ist (fast) überall vorhanden.

Die meisten Segler, die Langfahrt im Sinn haben, zieht es nach Erreichen der Karibik Richtung Panama und Pazifik. Der Kurs auf der Korallenroute bis weit in den Indischen Ozean ist die Erfüllung aller Seglerträume. An jedem Sandflecken und jeder Palmeninsel inszeniert sich die Realisation des Traumes. Höhepunkte sind sicherlich Galapagos, Mangareva, Polynesien, Samoa, Fidschi, Neuseeland. Passatwind, keine schweren Stürme, Häfen mit guten Versorgungsmöglichkeiten und einsame Inseln die Merkmale.

Nukufetau war so ein Inselatoll:

Ankern auf vierzehn Meter Tiefe vor dem Dorf Savave. Wasser sichtig bis zu den Ankerflunken im Sand. Bald sind wir von Kanus umringt. Überwiegend Frauen, deren Männer auf deutschen Schiffen zur See fahren. Im Dorf geht es später, umringt von Kindern, zum Chief, der in einem schönen, halb offenen Pfahlhaus residiert. Das ganze Dorf ist auf den Beinen. Jede Bewegung von uns wird von unzähligen dunklen Augenpaaren registriert und lautstark diskutiert. Wir sind die Sensation des Atolls. Der Chief lässt für uns kochen: Thunfisch, in Blätter gewickelt und im Erdofen gegart. So gestärkt, mit ein paar Bananen und Nüssen unter den Armen, geht es abends wieder an Bord.

Im Grunde ist es fast gleichgültig, ob Sie Ihre Zeit im schönen Polynesien oder in den Fidschis versegeln. Beide Archipele haben alles, was Segler begeistert. Freundliche Menschen, reichlich Sandstrände, sichere Lagunen ... Suchen und die Ohren spitzen sollte man schon ein bisschen. Hinweise auf schönste Plätze bekommt man sehr gut unterwegs.

Papua-Neuguinea will ich eigentlich nicht vorstellen. 250 Morde jährlich – hier soll sich jeder selbst ein Bild machen. Zu meiner Zeit war es der abwechslungsreichste Archipel mit beneidenswerten Buchten und originellen Orten: Put Put, Madang, Ungan, Ninigo, Port Moresby, Garove.

Lässt man Papua an Steuerbord liegen, kann man sich für Australien (Great Barrier Riff und Darwin) oder gleich weiter Richtung Bali und Malaysia entscheiden. Damit würde sich die Rückfahrt spreizen: entweder die (vermeintlich) einfachere und kürzere nach Europa durch das Rote Meer oder der nasse und lange Weg ums Kap der Guten Hoffnung. Inseln und Palmen gibt es auf beiden Kursen. Einerseits Malediven, Seychellen, andererseits (im Süden) Mauritius, Réunion und Madagaskar und später Südafrika, wieder im Atlantik vielleicht noch Brasilien. Und dann? Im Mittelmeer oder an der Elbe ist »meine« Weltumseglung zu Ende.

Tolle Aussichten! Verwirrende Aussichten? Am besten ist es immer noch, selbst seinen Kurs zu finden.

Dazu hilfreich:

Englische oder amerikanische Pilotcharts, das sind Wind- und Wetterkarten – sogenannte Überseglerkarten. Infobücher zu Land und Leuten. Reisebücher.

Mitglied werden bei Trans-Ocean in Cuxhaven, einer Vereinigung zur Förderung des Hochseesegelns. Sie bringt viermal jährlich eine informative Zeitschrift heraus und veranstaltet übers ganze Land verstreut viele Treffen zwecks Informationsaustausch. Anschrift: info@trans-ocean.org

Es ist übersichtlicher, sich eine Nonstopumseglung vorzustellen. Und sie ist relativ einfach umzusetzen. Wenige Seekarten, kein Reisegeld, kein Behördenkram werden benötigt, mit Piraten ist auf dieser Route auch nicht zu rechnen. Warum versucht sich hierzulande eigentlich keine nonstop? Frauen sind doch sonst überall dabei: Marathon, Triathlon, Bergsteigen und andere Extremleistungen. Isabelle Autissier, Ellen MacArthur und Dee Caffari haben vorgemacht, dass es machbar ist und man damit Erfolg haben kann. Es muss nicht unbedingt ein Riesenschiff sein.

Ich habe meinen Mann gefragt, was es Schönes am Nonstopsegeln gibt. Was er sagt: »Ankommen. Es gibt nichts Schöneres, als mit einem intakten Körper und Boot anzukommen. Darauf freut man sich monatelang. Ein weiterer wundervoller Aspekt ist der Glaube, seinen Fähigkeiten vertrauen zu können, folglich die Gewissheit, dass ich es schaffen werde. Das motiviert wieder und wieder und holt einen nach Mitternacht, wenn's am härtesten ist, sich aufzuraffen, aus der Koje ins Ölzeug und an Deck. Das nächste Schöne ist, dass ich durch das Langsegeln zu einer inneren und äußeren Entspannung finde, die im Landleben nicht möglich ist. Die ersten Monate ist man locker, mein Körper kommt spielend mit den Aufgaben klar. Nach drei Monaten entwickelt sich ein kleiner Kampf zwischen Spaß und Qual. Da gehorchen Körper und Geist nicht mehr. Und ab der Hälfte solch eines Törns wird man meditativ. Ich bin dann in einem Zustand, wo man zwar noch optimal segelt, aber die Bewegungen sind schleppend, was ich als nicht nachteilig empfinde, denn ich kenne, ob Tag oder Nacht, jeden, aber auch jeden Handgriff. Ich habe in den elf Monaten mit wenigen Ausnahmen das Segeln und mich nie gehasst. Am finalen Punkt die Segel einzuholen ist wie Fliegen im Traum. Man möchte es nicht, aber es ist nicht zu ändern.«

Sich neue und innere Ziele setzen ist wichtig. Ich will ausdrücken, dass auch andere Wege gut sind, um segeln zu mögen. Zum Beispiel, sich mal auf einer Route gegen den Wind zu fordern. Mit einem soliden Boot ist es kein Draufgängerkurs. Versuchen Sie es einfach mal.

Wie finde ich mein Ziel jenseits der geografischen Routen? Voraussetzung ist, dass ich an den Sinn einer langjährigen Segelreise glaube. Dass es schlüssig ist, gerade jetzt aufzubrechen und auf den Wert für später zu bauen. Ansonsten wäre alles Zufall, was auf einer Fahrt geschieht. Schon das Organisieren von

Schiff und Ausrüstung hilft mir, mein Inneres zu ordnen. Weil ein Boot nicht alles fassen kann, beginnt die Reise mit der Kunst des Weglassens. Was brauche ich wirklich? Was lasse ich zurück? Wer jahrelang im »Überfluss« gelebt hat, erfährt die Beschränkung auf das Wesentliche als eine Art Befreiung. Wenn ich auch noch so viel zurücklasse, um mir das Segeln zu erleichtern – mich selbst nehme ich ja immer mit. Wenngleich die größte Herausforderung erst unterwegs kommt – in dunkler Nacht, im Nebel, im Sturm oder in der Stille einer Flaute: Kann ich es in solchen Situationen mit mir aushalten?

So ist das Leben mit den Zielen.

Doch zurück zum Anfang: Eine ganz normale Lebensreise ist immer noch besser, als nur davon zu träumen. Was heißt das, eine ganz »normale«? Seinen Traum früher oder später nicht den Bedenken zu opfern, sondern einfach Segel zu setzen. Dabei geht es einzig darum, in aller Ruhe zu segeln und sich mit Herz und Kopf die Welt anzuschauen. Das sollte die Grundidee sein.

WORAUF ICH BEIM BOOTSKAUF ACHTEN SOLLTE

24 Hauskauf ist Frauensache. Beim Erwerb eines Bootes hingegen haben Frauen meist wenig zu sagen – nur wenn es um Kajüte, Kojen und Kochecke geht, dürfen sie mitreden. Sagt man. Hört man. Damit Frauen bei der Auswahl (egal ob gebraucht oder neu) maßgeblich mitentscheiden können, habe ich diese Auflistung zusammengestellt.

RUMPFFORMEN: (Das ist absolut nicht nur Männersache.) Langkieler? Praktisch. Altbewährt. Gut. Mit S-Spant segeln Sie sehr weich. (Trotzdem haben Langkieler derzeit auf dem Markt einen schlechten Stand. Sie segeln in der Regel 1 Knoten langsamer.) Die modernen Serienrisse sind mit ihrem U-Spant dagegen deutlich rauer, lauter und sensibler unterwegs. Wir haben es rund Nordsee einen ganzen Sommer lang getestet. Diese Schiffe bedürfen weitaus mehr Aufmerksamkeit und sind im Ruderbereich sehr empfindlich. Ein zu kurzer Kiel lässt sich nicht überall mal eben an Land ziehen und abstellen. Wer es sportlich mag, ist mit solch einer »Segelmaschine« gut aufgehoben.

SCHNELLIGKEIT: Lassen Sie sich von dem Argument »das Boot segelt schnell« nicht beeindrucken. Für eine genussvolle Fahrtensegelei brauchen Sie Stauraum, Bequemlichkeit und Entspannung. Bei einem Seetörn ein, zwei Tage Zeit zu sparen, um sich dann tagelang im Hafen erholen zu müssen, bringt keinen Gewinn. Und trotzdem wäre es für heimische Gewässer ganz schön, schnell am Ziel zu sein.

GRÖSSE: Größe ist bezüglich Sicherheit und Bequemlichkeit nicht allein entscheidend. Jeder Meter zusätzliche Schiffslänge bedeutet mehr Reinigungsaufwand, größere Segelflächen und generell schwereres Geschirr an Deck. Alle Arbeiten werden für eine Frau anstrengender und zeitaufwendiger. Das sollte es nicht sein – auf ihrer Lebensreise.

TRADITIONEN 1: Es gibt ein Faible für Traditionen. Zum Beispiel für klassische, holzgeplankte Segelboote. Haben Sie dergleichen im Sinn? Großartig. Die Schiffe sind meist schön anzusehen und werden in jedem Hafen bewundert. Die Entscheidung muss jedoch gut überdacht werden. Ein Boot, das leckt und in jedem Hafen geschliffen und lackiert werden muss, um das Material zu schützen, ist nicht mein Boot. Wilfried hat das mit der ersten KATHENA hinter sich, und die war noch klein.

TRADITIONEN 2: Klassische Linien bieten deutlich weniger Platz unter Deck. Verträgt sich nicht für Eigner mit Wünschen nach reichlich Lebensraum.

OPTIK & VOLUMEN: Abzuraten ist von einer Yacht, die einer Hansekogge ähnelt – hohes Freibord, dicker Bauch, hohe Aufbauten. 1. Zu viel Volumen geht auf die Segeleigenschaften. Sie hat schlechte Kreuzeigenschaften, driftet meist mehr, als dass sie segelt. 2. Es ist auch eine ästhetische Frage. Sie wollen sich einen Lebenstraum erfüllen, daher ist das Aussehen immens wichtig. 3. Schlecht zu verkaufen. Bitte nicht wegen eines Maximums an Wohnraum solch ein Schiff erwerben.

STATISTIK: Kaum fünf Prozent aller Planer einer Ozeanfahrt brechen auf. Liegt es am Geld? Liegt es am Respekt? Salopp gesagt: Es fehlt ihnen normalerweise nicht an Mut, mit einem guten Boot abzulegen. Doch wer es sich lange gemütlich gemacht hat, dem fällt das Aufstehen schwer.

RIGG: Rollvorrichtungen natürlich. Vorsegelanlagen sind inzwischen ausgereift. Von Großsegeln, die in den Baum oder Mast eingerollt werden, bin ich nicht überzeugt. Die Kuttertakelung hat viele Vorteile.

DECK: Achten Sie auf ein minimalistisches Design an Deck. Ein Zuviel an Beschlägen fördert Verletzungen.

COCKPIT 1: Cockpitbänke sollten auch zum Liegen ausgelegt sein. Auf einem Meter Länge kann man sich nicht ausstrecken. Ein Großteil der Seestrecken liegen Sie an Bord – schon aufgrund der Bewegungen bleibt keine andere Möglichkeit, um sich zu entspannen.

COCKPIT 2: Der normale Weltumsegler hat sein Achterschiff zugestellt. Da schaut man, wenn man aus der Kajüte ins Cockpit kommt, nicht in einen blauen Himmel, sondern auf Antennen, Radar, Windgenerator, Kanister, Rettungszubehör, Außenborder.

COCKPIT 3: Vier Dinge braucht man. Teakbelag, Haltegriffe, Ablagemöglichkeiten für Kurbeln, Bändsel, Kleinkram und einen gut ablesbaren Kompass.

FARBE: Behalten sie die Farbe Weiß im Auge. Speziell beim Kauf einer kleineren Yacht. Wilfried hat die Kajüte von KATHENA NUI auf meinen Wunsch hin komplett weiß gestrichen. Nicht weil er nur mit einem Farbtopf und einem Pinsel hantieren wollte. Es war uns wichtig und bekannt, dass Weiß bejahend wirkt. Weiß engt nicht ein. Weiß assoziiert außerdem Sauberkeit, Reinheit, Freiheit. Eine weiße Kajüte lässt sich zudem besser persönlich herrichten.

FLAUSEN: Lassen Sie sich keine Flausen von Ihrem Partner in den Kopf setzen. Seien Sie beim Kauf gleich dabei. Der Einstieg in die Ihnen fremde Materie eines Reiseschiffes und des Bootslebens geschieht nämlich immer besser nicht nur auf der theoretischen

Ebene, sondern im Hinblick auf eine längere Reise auch auf der praktischen.

ÜBERLEGUNGEN: Nicht zu lange nachdenken – kaufen!

KOJEN: Egal ob jung oder gerade weil jung: Länge und Breite und Position nicht mal eben zur Kenntnis nehmen. Nachmessen! 1,90 bis 2,00 Meter (je nach Ihrer Größe) wären ideal. Mindestbreite 72 Zentimeter und möglichst eine Seekoje dort, wo es beim Segeln am ruhigsten ist – im Drehkreuz des Schiffes.

BAD: Was Frauen wollen, hat mit ihrem Alter zu tun. Ein junges Pärchen ist – logisch – weniger anspruchsvoll. Da reicht vielleicht eine Waschschüssel im Cockpit, um sich frisch zu machen. Älteren empfehle ich schon eine Waschmöglichkeit im Schiff. Dusche muss nicht sein – stattdessen lieber kopfüber ins tiefblaue Wasser.

ABLAGEN: Sicher und übersichtlich erleichtern sie das Reisen. Viele kleine Ablagen sind besser als wenige voluminöse.

SICHERHEIT: Ein wichtiges Kriterium ist die Sicherheit. Halte ich mich an einer wackelnden Relingstütze fest, ist das für die Psyche grausig. Finger weg von dem Kauf will ich nicht sagen, aber sorgsam das Schiff durchchecken. Sicherheit beginnt bei mir an der Basis: Haltegriffe, Griffleisten, Einfachheit der Ausrüstung.

MISSSTÄNDE: Wer versucht, sich auch noch gegen das kleinste Risiko zu wappnen, bricht nie auf. Also, ein paar kleine Missstände sollte man akzeptieren.

ZU BEACHTEN: Möglicherweise sitzen Sie beim Kauf nur auf dem Sozius – weil ihr Partner schon weit gereist ist. Vertrauen Sie ihm.

INTERIEUR 1: Halbkörperspiegel – ein Muss.

INTERIEUR 2: Weiß hatte ich schon angemerkt. Praktisch steht vor anspruchsvollem Ambiente. Praktisch ist eine Koje, die man auch bei Windstärke 7 benutzen kann. Ein solider Tisch, gegen den man auch fallen kann. Praktisch ist eine gewisse Fläche des Kajütbodens zum Langliegen.

KOCHECKE: Immer am Niedergang und nicht mitten im Salon. Man hat gleichzeitig frische Luft und Abzugshaube in einem. Eine Pantry muss offenen (luftigen) Stauraum für frisches Obst und Gemüse haben.

FAZIT: Am Ende siegen immer praktische Erwägungen. Geld, Größe. Oder anders: Die eine mag es gemütlich, die andere wieder kantig. Ich hoffe, meine Ausführungen verhelfen Ihnen auf ein schwankendes Schiff übers Meer. Das ideale Fahrtenschiff gibt es sowieso nicht – vieles ist Geschmackssache.

VORURTEIL: Man braucht kein riesiges Schiff, um tolle Touren zu segeln.

MEHRRUMPFBOOTE: Großes Fragezeichen ob Katamaran oder Trimaran. Die Vorzüge – viel Raum, segeln ohne Schräglage, Decksfläche ähnelt einer Plattform – heben die Nachteile nicht auf: Kentergefahr und – schlimmer – Hafenplatz und Kosten. Ein gut segelnder Katamaran ist gleichfalls teuer.

DER ÜBERGANG
VOM TAG IN DIE NACHT

2 5 Welche ist die schönste Zeit des Tages auf See? Keine Frage: der Übergang vom Tag in die Nacht. Und das zweifellos im Süden, wo die Segler-Freiheit am größten ist (sofern das Wetter mitspielt). In den Tropen (mild und warm) und auch am Mittelmeer lässt sich die Stimmung mit einem Glas Wein, stilvoll in schönen Gläsern, großartig genießen. Man hat sich frisch gemacht, die Utensilien für die Nacht vorbereitet, wirft einen Blick auf die Seekarte und schaut locker in die Runde. Dann hält man einfach mal den Mund, lässt in Gedanken den Tag Revue passieren und gönnt sich zwischendurch einen Schluck.

Als Beispiel halte ich mich an einer Abenddämmerung auf See im südlichen Pazifik fest. Halber, leichter Wind und kaum Seegang. Die Aries (mechanische Selbststeueranlage) hielt uns bestens auf Kurs. Ich hockte entspannt auf der Cockpitbank mit Blick achteraus, den Rücken gegen den Kajütaufbau gelehnt und mein Tagebuch auf den angewinkelten Knien:

15. Sept. 1976. Um 18 Uhr bin ich dran mit meiner Wache. Es wird sehr früh dunkel in den Tropen. Und es passiert schlagartig. Innerhalb einer halben Stunde. (Anfangs hatte ich keine Ahnung, dass tropische Nächte so lange dauern.) Der Mond steht am Himmel, voll und klar, und der Himmel ist leicht bewölkt mit Kumuli und Sternen bestäubt: Orion, das Kreuz des Südens, Antares, Sirius ... Im Westen ein roter flammender Horizont. Roter Abendhimmel und Kumuli bedeuten: Das schöne Wetter wird bleiben. Also ein Abend, der romantisch macht. Meine »Männer« schlafen vermutlich tief und entspannt, denn das Boot segelt ohne schaukelige Bewegungen. Die unbarmherzige Sonne tagsüber macht müde. Wir steuern geradewegs auf die Atollinsel Funafuti zu. Ein geheimnisvoller Name, ebenso der Name des Archipels, zu dem das Atoll gehört: Tuvalu.

Von der Schönheit, der Ruhe, der unermesslichen Weite des Raumes bin ich hingerissen, auch ein wenig aufgeregt, denn wir bewegen uns auf Land zu, das mal gerade brusthoch ist – mit Palmen drauf, die erst aus wenigen Meilen Entfernung zu erkennen sein werden. Wer weiß, wie wir sie treffen, morgen früh und ob überhaupt. W. wird bald wieder den Sextanten schwingen.

Weit im Norden ziehen Wolkenstreifen über den Himmel. Drei schwarze Vögel, die aussehen wie Fregattvögel, gleiten scharf konturiert ohne Flügelschlag dicht am Vorsegel vorbei.

Ich beobachte das Meer. Leicht plätschert das verdrängte Wasser am Rumpf entlang und bildet das typische V als Kielwasser. Für gewöhnlich ist meine Wache nach drei Stunden vorüber. Heute mache ich eine Stunde länger. Es ist zu schön zum Schlafen.

Trotz allem rutschte ich nach und nach in Liegestellung. Über mir der funkelnde Himmel. Auf dem Bauch mein Tagebuch, in dem ich aber nicht mehr schrieb oder las. Die im Norden aufgezogenen Wolkenstreifen legten sich über den Mond. Es wurde schlagartig dunkel. Die Dämmerung war vorbei.

ZWISCHEN DEN REISEN

26 Ich kehre noch einmal zu meinen 121 Nonstop-Tagen zurück. Und dort speziell zu dem Seestück um die Azoren. Es war die schwerste Sturmperiode, die ich jemals erlebt habe. Vom 15. März bis zum 11. April hatten wir an 15 Tagen Windstärke 8 und mehr und eine entsprechend hochlaufende See mit Schaum, Kanten und Wellenbergen. Eine Zeitspanne, in der wir unsere Fähigkeiten ganz auf das Verhalten unseres Bootes bei diesem üblen Wetter konzentrieren mussten – und dann trotzdem flach gelegt wurden.

Wenige Monate später, im Sommer 1972, wieder in der Heimat: Segelfreunde und Fremde versicherten uns, wie sehr sie mein Stehvermögen bewunderten, aber hinter unserem Rücken wurde zugleich das Seemännische bemängelt: das Boot zu klein für den Nordatlantik, zu schwer gebaut, zu wenig Ballast, zu große Fenster, zu früh im Jahr, zu lange auf See, um aufmerksam der Gefahr begegnen zu können, und so weiter. Ich tat mein Bestes, um allen aus dem Wege zu gehen, die mir zu diesem Thema etwas zu sagen hatten oder wohlgemeinte Ratschläge gaben.

Bald wohnten wir in Düsseldorf in einer kleinen Etagenwohnung, überholten die tapfere KATHENA und verkauften sie – schweren Herzens? Wir brauchten das Geld. Fünf Monate nach unserer Ankunft kam mein Baby zur Welt, »made« am Kap der Guten Hoffnung. Ein gesunder Junge. Name: Kym. Damit wurde meine Weltumseglung endgültig zu einer Lebensreise. Ich war glückselig.

Trotzdem verging bei dem geordneten Landleben kein Tag, an dem ich nicht an den 6. April dachte. (Das war der Tag, als eine

Sturmsee unsere Kajüte unter Wasser setzte.) Manchmal wurde ich gar unversehens von Erinnerungen überwältigt, sodass ich mich hinsetzen musste. Nachts konnte es passieren, dass der imaginäre Wasserschwall über mich hereinbrach, ich im Traum kniehoch im Wasser der Kajüte stand und durch zwei dunkle Löcher in die Nacht schrie: »Ich ertrinke.« Doch ich konnte nicht schreien. Von solchen Träumen wurde ich lange nicht verschont.

Trotz alledem: Es konnte auch geschehen, dass ich mich danach sehnte, an Deck zu liegen, die Hand im Wasser mitschleifen zu lassen, Segel einzufalten, an der Pinne zu sitzen und Kurs zu halten. Es waren so einfache und unkomplizierte Freuden gewesen. Immer waren es die Erlebnisse mit der KATHENA, selten Landerlebnisse, die mich lebendig hielten.

Ich staunte über meinen Mann, der das alles – scheinbar unbeschwert – niederschrieb und sich nach einem neuen Boot umschaute, um damit unseren Lebensunterhalt zu verdienen. Kojencharter mit Ausbildung war sein Konzept. So wurde es letztlich auch umgesetzt, derweil ich mit dem Baby auf dem Arm am Fenster stand und

ICH LIEBTE AUCH UNSERE JOLLEN AN DER SCHLEI. SECHS METER BOOT SIND SCHNELL ZU WASSER GELASSEN UND AUFGETAKELT.

wie eine Seemannsbraut auf den Seemann wartete. Drei Jahre ging das so. Von Segelbooten fern hielt ich mich dennoch nicht. Ich liebte es, am Ufer des Rheins entlangzuwandern, um den Segelbooten nahe zu sein.

Jahrzehntelang wurde an den 6. April erinnert. Eine Flasche Wein, ein Dosenessen à la KATHENA 2, Gespräche. Dieser Tag war mir tatsächlich wichtiger als Hochzeitstag oder Geburtstag.

Vier Jahre später begann mein zweites Bootsleben. 1976 flogen wir zu dritt kurzerhand nach Neuseeland. Kauften dort ein Segelboot, um damit mehrere Jahre durch die Inselarchipele der Südsee und des Indischen Ozeans zu segeln. Ich war bass erstaunt über die Unbeschwertheit, mit der ich an die Aufgabe ging und mich wieder aufs Wasser begab. Ich zitterte vor Aufregung, als wir in Auckland ablegten. Wilfried zog die Tücher hoch, ich legte die neue KATHENA FAA an den Wind, worauf sie leicht krängte und Fahrt aufnahm. Es ging vorbei an den dicken Pötten im Hafen, vorbei an Rangitoto, der mystischen Insel vor Auckland, mit direktem Kurs in die offene See – ins Freie. Ich spürte, wie der Bug sich hob und über mittlere Wellen schoss. Während das Wasser hochspritzte, packte mich die pure Freude und ließ mich aufjuchzen. Nicht laut, der Freudenschrei kam mehr aus dem Inneren.

25. April 1976. Südsee. Da ist ein Echo in mir. Heute bin ich glücklich und zufrieden. Nachdem man den ganzen Tag im Stehen gesteuert hat, die Pinne zwischen den Oberschenkeln, zwischendurch nach und nach fünf Kilo herrlichster Pfirsiche in sich hineingestopft und das Kind gewindelt hat, spürt man nichts als eine warme Müdigkeit. Eine, die durch den ganzen Körper geht.

EINMAL IM LEBEN

27 Einmal im Leben eine Reise unternehmen, die alles verändert. Wer träumt nicht davon? Wer trägt sich nicht mit diesem Gedanken? Einmal die Brocken hinwerfen, Risiken eingehen und einfach lossegeln. Übers Meer, vielleicht um die ganze Welt. Den Alltag sozusagen im Kielwasser versenken. Raus aus dem »Eingeknicktsein«. Sich endlich entfalten können, ohne von anderen oder dem Apparat gehindert zu werden.

Manche träumen davon, bei der Arbeit, in ihrem Segelclub oder beim Bummel durch die Marina, und sie reden das ganze Leben davon, dass man eigentlich unter Segel aufbrechen müsste. Eben eine Reise zu machen, die alles verändert. Kein Alltag mehr mit Beruf, Steuer, Fernsehen, Rechnungen und ohne das »eingefrorene« Frühstück mit Zeitung und Brötchen. Keine Verpflichtungen. Nur sich selbst und der Natur verpflichtet.

Wir haben es einfach gemacht – 1969 (haben Sie zuvor gelesen) und vor allem 1976 erneut. Aufwendig und ein bisschen leichtsinnig war es schon. »Nirgendwo ist der deutsche Alltag weiter entfernt als im Pazifischen Ozean«, dachten wir. Also haben wir Beruf, Verpflichtungen, Wohnung, Kompromisse hinter uns gelassen und flogen zu dritt kurzerhand nach Neuseeland, wo wir uns in Auckland ein gebrauchtes Segelboot kauften. Es in einer Wochenaktion klarmachten, und nur drei Monate später erfreuten wir uns bereits am Kurs durch die pazifische Südsee.

Drei Dinge erleichterten uns den Start: Wir wussten, wo es hingehen sollte. Wir hatten das (vermeintlich) richtige Boot dafür gefunden. Und wir waren sicher, dass es das Ideale für uns sei – Südseesegeln mit drei bis vier Jahren Zeit im Gepäck. Wir folgten damit unseren Vorstellungen. Und ganz sicher wurde uns der Absprung erleichtert, weil wir kaum etwas Wertvolles an Möbeln, Hausrat oder dergleichen zu versorgen hatten.

Verrückt!, wurde uns attestiert. All das schöne, mühsam angesparte Geld in eine Segelreise zu stecken!

Ist es verrückt, sich mit Anfang 30 zu fragen, ob man nicht vielleicht sein Leben ändern will? »Wenn nicht jetzt, wann dann?«, sagte Wilfried, dessen Idee es übrigens war. »Am Ende der Reise ist zum einen der Junge gerade schulpflichtig, zum anderen wir beide noch jung genug, um auch im Berufsleben erneut Fuß zu fassen.«

Wir wollten mit Ozeanien unseren ganz persönlichen Träumen folgen. Wir wollten einen nicht alltäglichen Kurs wählen, abwechselnd bewohnte/unbewohnte Inseln und Buchten ansteuern, nach Gefallen die Liegezeit bemessen und selten besuchte Atolle und Lagunen aufsuchen. Eine simple Tour wird zum Nonsens, wenn das eigene Boot nicht dazu passt. Unsere in Neuseeland erworbene KATHENA FAA bot wenig Komfort, nein, sie strotzte vor Simplizität: keine Kühlung, keine Elektronik, kein Funk, keine Waschmaschine, gar nichts an sogenannten Erleichterungen. Navigiert wurde mithilfe des Sextanten, das Wetter zeigte uns das Barometer an, die Windrichtung ein Fähnchen am Rigg und den Speed ein mechanisches Log.

Im Gegenteiligen zum Landleben, im Ungewohnten, sollte der Reiz dieser Segelreise liegen.

Das war Wahnsinn: Wir waren beide beseelt von der Idee des einfachen Segelns. Und sind es bis heute. Wäsche waschen in der Pütz, kühlen per Verdunstungsprinzip, kochen mit Petroleum, lesen bei einer Sturmlaterne, den Anker Hand über Hand einholen und das Beiboot rudern.

Wir hatten noch einmal die Fähigkeit und die nötige Kraft entwickelt, den Kurs unseres Lebens selbst wählen zu können. Radikal? Es war zu dem Zeitpunkt der einzig richtige Weg – zumeist (geplant) ein Zickzackkurs. Wir hatten ein ansehnliches Boot, von den

Linien her betrachtet, und meinten, damit die Realität zu meistern. Nun, wir waren nicht nur unterwegs zum Gucken, Sonnen, Schnorcheln, Segeln, wir wollten auch etwas schaffen und das Geschaffene anschließend verkaufen, genau wie bei den anderen Törns. Das bildete den wahren Maßstab unseres Reisetuns.

Die Vorstellung, abermals von zu Hause aus um die Welt zu segeln wie die beiden ersten Male, hat uns nicht wirklich gelockt. Daher der Aufwand und im Grunde gelungene Start vom anderen Ende der Welt.

Ein gutes Vierteljahr von der Idee bis zur Umsetzung (bei mir das Segelsetzen) ist keine lange Zeit. Dabei sind wir beide keine ungestümen Menschen, wechseln nicht schnell von einer Idee zur nächsten. Nein, absolut nicht. Erklärend hinzufügen möchte ich, dass wir anfangs nicht einmal annähernd das perfekte Boot, die perfekte Ausrüstung hatten oder gar das perfekte Gefühl, eins mit dem Boot zu sein. Nur weil wir jung, unbekümmert und auch mutig waren, konnten wir mit unseren selbst ersegelten Erfahrungen, angesparten Mitteln und unserem handwerklichem Geschick alles in die Tat umsetzen.

Das erleichterte vieles. Eigentlich alles.

Warum nun gerade der Pazifik? Ganz klar, er ist weit weg von Europa. Und nirgendwo gibt es mehr Wasser, mehr Inseln, freundlichere Menschen als im Pazifischen Ozean.

Noch Weiteres zur Umsetzung:

Sechs Wochen Vorbereitungszeit waren zu wenig. Es haperte in den ersten Monaten an vielem: Ordnung, Ausrüstung, Dichtigkeit (Leckagen an Fenster, Wassertankdeckel, Vorluk und vor allem an der Verbindung von Deck und Rumpf).

Aufgrund von Umbauten konnten wir uns KATHENA FAA nicht erwohnen und schlimmer: kaum ersegeln, bevor es auf die hohe See ging.

Ohne nautische Tafeln abzulegen bedeutete, nur mit der Breite zu navigieren. Naturgemäß hatten wir nach 1200 Meilen große Sorge beim Auffinden der Fidschi-Inseln.

Wir haben Kym auf Gedeih und Verderb von null auf zwölf Seetage katapultiert. Das Resultat: Er beanspruchte wesentlich mehr Aufmerksamkeit als erwartet.

Wir waren zu schlapp und abgearbeitet (Körper und Kopf), um gelöst in See zu stechen. Wir mussten das Schiff nicht nur für ein Seestück vorbereiten, sondern für drei Jahre. Das hieß an Handwerkszeug, Seekarten, Tauwerk, Spachtel, Politur (für GfK), Bücher, Kocherdüsen, Motorersatzteile, Spielzeug (für Kym) zu denken. Alles Dinge, die es bis Singapur nicht hinreichend gegeben hätte.

DAS ATOLL
LIKIEP

28 Die Fidschis waren passiert. Futuna ebenso. Auch Tuvalu und Kiribati. Die Marshallinseln als nächste Inselgruppe lagen voraus. Neun Monate waren wir seit Neuseeland schon unterwegs. Immer gen Norden. Dann endlich Likiep, ein Atoll, das alles bot, was mein Seglerherz begehrte: eine Passage, um in die Lagune zu gelangen, ein kleines Dorf, einsame Inselchen auf dem Ringriff, in der Südsee Motus genannt, und Ankerplätze mit totalem Windschutz (was innerhalb von Atolllagunen selten gegeben ist). Likiep liegt zehn Grad nördlich des Äquators und auf 169 Grad Ost.

Für mich war diese Lagune vier Wochen lang das Nonplusultra.

Letzte Nacht wenig und schlecht geschlafen. Nachtwache und fürchterliches Jumpen gegen einen steifen Passat. Ich wälzte mich in der Koje herum, hatte aber gegen Schräglage und Stampfen keine Alternative. Morgens ist dann alles vergessen. Als ich an Deck komme und die Palmenkronen von Likiep sehe, bin ich schlagartig wohlgemut. Das Grün der dichten Vegetation ist bald deutlich zu erkennen. Kurz danach setze ich mich an die Pinne, vergehe fast vor Verlangen, an Land zu kommen. Es geht mir, wie üblich bei Ansteuerungen, alles zu langsam. Der South-Pass dann ist wie ein grüner, gelber Tunnel aus Kokospalmen, Buschwerk und Sand und mittendrin das leicht sprudelnde blaue Fahrwasser mit Gegenströmung. W. wirft die Maschine an, und es geht – knatter, knatter – stracks in die Lagune und rechts ab Richtung Dorf. Nicht direkt, es gilt noch einigen Korallenblöcken auszuweichen. Die Luft ist schwer, ich rieche eine Mischung aus Korallen, Algen und Salz. Eine Augenweide sind die Schaumköpfe auf

dem Wasser, die im Gegenlicht harte Schatten werfen. Zwei Stunden
später fällt der Anker hundert Meter vom Strand auf spiegelglatten
Lagunenfarben.

Wer die Atolle nicht kennt, der kennt auch nicht die Südsee. Die
Behauptung hatte ich von Weißen, die dort leben, oft gehört. Einheimische sagen es nie. Sie wissen um das eintönige Leben und wie
wenig zum Leben dem Boden abzuringen ist. Außer Kokosnüssen
und Fischen (aus der Lagune) geben die Inseln nichts her. Die
Möglichkeit, Obst und Gemüse anzubauen, ist äußerst dürftig. Es
gibt kein anständiges trinkbares Grundwasser. Das durchschnitt-
liche Motu ist einige hundert Meter breit/lang, und nach einem Tag
kennt man es ringsum. Dazu müssen sich die Bewohner oftmals mit
den Moskitos herumschlagen und Wirbelstürme über sich ergehen
lassen, die in Minutenschnelle alles platt walzen können.

Trotzdem oder gerade deswegen fehlen die Atolle in keinem Süd-
seebericht. Eilande, die aus Korallen, Sand und Palmen bestehen,
von Wellen umschlossen sind, mit einem Wind, der stets angenehm
erfrischt, und das Bild der greifbaren Schönheit wird vollendet von
leichten, weißen Wolken. Das eigentliche Leben aber geschieht unter Wasser am Riff. Es hat die Insel wachsen lassen und schützt sie
vor der anstürmenden See. Seine Fundamente liegen tief im Ozean.

Die Korallenriffe sind die erhabensten Bauwerke auf unserem
Planeten, geschaffen nicht mit totem Material, sondern von lebenden Wesen. Wesen, die nicht größer sind als ein Stecknadelkopf.
Diese riffbildenden Korallen, eine Polypenart, errichten in Symbiose
mit noch kleineren Kalkalgen ungeheure unterseeische Gebirge.

Die Lebensbedingungen der Korallen, die diese Bauten erzeu-
gen, sind Wassertemperaturen von mindestens 20 Grad Celsius und
ein Standort in maximal 35 Meter Wassertiefe, ansonsten erhielten
sie nicht genügend Energie aus dem Sonnenlicht. Salzig muss das
Wasser auch sein und reich an Plankton.

Wie konnten die Korallen ringartige Atolle im tiefen Ozean
bauen? Nun, die Theorie ist, dass mit dem langsamen Untergang

VIER WOCHEN VOR ANKER IM ATOLL LIKIEP. WAS MACHT MAN
DA BLOSS? DIE INSULANER UND SPEZIELL DEREN KINDER BEZOGEN
UNS SCHNELL IN IHR LEBEN EIN.

eines erlöschenden Vulkans mitten im Meer das ihn umgebende Saumriff gleichzeitig in die Höhe wächst. Der Vulkan versinkt immer mehr, der Raum zwischen ihm und dem Korallenriff rundherum wird immer breiter, wobei das Riff eine Barriere gegen die Gewalten der Meereswogen bildet. Irgendwann, nach Millionen Jahren, ist dann die Vulkaninsel ganz unter Wasser verschwunden. Übrig geblieben ist eine ringförmige von Riffen eingerahmte Lagune. Sie ist, wie in Likiep, im Mittel 40 Meter tief und hat einen Durchmesser von 20 Meilen. Die Motus sind vergleichsweise schmal (100 bis 1000 Meter).

Das erste Atoll habe ich im Indischen Ozean gesehen. Richtig erlebt habe ich die Atolle allerdings erst viel später während meiner KATHENA-FAA-Reise. Sie hatten es uns ganz unerwartet angetan. Likiep war unser siebtes Atoll in Folge. Zwar sieht in der Tat eine Laguneninsel wie die andere aus, aber es waren die Menschen und die ursprüngliche Lebensweise, die sie anziehend machten. Und ihre Stille, ihre Reinheit. Wenn einmal bei Hochwasser die Wellen über den Strand schwappen, ist alles gesäubert. Blätter, Fischabfälle, Fäkalien von Haustieren und sonstiges. Im Meer versenkt und von der Strömung hinweggetragen. Um die Atolle herrscht immer eine abwechslungsreiche Meeresströmung. Sie macht das Einfahren in die Lagunen oft schwierig und manchmal riskant.

In Likiep wurden wir mit Blumenketten aus weißen Frangipaniblüten, Gesang und von zahllosen Kindern begrüßt. Himmlisch, der schwere Duft der Blüten und die melodischen Lieder der vielen Frauen. Es ist nun mal so, dass die Menschen auf den Atollen ihren Lebensunterhalt nicht erarbeiten können, und deswegen schickt jede Familie jemanden, meistens die Männer, zum Geldverdienen nach Majuro, der Verwaltungsinsel der Marshallinseln. Daher haben Atolle einen mächtigen Überschuss an Frauen.

Likiep. An Land gehen ist reizvoll. Daher sprangen wir sofort nach der Zeremonie ins Dingi und ruderten die wenigen Meter zum Dorfstrand. Keine Brandung störte. Weicher, feiner Sand streichelte die blanken Fußsohlen, Schatten boten Brotfruchtbäume und Palmen. Was ich zuerst zu sehen bekam, war die Kirche, die mir monumental entgegenstach. Ein solides Kirchenschiff, aus Stein gemauert, verputzt und mit großen Bogenfenstern versehen. Die sich verjüngende Kirchturmspitze mit einem Kreuz überragte die höchsten Palmenstämme. Die Kirche diente hier wie auf anderen Atollen gleichzeitig als Schutz gegen Orkane und Überschwemmungen. Missionare hatten sie daher auf den höchsten Punkt bauen lassen. Der höchste Punkt aber ist auf Atollen selten höher als zwei Meter über dem Meeresspiegel. Hütten aus Blättern und geflochtenen Matten fanden wir kaum mehr. Massivholz, Sperrholz und Wellblech dominierten. Und jede Familie hatte etwa drei bis vier solcher Häuser: ein Wohn-, ein Schlaf-, ein Küchenhaus und eines für Vorräte. Die Toilette stand am Ufer seewärts über den Korallenbänken. Eine saubere Sache eigentlich. Man kochte nicht dort, wo man wohnte (wegen der Fliegen und der 35 Grad Celsius), und säuberte sich dort, wo das Wasser strömte – überm Riff.

Landwirtschaft auf dem Likiep-Atoll, das war nicht viel mehr als Hühner, Schweine und immer und in jeder Form Kokosnüsse. Es ist das Salz in der Luft und im Boden, das den Anbau von Obst und Gemüse reduziert. Pandanus, Brotfrucht und Kokosnüsse gedeihen bestens. Taro, eine essbare Wurzel, Bananen und Papaya wachsen ebenfalls, aber nur mit viel Pflege und nicht in der Menge wie benötigt. Der sogenannte Garten liegt um die Häuser herum. Das macht das Kochen praktisch. Und das Verschenken: »For you.« Mit Händen voller Früchte zogen wir wieder zum Strand. Warum sogleich wieder zum Strand? Das ist freies Gelände – das Boot im Blick, das Dorf im Rücken – auch für alle Insulaner irgendwie das Zuhause. Und idealer Treffpunkt, um sich kennenzulernen.

Ein großer Gleichmut lag auf den Gesichtern der Frauen und alten Männer dieses Dorfes. Ihre Bewegungen liefen wie in Zeitlupe ab. Eine Frucht pflücken, Feuer anzünden, Tee zubereiten. Eine Frau bereitete uns mit Regenwasser, das in einer Zisterne aufgefangen wurde, einen Tee. So unter Palmen auf einer Holzterrasse hockend, ein köstliches Getränk. Serviert mit einem warmen Lächeln und strahlenden Augen. Sie hieß Angie und trug eine leuchtend rote Hibiskusblüte im Haar. Was man mitbringen muss, ist Geduld und vielleicht später – ein kleines Geschenk. Haarspangen und Kämme, die die mächtige Haarpracht zusammenhalten können, waren damals sehr beliebt. Die meisten Frauen und Mädchen hatten volles, langes Haar. Aus meinen Notizen:

Likiep hat kein brauchbares Grundwasser. Das macht auch für uns das Leben umständlich. Unsere 200 Liter an Bord sind bei drei Personen allein für den Trink- und Kochgebrauch schon knapp. Von morgens bis abends muss rationiert werden. Zähne putzen, Wäsche machen, sich selber säubern, Haare waschen, alles geschieht mit salzigem Lagunenwasser. Zum Haarewaschen hole ich mir aus dem Dorf ein halbes Eimerchen Regenwasser zum Nachspülen.

Inselkinder sind wohl oder übel am Strand zu Hause. Sie rannten und spielten, wie es glückliche Kinder eben tun. Infolgedessen waren wir mit unserem Kind genau richtig. Mit einem Brett vor der Brust Anlauf nehmen und sich dann darauf werfen und am Wassersaum entlangsurfen. Das gefiel Kym außerordentlich, obwohl der Surf nur wenige Meter dauerte, bis das Brett wegsackte. Von der einen Ecke des Strandes zur anderen, immer wieder. Vermutlich lag der Reiz auch darin, es mit vielen Kindern in Gemeinschaft zu tun. Sie verbrachten Stunden mit Spielen und Toben auf diese Art. Alles, was schwamm, wurde bewegt. Seltsame Bötchen, genagelt aus Wellblech, und natürlich alte Kanureste. Der Strand war ihr Spielgrund und Treffpunkt. Ohne Zweifel: Das Leben war sehr frei und ungezwungen für die Kinder der Insel. Gegessen wurde ein Stück Kasava, eine Frucht oder Pandanusstücke, wenn man Lust hatte. Die Kinder verließen den Strand erst mit Sonnenuntergang, wenn die Feuerstellen und Petroleumlampen angezündet wurden und die Hauptmahlzeit köchelte. In der Regel Fisch.

Fische? Ein Mann mit Pareo um die Hüften lief langsam am Strand der Lagune entlang, ein Netz über der nackten Schulter. Er blieb stehen, schüttelte uns die Hand, strich Kym übers Haar und ging weiter, ohne ein Wort zu sagen. Dann blieb er an der Kante eines Korallenblocks stehen und beobachtete den klaren Grund. Plötzlich warf er sein Netz, und als er es eingeholt hatte, zappelten immerhin drei kleine Fische darin. Fisch ist das wichtigste Nahrungsmittel. Nicht die kleinen in der Lagune, sondern die Thunfische, die sie weit draußen vom Kanu aus mit der Schleppleine herausholen.

Likiep hatte rund 80 Bewohner. Eine winzige Schule (Schulpflicht bis zum 12. Lebensjahr). Einen winzigen Laden (Konserven). Ein winziges Billardhaus (10 Cent pro Spiel). Das Dorf hatte man in einer Viertelstunde abgelaufen und dabei unmöglich übersehen können, dass hier mal gut gelebt wurde. Ein paar gemauerte, inzwischen heruntergekommene Wohnhäuser aus der guten Koprazeit zeugten davon. Kopra, das getrocknete Fleisch der Kokosnuss, war zur deutschen und britischen Kolonialzeit das Geschäft der Marshallinseln, bevor die Amerikaner die Inseln unter ihre Verwaltung nahmen. Inzwischen schafft es kaum ein Sack Kopra auf die seltenen Inselschoner.

Wenn man den ganzen Tag mit Insulanern palavert, sich mit den Kindern ins Wasser gestürzt und die frische Luft geatmet hat, vergeht einem die Lust, abends groß zu kochen. Glücklicherweise aßen wir alle gerne Obst und Brot. Bananenbrot beispielsweise oder eine Scheibe Brotfrucht auf Brot oder Kokosfleisch und Brot. Ausgestreckt auf der Cockpitbank mit Blick auf die lodernden Feuerstellen und ihre verlockenden Gerüche, ging wieder ein Tag zu Ende. Mit Likiep hatten wir es beneidenswert gut getroffen.

Bei aller Freundlichkeit haben natürlich auch diese Menschen Probleme: keine Arbeit, getrennte Familien, Sehnsucht, einmal richtig einzukaufen, Geld. Reis, Stoffe und Waschmittel müssen gekauft werden, ebenso Mehl und Zucker, Werkzeug und Angelhaken.

Unser wildes Likiep begann einige Tage später, als wir die Luvseite (Nordwest) der Lagune hinaufsegelten. Lado, Meron, Kirenmaru, Tamori, Pikenmenmenchaien und weiter. Wie Perlen einer Kette lagen die Motus an Steuerbord auf dem Riff. Mit halbem Wind und ohne Seegang ging's dort entlang. Wenn ich paradiesisch nicht schon oft genannt hätte, hier war's hoch drei. Genau auf dem türkisfarbenen Streifen zwischen Flach und Tiefe wurde Segeln zum Rausch. Nach 20 Meilen war es vorbei. Östlich von Pikenmenmenchaien wurde KATHENA in den Wind gestellt, die Segel geborgen und der Anker geworfen (mit 16 Kilo kann man das noch machen). Im smaragdgrünen Wasser konnten wir sehen, wie der Anker sich langsam in den Sandboden grub.

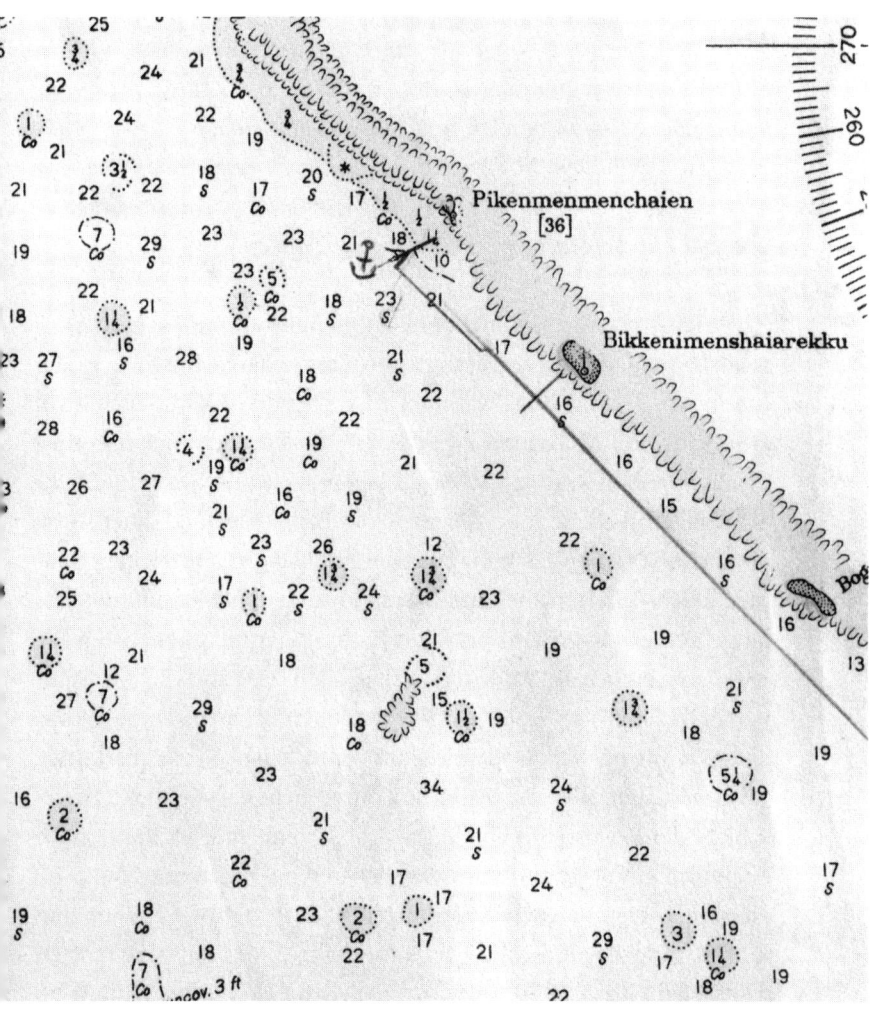

AUSRISS UNSERER SEEKARTE VOM LIKIEP-ATOLL – 10 GRAD NORD UND 169 GRAD OST. ANKERTIEFE VOR PIKENMENMENCHAIEN 2,50 METER. ANKERGRUND: KORALLENSAND.

Es ist einfach unmöglich, nach all den Jahren die Freude zu beschreiben, die wir empfanden, einige dieser Atolle zu betreten. Wir waren allein auf einem Inselchen. Groß war das Ding jedenfalls nicht. Pikenmenmenchaien war kaum tausend flache Quadratmeter groß und bestand aus lockerem Korallensand, Busch und Kokospalmen. Wir sammelten eilig einige auf, kappten die Schale mit der Machete und hatten zu essen. Sachliches dazu im Tagebuch:

Gegen den Durst entert W. eine Palme, um grüne Trinknüsse zu schlagen. Mit einer Tauschlinge um die Füße klettert er recht flott den Stamm hinauf (zumindest stöhnt er nicht), und schon purzeln die kopfgroßen Nüsse nieder. Ich prüfe durch Schütteln, ob sie auch genug Flüssigkeit enthalten. Mit der Machete schlägt er die grüne Schale der Nuss ringsum ab. Dann mit einem kräftigen Schlag die Kappe abschlagen und mit der Macheten-Spitze öffnen. Trinken.

Zu durchstreifen gab es nicht viel auf dem Motu mit ein paar Dutzend Palmen, Pandanus, Mangroven und anderen Büschen in der Inselmitte. Fruchtbäume waren nicht vorhanden. Es war auch nicht eine Spur von Menschen zu erahnen, die kürzlich hier mal Rast gemacht haben könnten. Überall lagen Nüsse herum. Eine dicke Schicht zerbrochener und vermorschter Blattstiele und Blätter sowie ein dichtes Netz von Schlingpflanzen, Sträuchern und kleinen Bäumen überwucherten alles und wiesen unverkennbar darauf hin, dass lange keiner das Eiland betreten hatte. Pikenmenmenchaien lag wirklich ziemlich am Ende der Welt. Aber Tiere gab es schon. Spinnenähnliche große Krabben mit gewaltigen Scheren. Diese Wesen eilten, als sie uns sahen, im Zickzack Schutz suchend zur Inselmitte. Zu beobachten war: Sie rissen mit ihren Scheren die dicke Faserschicht der Kokosnüsse ab, drehten die Früchte mit der Spitze nach oben und schlugen nun mit ihren Scheren auf die dünne Stelle ein. Nach mehreren Versuchen zerbrach die Schale, und die Krabbe fraß in aller Ruhe das Kokosfleisch. Nun war auch das Rätsel der vielen geöffneten Nüsse gelöst. Sohn Kym hielt sich in großer Distanz zu den Krabben. Er blieb lieber am gefahrlosen Strand, als den Scheren zu nahe zu kommen. Auf ein weiteres Krabbenerlebnis, das auf den Fidschis mit blutendem Finger endete, war er nicht aus. War er traurig, den Dorfkindern entrissen worden zu sein? Nein. Er ähnelte im Verhalten schon sehr den Insulanern und nahm die Dinge, wie sie geboten wurden. Hier also Eremitenkrebse und Muscheln zum Spielen und Kokosschalen, die er in der Lagune schwimmen lassen konnte.

Überrascht von der sanften Wildnis, kehrte ich mit Wilfried zum Sandstrand zurück, wir hockten uns auf eine kleine Dünenkante und dachten: »Jetzt eine eiskalte Dose Bier.« Dachten aber auch darüber nach: Wie lange bleiben wir hier vor Anker? Was essen wir? Was machen wir morgen? So ein Inselchen ist ja schnell erkundet. Sich sonnen, schwimmen und tauchen erschien uns nicht mehr göttlich. Im lauwarmen Wasser plantschen, das hatten wir fast jeden Tag. Der Sonne gingen wir sowieso aus dem Weg. Natürlich war das oft schier unmöglich, stach sie doch den ganzen Tag hernieder, nur die ersten und letzten beiden Stunden des Tages war sie zu ertragen und beflügelte zu Tatendrang. Das Boot mal wieder waschen und polieren? Oder wundervoller, sich innig in die Arme nehmen.

Der Tag war schön und still. Am Himmel ein paar kleine Wölkchen und im Rücken ein leichtes Rauschen des Passats in den Blättern. Es herrschte ein süßlicher Geruch von verfaultem Holz und Kokosschalen. Da sich die Sonne bereits stark dem Westen zuneigte, wurde es Zeit, sich an Bord zu verholen. Definitiv die schönste Zeit des Tages. Die Temperatur sinkt. Die Sonne zeigt sich mild. Die Inseln auf den Riffen in der Ferne wirken mystisch und dunkel, der leuchtende Strand gelblich. Bevor wir aber zum Boot ruderten, sammelten wir noch reichlich Nüsse für die Backskiste, sozusagen als Proviant. Morgen sollten ein Schwung Trinknüsse (die grünen) den Weg via Dingi an Bord finden.

Obwohl wir vertraut waren mit der Welt der Kokosnüsse oder der Brotfrucht hatten Corned Beef, Nudeln und Zwiebeln Vorrang. Ich bereitete damit eine Spaghetti Bolognese zu.

Wie es weiterging? Nun, unbewohnte Inselchen bieten auch eine gewisse Langeweile. Eine Stelle, von der sich die ganze Insel überblicken ließ, gab es nicht. Am ersten Tag war die Neugierde die Triebfeder, am zweiten die Nahrungssuche, am dritten wurden die umliegenden Riffe inspiziert. Dazwischen immer der blütenweiße, saubere, lockere Strand frequentiert. Oft lag ich im Schatten, starrte in die Wolken und dachte mir ihre Bewegungen ins Konträre um. Die Wolken blieben stehen, und meine Insel trieb langsam nach Nordwest über das Meer. Am Abend ging ich oft noch einmal um die Insel, fühlte mich unbeschreiblich frei, suchte vergebens nach Treibgut und kehrte mit der untergehenden Sonne an Bord zurück. Gemeinsam sahen wir zu, wie der Himmel dunkler wurde.

»Schönheit kannst du nur wahrnehmen, wenn dein Geist ruhig ist.« Schrieb Henry David Thoreau.

Irgendwie gehörte diese einsame Insel zu unserer Reise. Nach unserem Verständnis ist einsam gleich unbewohnt. Doch sie war bewohnt, belagert sollte man besser sagen, von Moskitos, die uns liebten. Sie wollen Blut, und sie wollen es immer dann, wenn man ruhen oder schlafen will. Erst als wir Pikenmen verlassen hatten, wurde es in der Erinnerung zu einer Trauminsel für Robinsons. Das Wort Pikenmenmenchaien setzte sich für das grandiose Wilde bei uns fest. Ein Ort, der einsamer nicht sein konnte.

Dann war's aber auch genug. Wir verholten zum nächsten Motu, zum übernächsten. Die ganze Kette entlang. Bewohnte. Unbewohnte. Nicht alle Ankerplätze waren eine Wucht. Drehte der steife Passat auf Südost gab's Unruhe an Bord. Also Anker aufgeholt und weiter zu einem Eiland, das mehr Schutz bot. Zum Abschied steuerten wir erneut das total windstille Dorf an, für ein Huhn, für eine Papaya – für einen Schnack mit Angie, Ludolf, Werner, Dennis, so hießen die Menschen, mit denen wir zu tun hatten.

Nach vier Wochen waren wir bereit weiterzusegeln. Wohin? Klar doch, Atolle blieben das Ziel: Kwajalein, Bikini, Ant, Nukumanu. Auf den Atollen war uns die familiäre Gemeinsamkeit genug, um glücklich zu sein.

KATHENA FAA Das richtige Schiff zum richtigen Preis gehört zur Kunst des Fahrtensegelns. Mit unserer Slup hatten wir Glück. Sie steckte alle Fehler weg.

ATOLL LIKIEP Atolle sind die Krönung einer
Weltumseglung. Sie bieten Schutz, herrliche Lagunen, neugierige
Insulaner und trotz fehlendem Grundwasser Obst und Gemüse.

Von links nach rechts: Uto, das Innere einer gekeimten Nuss;
Kathena faa vor Anker; auf dem Weg zum Feld; Kinderbesuch;
Brotfrucht; Leben im Wasser und Schatten.

SABAH BORNEO Und dort Tigabu, ein flaches
Inselchen an der Nordküste. An diesem Küstenstrich hatten
wir es mit gefährlichen Piraten der Sulu-See zu tun.

KIND AN BORD Von Langeweile keine Spur: Kein Berg war Kym zu hoch (Türkei), kein Fisch zu gross (Barrakuda), kein Seetag zu lang (Brettspiele, Collagen), keine Fotokamera

RÄTSELHAFT. UND ER LIEBTE UNSER BEIBOOT. DAMIT UMZUGEHEN LERNTE
ER ALS ERSTES. DAS WAR NICHT EINFACH, GAB IHM ABER LETZTLICH VIEL
SELBSTVERTRAUEN.

KIND UNTER DECK SEETAGE ODER REGENTAGE – EIN EINFACHES PLASTIKROHR REICHTE, UM STUNDENLANG MATCHBOX-AUTOS HINDURCHSAUSEN ZU LASSEN.

BRING MIR EINE
SCHÖNE MUSCHEL MIT

29 Bequem war es gerade nicht – das Muschel- und Schneckensuchen. Zu dritt wanderten wir in ausgetretenen Turnschuhen über das trockengefallene Riff, wendeten flache Steine und scharfkantige, zerbrochene Korallenstücke, unter denen wir besonders makellose Spezies vermuteten, stocherten mit Stöcken im Schlamm und gruben mit den Händen im Sand, wo sich Spuren befanden. Gefunden haben wir oft nur, was sich bereits zigfach an Bord befand: ordinäre Porzellan- und Kegelschnecken und gewöhnliche Olivenschnecken. Mit schmerzendem Rücken, zerkratzten Händen und blutigen Knöcheln kehrten wir so manches Mal enttäuscht an Bord zurück.

Tatsächlich waren wir bei der nächsten Ebbe wieder unterwegs. Die Beschäftigung mit schönen Schneckengehäusen und Muschelschalen wurde auf unserer Segeltour im Pazifik und dem Indischen Ozean zur Manie. Schon auf den ersten Blick faszinieren viele in ihrer kunstvollen Vielgestalt und Präzision. Ihre Formen und Farben begeisterten jeden von uns auf seine Art: Kym, weil er mit ihnen spielen konnte, mich wegen der Aufgabe, der Schönheit und des Marktwertes (die berühmte goldene Kauri habe ich leider nicht gefunden) und Wilfried, weil die Suche spannend ist. Alle gemeinsam wohl auch deshalb, weil wir an jedem Küstensaum, ob nun Fels, Mangroven, Sand oder Riff, fündig werden konnten.

Wobei wir bei aller Begeisterung nie vergaßen, dass die Zahl der Gehäuse einer jeden Art begrenzt ist. Wir nahmen daher nicht mehr Schalen und Gehäuse mit, als wir »brauchten«. Auch brachten wir die umgedrehten Steine und Korallenstöcke in ihre ursprüngliche

Lage zurück, denn viele Lebewesen legen dort im Schutz ihre Eier, wo sie sich ungestört entwickeln können. In jüngster Zeit ist das Interesse am Schneckensammeln gestiegen: Es gibt Millionen von Menschen, die sich damit beschäftigen, teils sogar berufsmäßig.

Nicht nur Gelegenheitssammler und Touristen sind auf der Suche, sondern mehr noch Einheimische, die diese bizarren und bunten Stücke zum Verkauf in großen Mengen beschaffen. Denn welcher Mensch, der ans Meer reist, wird nicht mit den Worten konfrontiert: »Bring mir nur eine schöne Muschel mit.« Und da er am Strand als Gelegenheitssucher in der Regel nur alte Schalen oder ausgeblichene Gehäuse findet, bleibt ihm nichts anderes übrig, als sie im Laden oder auf dem Markt zu erwerben. Auch wir haben so manches schöne und seltene Stück in Dörfern und Städten dazugekauft oder eingetauscht.

Mehr Muscheln, viel mehr, werden von den Insulanern für den eigenen Verzehr gesammelt. Gekochte Trochas und Flügelschnecken sind für sie eine Delikatesse.

Auch die Perlenindustrie braucht ihr Quantum. In Papua-Neuguinea steuerten wir ein unbewohntes Atoll an, das unermessliche Perlmuschelbänke besaß. Am Strand lagen gestapelte Muschelhälften in Massen. Offenbar kamen Bewohner der Nebeninsel, um die Muscheln vom Grund der Lagune heraufzuholen, die Schalen gleich hier zu öffnen, nach Perlen zu durchsuchen und die schwarzen Hälften zum späteren Abtransport zurückzulassen.

Auf einer anderen Insel, dem Nukumanu-Atoll, konnten wir beobachten, wie ein paar hundert Eingeborene ganze Kanuladungen Perlmuttkegel auf den Riffen einsammelten. Nachdem die Schnecken in großen Wasserkesseln ausgekocht, das Fleisch mit einem Drahthaken herausgepult und gegessen war, wurden die Gehäuse an die vorbeikommenden Seeleute der Inselschoner verkauft. Perlmuttgehäuse werden zu Knöpfen verarbeitet, finden aber auch Verwendung in der Schmuckherstellung oder poliert und verziert im Souvenirhandel. Für die Melanesier von Nukumanu waren die Gehäuse neben Kopra die einzige Einnahmequelle. Und da auch sie Geld brauchen, wenn auch nur für ein sehr bescheidenes Leben, werden sie ihre Muschelbestände weiterhin »abbauen«.

Da kam es auf ein paar mehr oder weniger nicht an. Folglich stürzte sich Wilfried am Außenriff mit Taucherbrille, Flossen, Messer und einem Beutel für die Fundstücke in die tiefe blaue See. Obschon kein Wind daraufstand, schäumte die Brandung meterhoch. Ich hielt es für sinnlos und gefährlich, dort nach Schnecken zu suchen. Er berichtet darüber in seinem Tagebuch:

Zum Entdecken meiner geliebten Weichtiere kam ich nicht mehr, hatte nicht mal Zeit, A., die aufgeregt am Ufer hin- und hersprang, zuzuwinken. Meine ganze Kraft und Aufmerksamkeit brauchte ich, um nicht gegen die Riffkante geschleudert zu werden. Im Sog der Brandung ging es zeitweilig zehn Meter hin und zurück. Es war wie in einer Schiffschaukel auf dem Jahrmarkt. Um nicht mit den messerscharfen Kanten der Korallenbrocken zu kollidieren, suchte ich mir kleine Priele, in die ich mich hineinziehen ließ. Die Rifffische machten es in diesen Riffbrüchen genauso, die gerade so breit waren, dass ich darin wenden konnte.

Kräftige Flossenschläge ließen mich nach einiger Zeit von der sonnendurchfluteten Riffkante ins offene Meer gleiten. In das uferlose Blau jenseits der Riffkante. Nur zwei Körperlängen vom Labyrinth der Korallen entfernt war keiner seiner Bewohner mehr zu erblicken, es fehlten die flirrenden Wolken von bunten Rifffischen. Auch der Sog war nicht mehr spürbar. Hier begann Moana, die Weite des Meeres in der Sprache der Insulaner. Keine 20 Meter weiter versank das Außenriff steil bis tausend Meter Tiefe. Das Brandungsgeräusch und das allgegenwärtige Knacken, Schaben, Prasseln war da nicht mehr zu hören. Die See wirkte plötzlich still, leer, endlos. Und ich verdammte meinen Lufthunger, der mich alle Minute zur Oberfläche zwang, maximal 1,20 Minuten.

Haie, war irgendwann der Gedanke, der mich zurück ans Riff trieb. Nicht aus Furcht (die hatte ich durch fast tägliches Tauchen abgelegt) – vielmehr dem Instinkt vertrauend.

Gefunden hatte er übrigens rein gar nichts. Nicht einmal Austern hafteten an den versteinerten Korallenwänden. Was konnte man auch schon von einem Riff erwarten, auf das das ganze Jahr über das Meer brandet.

Das Schwierigste, ja, das Gefährlichste beim Tauchen am Außenriff war das Herauskommen. Dabei verlor er seine Taucherbrille. Und Kratzer und Korallenschnitte waren nicht zu vermeiden. Sie können Entzündungen und Infektionen mit wochenlangem Heilungsprozess zur Folge haben. Kommt schon vor, dass winzige Korallenstückchen auch unter der Haut weiter wachsen. Wir behandelten unsere Wunden, indem wir sie von der Sonne trocknen ließen, danach mit frischem Urin abspülten und später Mercurocrome aufträufelten.

Schnecken und Muscheln leben in allen Meeren der Erde. Sie sind verbreitet wie kaum eine andere Spezies des Tierreichs. Sie fehlen an keinem Strand, auf keiner Insel, und sei es nur eine Sandbank. Im Meer leben sie in allen Tiefen.

Nicht jeder Küstenstrich oder Strand bietet eine gute Ausbeute. Angefangen haben wir in der Karibik mit von der See angespülten Gehäusen, die durch das viele Abrollen stumpf waren. Als beste Regionen für prachtvolle Exemplare entpuppten sich der Pazifik und der Indische Ozean. Hier wurden auch wir, die anfangs ohne Kenntnis suchten, schnell fündig.

Aus Tagebüchern:

Port Vila, Hebriden: Highlight ist ohne Zweifel der Beginn unserer ernsthaften Muschelsuche. Am Ufer einer kleinen Insel gegenüber vom Ankerplatz finden wir Muscheln in großer Zahl. Jetzt noch ein Bestimmungsbuch.

Futuna: Viele Muschelgeschenke (Oliven, Kegel und einfache Kauris) von Madame Garcia erleichtern uns den Abschied.

Coconut Island, Torresstraße: So recht in meinem Sinn. Eine weiße Giant Murex (25 cm), die größte der Murex-Familie, ist die Einleitung zu mehr auf diesem Atoll.

Mini Mini, Diego Garcia: Ein wahrhaft unvergesslicher Sonntag, die Sterne müssen glücklich gestanden haben! Ich verbringe den Morgen mit Taucherbrille in der Lagune und finde im Sand am Ende einer Spur eine Cypraea carneola. Eine seltene Kauri.

Kiremaru, Likiep-Atoll: ... vielleicht für Muscheln gut. Leider nur eine Spinnenschnecke mit fünf Fingern gefunden.

Mallevalle, Borneo: Muscheln (Terebra und Oliven) finden wir anhand von Spuren im knöcheltiefen Wasser auf dunklem Sand. Wenn's Kym mal gepackt hat, ist er eifrig bei der Sache und nicht vom Ufer wegzukriegen.

Pulau Aur, Malaysia: Gleich nach dem Frühstück geht's aufs Korallenriff – Steine umdrehen. Mit 30 Kauris sind wir sehr erfolgreich. Alle ungewöhnlich groß. Hinzu kommen noch zwei Helmets, die wir in der Village gegen Kleidung eintauschen.

Immer war es Tag, wenn Wilfried und ich mit Schnorchel und Maske in die Unterwasserwelt abtauchten. Vor allem wegen des Lichtes, so konnten wir gelöst bis auf im Schnitt sechs Meter (Tiefe) sehen und suchen. Dabei entdeckten wir auch eine ganze Menge anderes Getier: Schlangensterne, Seesterne, Seeigel, Krebse ... und viele, viele Korallenfische.

Ab und zu wendeten wir ein Stück abgebrochene Koralle: Unter ihr lebten Würmer, Schnecken und ja, auch Muränen. Wir verfolgten Spuren im Sand und griffen zu. Ein Großteil unserer Zeit ging aber zum Auftauchen, um Atem zu holen, drauf. Flaschentauchen wäre das Höchste. Nur – ein Zehn-Meter-Boot und ein Kompressor sind nicht kompatibel.

Der ergiebigste Ort ist ein Riff, das zwischen Lagune und der offenen See liegt, aus Sand und Korallen besteht und bei Niedrigwasser trockenfällt. Außerordentlich schnell und viele schöne Exemplare findet man dann morgens. Von der Nachtwanderung der Tiere zeichnen sich Spuren im Sand ab, die man nur zu verfolgen braucht. Am Ende gräbt man seine Finger in den Sand, und schon ist man Besitzer eines Schatzes.

Zu empfehlen sind immer Gebiete, in denen das Wasser ab- und zufließen kann, hier weiden hauptsächlich Schnecken. In stillen, sandigen Lagunen leben viele aus der Familie der Porzellanschnecken.

Ein lohnender Ort ist auch der, wo sich möglichst viele einheimische Kinder der Muschelsuche annehmen. Kinder, die den Segler, wenn er sein Dingi auf den Strand zieht, freudig begrüßen. Sie kennen sich aus auf den Stränden und Riffen, gehen bei der Suche gerne mit, und wenn man sie nett behandelt – Geschenke –, können sie einem zu unverhofften Funden verhelfen.

Die fantastischen Muster und Farben der Muscheln und ihre Seltenheit (Vorhandensein) machen den Preis. Und natürlich Angebot und Nachfrage der Sammler in aller Welt. Die Amerikaner sind ganz verrückt nach schönen Muscheln. Dort aber, wo wir uns lange aufhielten, im Pazifik, war der Preis am geringsten. Richtig wertvolle, also ab 50 Dollar, haben wir nicht gefunden. Viel Freude bereiteten Kym und mir die klitzekleinen Exemplare, kaum einen Fingernagel groß – *Cypraea asellus* oder *Cypraea helvolva*. Alles Schnecken um einen Dollar wert.

Überaus vielseitig werden Meeresschnecken als Gebrauchsgegenstände verwendet. Aus dem Perlmutt werden Blinker für Schleppangeln gefertigt; das Tritonhorn wird, wie sein Name schon sagt, als Trompete benutzt; Riesenmuscheln (Clamshells) finden in vielen Südsee-Cafés als Aschenbecher Verwendung oder als Tränke für Hunde und Hühner; andere Muscheln dienen als Schneidewerkzeug, Lampen etc. Zudem sind gerade Porzellanschnecken als Schmuck und Zierde beliebt. Eingeborene benutzen sie als Nasenschmuck und als Verzierung von Trommeln und Masken. Die Frauen auf den Inseln machen Halsketten, Kopfkronen und Gürtel aus ihnen. Reich verziert werden in Melanesien kultische Gegenstände – Tempel, Häuser, Boote.

Bemerkenswert auch, dass Muscheln jahrhundertelang das wichtigste Tauschmittel in diesem Teil der Erde waren. Auf Samoa dienten diesem Zweck die zierlichen Deckel einer Turbo. Auf anderen polynesischen Inseln galten Scheiben der roten Helmschnecke als

Geld. Ebenso waren Scheiben von Kegel- und Reusenschnecken hoch im Kurs. Mit diesem mystischen Zahlungsmittel konnte man auch Sühne für Verbrechen leisten. In Papua-Neuguinea wurde nach der Unabhängigkeit die Währung nach Muschelgeld benannt – Kina und Toea.

Selbst die zahllosen leeren Schalen im Meer finden stets eine nutzbringende Verwendung: Für jede Größe gibt es einen passenden Einsiedlerkrebs, der gar nicht anders leben kann als in einer leeren Schneckenschale. Was Wunder, dass unser Sohn sie oft genug am Strand einsammelte und an Bord zum Spielen mitbrachte, um Wettrennen zu veranstalten. Für die Nacht hatte er mal einige in der Legokiste versteckt. Eine geschlagene Stunde habe ich gesucht. Weil ich das Krabbelgeräusch erst nicht ausfindig machen konnte, wurde ich ziemlich böse.

Wo und was wir mit unseren mitgebrachten Schätzen angestellt haben? Nichts. Die meisten liegen fein verpackt in Kartons auf dem Boden. Jedenfalls im Dunkeln. Intensives Licht lässt die Gehäuse rasch verblassen. Will ich dem Meer nahe sein, nehme ich eine Seemuschel, halte sie ans Ohr, um Wind und Meer rauschen zu hören. Jedenfalls bilde ich mir das ein.

MIT KIND
IN EINEM BOOT

30 Wasser, Wasser, Wasser. Bei einem Segeltörn über Ozeane steht das nasse Element im Vordergrund. Auf See, vor Anker, im Hafen, überall ist man von Wasser umgeben. Würde ein Leben mit unserem Kind unter solchen Umständen an Bord eines kleinen Bootes gutgehen? Über eine sehr lange Zeit? Diese Frage stellten wir uns natürlich – aber nicht wirklich verbissen. Kym, unser Sohn, war schon im Windelalter bequem zu handhaben, warum sollte er sich an Bord zu einem anstrengenden Mitsegler entwickeln. Papi segelt, Mami kümmert sich unter Deck ums Kind, liegt aber meistens flach (wie bekannt). So in etwa waren die Erwartungen, als wir mit Sack und Pack (vielen Kinderbüchern und Spielsachen) in den Flieger nach Neuseeland stiegen.

In der Hafenstadt Auckland fanden wir innerhalb einer Woche ein gebrauchtes Tourenboot: eine zehn Meter lange und knapp drei Meter breite Slup aus GfK. Hübsch und schnittig anzusehen, mit Hilfsmotor, Selbststeueranlage und Beiboot ausgerüstet. Wir tauften sie auf den Namen KATHENA FAA und zogen los. Genau besehen war das Boot ein wenig klein für das Vorhaben von vier Jahren Unterwegssein, aber es gab für unser Geld keine Alternative.

Segeln und Familie. Wie es funktioniert, konnten wir gleich zu Beginn feststellen. Das war mit viel Aufmerksamkeit und Arbeit (ja auch) verbunden. Für uns: lustig sein, wenn man um die Segel zitterte, spielen, wenn man eigentlich schlafen wollte, erzählen, wenn man lesen wollte. Für Kym: Keine Spur von Quälerei oder Anzeichen, dieses »unnatürliche« Leben gezwungenermaßen mitzumachen, obwohl wir schon bald mit einer langen Etappe loslegten –

zwölf Seetage bei ordentlich Wind und Seegang. Zum Eingewöhnen überhaupt nicht ideal und als Höchststrafe ein Sturm. Den ersten Seetag litt Kym unter Müdigkeit (vermutlich leicht seekrank). Den zweiten schimpfte er: »Ihr fürchterlichen Segler« (es rollte erbärmlich). Den dritten spielte er auf dem Teppichboden mit Matchbox-Autos so vor sich hin. Dann folgten Tage, wo er an Deck eingreifen wollte: Segel bergen, Schoten ziehen, Wind messen. Wir hatten ein Schalenkreuz-Anemometer, das er liebte. Hellwach nahm er jede Veränderung wahr. »Raffes« (rough – ausgesprochen »raff«, englisch für rau) Segeln fand er klasse, und »Hoppe, hoppe Reiter« spielte sich besonders gut. Als der Wind stark wurde, erfand er neue Spiele und versteckte sich in den über die Kajüte verstreuten Segeltüchern. »Such mich!« und »wo bin ich?« Glücklicherweise war er in einem Alter (3½), wo zwölf Stunden Schlaf die Regel sind.

Gingen wir auf See, hatte diese Reihenfolge jahrelang Bestand: Müdigkeit, Essen, Spielen. Wenn wir von seiner Spielfreude, Ausgelassenheit und seinen Tätigkeiten während des Segelns auf seinen Gemützstand schließen, zeigte sich, dass er sich ganz offensichtlich wohl an Bord fühlte, hatte er doch seine eigene Koje im Vorschiff – mit Schrank, Spielzeugkiste, Bücherschapp und Schublade für Zeichenstifte und Klebematerial. Ganz wichtig: Auf See hatte er wegen der Bewegungen die Hundekoje im Salon, aus der er auch bei kantigem Wetter nicht rausrutschen konnte und sich zudem als Mittelpunkt am Geschehen fühlte.

Zum eindrucksvollsten Teil unserer Reise wurden für Kym immer kleine übersichtliche Inseln und Atolle mit Dörfern oder einsame Ankerplätze. Der Strand und Fischfang sein Tätigkeitsfeld. War es zunächst noch so, dass er nie allein an Land ging, änderte sich das mit seinem vierten Geburtstag, nachdem er das Beiboot rudern konnte. Er erkundete Strand und Umgebung allein. Ab diesem Alter bekam er auch Aufgaben: auf See für Ordnung im Cockpit sorgen – beispielsweise Schoten zu Schnecken aufschießen, die Fischschleppleine prüfen, Kompasskurs ansagen (die Zahlen konnte er längst lesen), Deck waschen.

Im unbewohnten Ant-Atoll, das war bereits nördlich des Äquators, ankerten wir mehrfach ganz dicht am Strand. Einsam und allein, ganz wie wir uns das erträumt hatten.

Dazu hielt ich fest:

Kleine Zwischenbilanz. Hier auf unserer Insel geht das erste Jahr unserer Fahrt zu Ende. Wir haben 5214 Seemeilen abgesegelt und dafür 50 Tage benötigt, jedoch nur 40 Nächte auf See durchgesegelt. Bei diesem Tempo fühlt sich niemand an Bord überfordert. Auch Kym nicht. Briefe von daheim zu diesem Thema erreichen uns zur Genüge: »Das arme Kind, immer auf See!« Oder: »Dass Kym so tapfer mitmacht.« Und auch: »Aber vielleicht merkt ein Kind schon, dass solche Fahrt ein Abenteuer ist und langweilt sich deshalb nicht, auch wenn sonst nicht viel passiert.« All diese psychologisierenden und moralischen Bemerkungen halten wir für Unsinn. Für einen Jungen oder generell ein Kind von vier und fünf Jahren ist alles, was kommt, ganz selbstver-

MIT KATHENA FAA HATTEN WIR UNS VORGENOMMEN, DIE HINTERPFADE DER SÜDSEE AUSZUSEGELN. AN BORD AUCH SOHN KYM.

ständlich. So beschäftigte er sich hier am Strand bis in die Dunkelheit hinein mit Eremitenkrebsen, die für ihn allerlei Kunststücke vollbringen müssen – zum Beispiel über einen langen Stock balancieren oder um die Wette laufen.

Überraschend, wie gelassen unser Kind auf Anspannung unsererseits reagierte. Zum Beispiel in einer engen Riffpassage, in Sturmböen, vor Anker bei auflandigem Wind. Er zeigte kein bisschen Unruhe, gar Panik oder Geweine. Das Gefühl der Zusammengehörigkeit, das »Alle-sitzen-in-einem-Boot«, war hier besonders ausgeprägt.

Am schönsten waren für ihn Landgänge in der Kombination Dorf/Strand. Die große Kinderliebe der Insulaner war überwältigend. Oft bekam unser Kleiner Bananen, eine gekochte Süßkartoffel, ein Stück Fisch in die Hand gedrückt und immer ein Kraulen in seinem blonden Haarschopf. Über unseren Sohn kam es leicht zu Kontakten mit den Einheimischen. Für ihn schien es kaum Sprachbarrieren zu geben, und sofort nach dem Anlanden ging er auf Tuchfühlung mit den Kindern, und wenn nur beim Zuschauen und Nachahmen: Zuckerrohr auslutschen, paddeln mit Bruchstücken alter Kanus, Ballspiele und Fische fangen, seiner größten Leidenschaft.

Er war voller Vertrauen und sehr unkompliziert im Umgang mit Kindern und Erwachsenen. Wir hatten nach den ersten Reiseerfahrungen die Prioritäten folgendermaßen gesetzt: tolle Ankerplätze gleich lange Liegezeiten, weniger ideale entsprach möglichst rasch weitersegeln.

Trotz allem, weniger zuträglich war es für Kym, dass er bei fast jeder Weiterfahrt aus seinem gerade gefundenen Spielidyll gerissen wurde. Manches Mal stand er wie das heulende Elend an der Reling, um zu winken. Das tat weh. Zum Glück nur wenige Male sehr heftig. Ganz schlimm war der Abschied von einem Atoll, wo wir zwei Wochen völlig allein lebten. Mit allen Freiheiten für ein Kind: Schaukel in der Palme, Fische vom Riff, Lagerfeuer, Strandlaufen,

Einsiedlerkrebse und Schiffchen aus Kokosschalen mit Blättern als Segel, die bei der Abfahrt, hochgezogen und fein aufgereiht, am Strand bleiben mussten.

Solche Situationen zerreißen einem das Herz. Aber was soll man machen? Mitnehmen ging nicht. Die Backskisten waren doch schon voll mit Steinen, Treibholz, Muscheln und Korallenstücken. Und allem, was einem Boot ähnelte. »Sein Sammeltrieb bringt uns noch zum Sinken«, meinte Wilfried einmal.

Paradoxerweise waren die schmerzlichen Abschiede meist nach wenigen Stunden vergessen. Einmal schlafen, ein unbekanntes Puzzle oder vorgelesen bekommen retteten ihn aus der miesen Stimmung. Sehr effektiv waren Bewegungsspiele, wie von der Koje springen oder an der Treppe herumturnen. Wir wunderten uns oft über seine Ausdauer und sein Geschick.

Wilfried in seinem Log-Tagebuch zum Thema Kym:

Unser Kym planscht zwar täglich im flachen Wasser am Ufer herum, kann aber nach einem Jahr Bordleben noch nicht schwimmen. Das wurmt mich furchtbar. In einer Anwandlung von Ärger und Missmut schmeiße ich ihn in hohem Bogen ins tiefe blaue Wasser. »Jetzt ist Schluss mit den zimperlichen Schwimmversuchen«, rufe ich hinterher. A.s Augen weiten sich vor Entsetzen. Aber meine Ungeduld ist von Erfolg gekrönt. Sohn »schwimmt« die zwei Meter alleine zu mir zurück. Drei Tage später, ich habe Geburtstag, bekomme ich sein Geschenk: drei Runden Schwimmen um Kathena faa. *– Jetzt noch mit Maske tauchen, dann bin ich zufrieden.*

Wir sehen keine wesentlichen Probleme darin, wenn ein Kind in Kyms Alter, drei bis acht, längere Zeit an Bord eines Segelbootes lebt. Es lebt ja für den Moment und wird bestimmt nicht aufgrund dieser Lebensweise zum Einzelgänger oder gar Außenseiter, obwohl sich das bei jedem Kind unterschiedlich auswirkt. Geschick und Sprachkenntnisse, Neugier und Aufgeschlossenheit gehören zu den positiven Entwicklungen. Mit dem Älterwerden wurde er dann in

Segelmanöver einbezogen, Speed ablesen, Ruder gehen, Wind messen (sowieso), Wache schieben. Nie werde ich seinen entzückten Schrei beim Auftauchen einer neuen Palmeninsel am Horizont vergessen. »Jetzt schnell, schnell. Mir jucken schon die Beine.«

Etwas anderes, ganz Wesentliches: Immer waren wir für ihn da und bereit, Fragen zu beantworten, zu trösten, vorzulesen oder nur durch unsere Nähe ihm das Gefühl der Sicherheit und Geborgenheit zu geben. Besonders das abendliche Toben und Versteckspielen an Bord war nicht zu toppen. Da lernt man, wie viel Löcher, Ecken und

KYM FORDERTE SICH IMMER WIEDER SELBST.
KEIN UNBEAUFSICHTIGTES KANU WAR VOR IHM SICHER.

Kanten ein Schiff hat – und etwas über die Kondition eines Kindes. Und ich bewunderte die Ausdauer beim Basteln. Im Tagebuch habe ich vermerkt:

Kym beschäftigt sich mit Collagen. Aus alten Magazinen schneidet er Schneemänner (bei 35 Grad) und Käsestücke, Tomaten, Würstchen, Spiegeleier und anderes Essenzeug aus. Fein aufgeklebt und angeordnet auf einer alten Seekarte macht sich das gut.

Angst war fehl am Platz, er zeigte sich sehr umsichtig. Zog bei Bedarf unaufgefordert seine Schwimmweste an und verließ beim Segeln nie das geschützte Cockpit, ohne zu fragen. Schön zu beobachten war, wie sicher sich ein Kind auch bei grobem Seegang an Bord bewegt. Es greift weder an Deck noch in der Kajüte daneben. Dass Überbordfallen grässlich ausgehen kann, haben wir ihm ziemlich

WENN KINDER MALEN, KOMMT IMMER ETWAS BESONDERES HERAUS. DAHER: NICHT EINGREIFEN, FREIHEIT GEBEN. BEI KYM WAREN DIE FISCHE AUF DEM PAPIER IMMER RIESENGROSS.

plastisch vorgeführt. Gleich zu Anfang sein liebstes Spielzeug über Bord geworfen und zuschauen lassen, wie es schnell im Kielwasser verschwunden war. Das gab Tränen, aber auch Klarheit. Zur Umsicht zählte auch, dass er seinen Spielkram zur Nacht hin sorgfältig wegstaute. Er wusste um die manchmal abrupten Bewegungen des Schiffes, die alles durch die Kajüte katapultieren.

Echte Angst, die nicht zu verbergen war, hatten wir, als KATHENA FAA auf hoher See nördlich Borneos von Piraten beschossen wurde. Da war der große Südseespaß erst einmal vorbei. Selbst für Kym,

FISCHE FANGEN WAR FÜR KYM DAS GRÖSSTE. ÜBERDIES KAM
JEDER SELBST GEANGELTE FISCH IN DIE PFANNE.

der ja die Einschüsse an Bord voll mitkriegte, dauerte es Wochen, bevor er wieder allein an Land und unbekümmert auf die Menschen zuging. Was ihn mehr beschäftigte im Zusammenhang mit Vorsicht waren Landtiere: Kokoskrabben (hatten seine Hand zwischen die Scheren geklemmt), Affe (gebissen), Hund (gebissen). Vielleicht fühlte er sich deshalb im und am Wasser so wohl (schwimmen, fischen, tauchen).

Kym dachte zum Ende der Reise hin auch an sein zukünftiges Leben: »Palstek kann ich, meine Schuhe zubinden nicht.« Er trug sie zu selten. An einer Pappuhr, die er sich bastelte, übte er das Erkennen der Uhrzeiten: »Damit ich nicht zu spät in die Schule komme.« Ihn interessierte immerhin auch die Freizeit in der Heimat, von der wir immer redeten und die er bewusst gar nicht kannte. »Kann man dort auch Fische fangen?« Noch reizvoller erschien ihm die Aussicht, endlich Fahrrad zu fahren.

Doch, die Reise war wunderbar. Dreieinhalb Jahre segeln. Keine ernsthaften Krankheiten oder Verletzungen hinderten uns. Die Fahrt war Gelegenheit, Natur und Kultur sich selbst und dem Kind zu vermitteln. Unter anderem zu erkennen, dass es Menschen gibt, die ganz anders aussehen, leben, essen, trinken, arbeiten, sich kleiden.

Dazu möchte ich noch anmerken:

Wenn Sie mit Ihren Kindern ebenfalls eine Segelreise planen, gleichwohl unsicher sind, aber in der Nähe von Wasser wohnen, wäre es sinnvoll, sie in einen Segelverein oder eine Segelschule zu schicken. Die kümmern sich bestens darum.

Fast alles, was sie hier an Kind-Erfahrung vermittelt bekommen, gilt natürlich nicht nur für die Langfahrt, sondern auch für einen Dänemarktörn. Und logisch: auch für ältere Kinder.

Und dann war urplötzlich alles vorbei. Wir machten fest in Beaulieu an der Côte d'Azur, räumten das Boot aus, Kyms Mitbringsel kamen in einen Seesack, und ab ging es nach Düsseldorf. Eine Woche nach dem Ende der Weltreise startete er bereits mit der Schule. Seine ersten Bemerkungen waren:

»Och, oller Betonhof.«

»Warum muss ich denn jeden Tag in die Schule?«

»Die Lehrerin hat mir mein schönes Taschenmesser abgenommen und nicht wiedergegeben.«

»Schrecklich, so eine große Wohnung. Ich kann dich gar nicht finden.«

Aber: Jeder, der ihn fragte, kriegte ein: »Ich gehe gern in die Schule«, und viel, viel später: »Ich bin gern Student« zu hören. Das hat sich durch alle Klassen bis zum Abitur und Kommunikationsdesign-Diplom gehalten.

Wenn wir ihn heute fragen, an was er sich noch gut erinnern kann, so nennt er immer zuerst das Wasser – dieses warme, türkisfarbene, sichtige Lagunenwasser. Dann den Umgang mit Paddel und Beiboot, natürlich Fische angeln oder mit den Händen fangen und Kokosnüsse sammeln und den Saft trinken.

Auch wir Eltern profitierten. Wir erlebten eine Nähe zum Kind, die der Alltag an Land nicht bieten kann. Häufig wurde geäußert, dass so lange Reisen den Kindern schaden und sie in ihrer Entwicklung hemmen würden. Das Gegenteil ist der Fall. Die Eindrücke sind für sie stark und immer interessant, und sie sind neugieriger und reagieren auf die wechselnde Umwelt intensiver als wir. Wir schickten einen aufgeweckten, handwerklich geschickten und sportlichen Jungen in die Schule. Falsch ist auch der wiederholte Hinweis auf die Gefährlichkeit einer solchen Reise. Ein Risiko besteht immer und überall im Leben. Am besten ausprobieren, denn viel hängt von einem selbst und dem Kind/den Kindern ab.

Nur Mut. Wir haben die Chance genutzt. Und es hat Spaß gemacht, mit Kym unterwegs gewesen zu sein. Unterwegssein mit Kindern ist nicht neu. Seit jeher ziehen Eltern mit ihren Kindern umher – bei den Nomaden, den Bauern auf den Feldern, den Zigeunern, den Wanderarbeitern.

Was Kinder an Bord so alles brauchen:

- Ordentliches Beiboot zum Rudern (damit beginnt das Eigenständige und die Koordination).
- Angelgeschirr (Route und Schlepp).
- Taucherbrille, Flossen, Schnorchel.
- Bücher – Bilderbücher, Lesebücher.
- Papier, Schere und Kleber für Collagen.
- Zeichen- und Malmaterial – Malhefte (Malen ist allemal interessanter als das Kolorieren der sogenannten Malbücher).
- Eigene Schublade oder Schapp für den Kleinkram.
- An Spielsachen: Lego, Matchbox-Autos, Sandspielzeug, Schiffchen, Puzzles, Würfelspiele (»Mensch ärgere dich nicht«), Spielkarten, Memory.
- Wir haben früh festgestellt, dass Kym es vorzog, mit Gegenständen zu spielen, die auch wir benutzten: Tauwerk, Kochutensilien, Instrumente, Hammer, Messer.
- Fußball, Tennisbälle – Bälle dürfen nicht fehlen.
- Kuscheltiere (bei uns nur ein Bär).
- Neues Spielzeug. Unbedingt zukaufen. Ein Kind wünscht sich ab und an etwas Neues.
- Rucksack – für Landausflüge.
- Sonnenschutz (Schirmkappe, Sonnenbrille, Creme, lockere Kleidung).
- Kassetten & Rekorder (heute eher ein MP3-Player).
- Wenn sie schreiben können, ein Tagebuch (besonders für den Abend und Regentage sinnvoll).
- Auch Kinder, die noch nicht schreiben können, bringen mit Collagen (Fotos aus Prospekten, Magazinen, Etiketten), Stiften, Blüten, Blättern in einem Buch (Ringbuch wäre ideal) wunderbare Erinnerungsstücke zustande.

DIE
NACHT AUF SEE

31 Nachts segeln wird bewundert wie eine Heldentat. Das ist übertrieben. Es kann wundervoll sein, aber auch grässlich. Nonstop von der Kieler Förde nach Bornholm zum Beispiel kann eine mühsame Nacht dazwischenliegen. Mit Schiffsverkehr, mit Seezeichen, mit gefahrvollen Untiefen. Wirklich haarig kann es auf diesem Ostseestück werden, wenn der Wind mich nicht streichelt, sondern von vorn kommt und das Schiff in Gischt hüllt. Solch eine erste Nacht kann einem schon Angst machen: Die Wogen erscheinen höher, Geräusche der Wellen sind lauter, Böen wirken furchterregender. Das kann einem das Nachtsegeln schon echt vermiesen.

Meine Nachtfahrten sahen meistens so aus, dass ich mir nichts dabei dachte. Auf hoher See, weit und quer kein Schiff, kein Land, da ist man locker. Zu zweit teilt man sich die Wachen, so gesehen ist/war es entspanntes Segeln mit einem durchs dunkle Wasser dahineilenden Boot. Man schaut in die Sternbilder, träumt vom nächsten Landfall, beißt in zurechtgelegte Riegel oder Obststücke, beobachtet die ziehenden Wolken und den Bogen des Mondes. Etwa so habe ich angefangen. Später kamen meine funkelnden Gefährten hinzu: Orion, Plejaden, Aldebaran, das Kreuz des Südens. Fabelhaft.

Unvergessene Nächte habe ich in den Tropen im Cockpit verbracht. Auch wenn sie meist länger dauern als bei uns im Norden, sind sie doch angenehm mild und weich. Eine Wolldecke zum Draufsitzen, ein Kopfkissen, ein Fernglas, ein gut abzulesender Steuerkompass erleichtern die Nachtwache. In der Einsamkeit der langen Seestrecken gewinnen während einer Nachtwache allerlei Gedanken an Intensität: die Schule, der erste Freund, das Glück unterwegs zu sein. Niemand sitzt einem gegenüber, der der Weichenstellung des eigenen Denkens eine andere Richtung gibt. Zur inneren Sammlung gezwungen, lässt man das Leben Revue passieren. Da wird eine zwei bis drei Stunden während Nachtwache zum magischen Momentklacks.

Natürlich ist das Nachtsegeln nicht immer unbedenklich. Schlechtes Wetter, ein übersehener Dampfer auf verquerem Kurs, ein Fischerboot mit Zickzackgehabe, und schon ist es passiert. Es rumst. Und meine Yacht ist immer nur zweiter Sieger. Nachtwachen sind vor allem dann kritisch und nervig, wenn man etwas sucht, das man auf keinen Fall verpassen darf. Ein Licht auf einer Sandbank beispielsweise. Bramble Cay in der Torresstraße war so ein Fall. Ich habe festgehalten:

Ich will ja nicht von Angstpsychose sprechen, aber bei mir handelt es sich einwandfrei um so etwas mit den Begleiterscheinungen wie weichen Knien, Kopfweh, Harndrang. Ständig kontrollieren wir den Kompasskurs, notieren ihn stündlich in die Karte. Doch das Leuchtfeuer ist nicht zu packen. Als Höchststrafe in dieser übel beleumundeten See noch Regenböen und zunehmender Seegang. Als wir uns laut Koppelkurs bereits hinter der gesuchten Sandbank befinden, hält W. es nicht mehr an Deck. Hand über Hand entert er den Mast und sichtet endlich das schwache Feuer voraus. Bramble Cay ist geschafft. Jetzt links ab in die Torresstraße. W. ist müde und abgespannt. Als es Morgen wird, ziehen wir an einer Kette schönster Atolle vorbei.

Anregungen:

Für die erste Nachtfahrt nehmen Sie sich möglichst eine freie Strecke vor. Hier, auf unseren Hausrevieren, wäre von Helgoland aus Schottland ein schönes Ziel oder vom Limfjord quer über die Nordsee und für Ostseesegler der Skagerrak. Dazu wählt man am besten die kurzen Nächte im Hochsommer. Da ist es nämlich in Schweden und Norwegen nur wenige Stunden vollkommen dunkel. Und Sie erleben eine Stille, ein Licht, ein Feeling, das Sie nie vergessen werden. Nachtsegeln macht Segeln erst zum speziellen Vergnügen. Für Küstenverliebte, die partout ihr Boot nicht in die See stellen wollen: Anstatt im Gedränge einer überfüllten Marina in einen Mastenwald, schaue ich morgens in lauter Wolken. Jetzt können Sie entscheiden, was reizvoller ist. Also legen Sie die Scheu vor der Dunkelheit ab und schreiben ins Logbuch: »Wir wagen die erste Nachtfahrt.« Es schweißt die Crew zusammen. Und nebenbei: Nachtsegeln erhöht die Reichweite beträchtlich.

Nachtrag zu den vorherigen Anregungen:

- Der Wachhabende muss in vollständiger Dunkelheit bleiben.
- Rotlicht ist die Farbe, die die an Dunkelheit adaptierten Pupillen am wenigsten verengt. Daher: Instrumente und Kartentischlicht mit roten Glühlampen versehen.
- Spickzettel mit Kurs, Distanz, Leuchtfeuerkennungen deutlich ans Schott kleben.
- Dem Wachwechsel Zeit geben.
- Anstatt beleuchtete Instrumente lieber dunkle Flaggen im Want und Achterstag. Sie erleichtern die Kurskontrolle in Kombination mit den Kompass.
- Koffein meiden.
- Vermeiden, nachts einen unbekannten Hafen anzusteuern.
- Nachtfahrten möglichst so einrichten, dass der Landfall tagsüber erfolgt.

STURM
GEHT IMMER

3 2 »Sturm geht immer«, sagt mein Mann. »Der Leser will dich im Chaos deiner Wäsche krachen sehen.« Hier also *mein* Sturm. Erlebt habe ich an schlimmem Wetter einiges mehr. Wobei ich echten Sturm folgendermaßen definiere: wenn Brecher ins Cockpit schwappen; im Rigg nur ein Fetzen Segel steht; die Gischt verbläst; man sich in der Koje festklemmen muss; der Magen leer ist.

Gleich zu Anfang meiner ersten Weltreise an der spanischen Mittelmeerküste ging's hart zur Sache. Es blies ein Südwestwind in Sturmstärke. Mein Mann meinte, mir etwas bieten zu müssen, und ließ die Segel zu lange stehen. Anstatt abzudrehen, hielt er gegen Wind und See. Das arme Boot schaufelte das Wasser knöchelhoch übers Deck. Stunde um Stunde. Tag um Tag. Ich meckerte nicht, dachte, das sei normal. Erst später, im Vergleich mit anderen Sturmphasen, spürte ich, dass es auch möglich ist, in Stürmen mit weiniger Nässe klarzukommen. Die Folge des Starkwindes waren zwei Tage Wäsche waschen und Kajüte trocknen im Hafen von Motril. Luken, Fenster und Lüfter waren mehr als undicht.

Die Taschen gepackt habe ich danach nicht, nein, aber meinen Teil dazu aufgeschrieben:

Ständig schwappt einem die Salzbrühe ins Schiff und mehr noch ins Gesicht. Zum Kapitulieren eigentlich. Nur wohin? Wohin, wenn man alles aufgegeben hat und der feste Wohnsitz das Schiff ist? Also erst mal auf die Terrasse des kleinen Yachtclubs verholen. Dort laden wir uns gegenseitig zu einem Vino Tinto ein.

Wir setzten Segel, und es ging weiter, immer weiter. Das nächste harte Wetter erwischte uns in der Karibischen See und der nächste fürchterliche Sturm zwischen den Fidschis und Neuseeland. Obwohl wir ein seetüchtiges Schiff, die KATHENA 2, segelten, kamen uns Bedenken. Der Himmel zog sich zu, und es wehte um die 20 Knoten aus Nord. Wilfried wechselte Genua gegen Fock, und trotzdem liefen wir »full speed« Neuseeland entgegen. Der neuseeländische Wetterbericht kündigte einen Zyklon von den Fidschis kommend Richtung Neuseeland an. Durchs Beobachten der Windrichtung und des Barometers konnten wir das nur bestätigen. Es gab sogar einige Indizien dafür, dass das Auge des Zyklons uns streifen könnte: gleichbleibende Windrichtung, zunehmender Wind und rapide fallender Luftdruck.

Ausweichen konnten wir diesem herankreisenden Wirbelwind wirklich nicht, aber dem Zentrum der Kraft entfliehen, indem wir mit hoher Fahrt möglichst viele Meilen gen Süden gutmachten, denn je weiter südlich Zyklone in die Region der Kühle kommen, desto schwächer werden sie.

Und das taten wir: Kurs Süd mit ungeheurem Tempo im Schiff. 7 bis 8 Knoten etwa. Zunächst nahm der Wind kräftig zu. Gischt tanzte vor meinen Augen. Die Seen quollen ringsum aus dem Meer, als ob das Wasser darunter pulsierte. Die inzwischen gesetzte Sturmfock zog uns da hindurch. Kaum zu eigenen Bewegungen fähig, hockte ich an der Pinne. Etwas Steuerbord, mehr Backbord, so kurvten wir durch Nacht und Tag. Zirka alle zwei Stunden lösten wir uns einander ab, denn die Selbststeueranlage packte dieses Wetter nicht. Aus dem Logbuch:

Irgendwann muss auch die Sturmfock runter. Mit 4 und 5 Knoten geht es weiter – ganz ohne Segel, nur vom Winddruck getrieben. Oftmals brechen sich Wellen nicht am Heck, sondern rechts und links der Bordwand. Wind gut 40 Knoten, also 9 bis 10 Beaufort. Wellenhöhe sechs Meter. Manchmal mehr. Leichte Regenschauer. Sehr kantige Seen. Barometer weiter fallend.

So sah es beim Morgengrauen aus. Wurde es schon wieder Nacht?
Nein, es regnete, und der Wind nahm noch mal zu. Die Wolken
sahen eher nach 50 Knoten aus. Die Aufmerksamkeit ließ am Ende
meiner Wachen erheblich nach. Der Rücken schmerzte, und in den
Gummistiefeln quatschte das Wasser. Irgendwann hatte der Wind
wohl 12 Beaufort erreicht. Die Seen füllten die Plicht. Wir steuerten
weiter – ohne nachzudenken. Ich schrieb später ins Tagebuch:

*Ein Zeichen für das Ende des Unwetters ist, dass es nur noch wenig
regnet und – ja – der Luftdruck feststeht. Aber das löst keine Euphorie
aus. Es macht mich höchstens beweglicher in Gedanken und in mei-*

STURM IM NORDATLANTIK. WENN GISCHT VON DEN KANTEN
ABWEHT, HERRSCHT WIRKLICH WINDSTÄRKE NEUN UND MEHR.

nen Bewegungen, trotzdem brauche ich wieder eine halbe Stunde, um mich klar für die Pinne zu machen – Ölzeug, Schwimmweste, Sicherheitsleine, Gummistiefel, ein Frotteetuch um den Hals und Wollmütze. Es ist kalt wie lange nicht mehr. Mein Gott, ich frage mich, wozu dies alles – Strapazen, Angst ... Noch etwa 200 Meilen bis Neuseeland.

Das Barometer stieg, mich überfiel ein Gefühl von »überstanden und mal wieder Glück gehabt«. Aber kaum zu glauben, der Wind nahm erneut zu, als ich mich durchs Schiebeluk quetschte, um meinen – in solchen Situationen – stillen Seemann abzulösen. Ich drückte mich auf die Cockpitbank. Stemmte mich mit den Beinen an der gegenüberliegenden Kante ab und beobachtete die Schatten rundum. Ein Horizont war nicht auszumachen. Stöhnend richtete ich mich ein. Eine Hand an der Pinne, die andere um die Winsch gelegt. Müde und abgestumpft versuchte ich, Kurs zu halten. Devise: vorsichtig Ruder geben.

Noch waren wir nicht durch. Gerade zum Ende eines jeden schweren Wetters bilden sich enorme Wellenberge, die sich im Verlauf einer ausgiebigen Wetterfront gegenseitig geschluckt haben und dann erbarmungslos anrollen. Sie waren nicht zu überhören. Ich zuckte jedes Mal zusammen und machte mich automatisch klein.

Gegen Morgen des vierten Sturmtages wurde es endlich ruhiger. Der Sog des schweren Sturmes hatte uns nicht mehr in den Klauen. Die Perioden zwischen den heftigen Böen verlängerten sich. Und die Gischt von den Wellenkämmen wurde nicht mehr waagerecht weggefegt. Die See ging zwar weiter hoch, blieb aber ohne Gefahr. Erleichtert stellten wir fest: nur noch 2 Knoten Fahrt. Wilfried konnte die Sturmsegel setzen, das Cockpit verlassen und die Selbststeuerung einstellen. An Deck wurde ich nicht mehr gebraucht.

Schlaf findet man nach solch einer langen Unwetterperiode nicht gleich. Man zündet den Kocher an und bereitet Kakao zu. (Kaffeetrinker waren wir damals nicht.) Wir schlürften das heiße Getränk, analysierten das gewesene Wetter und redeten. »Hast du die Welle gehört?« Oder: »KATHENA hat es wieder gut gemacht.« –

»War es schlimm für dich?« – »Gott sei Dank nichts verloren.« – »Was machen wir an Land als Erstes?« Klar war hier meine Antwort: »Hübsch machen und Essen gehen.«

Unser Verhalten, bei schwerem Wetter vor dem Wind unter Topp und Takel abzulaufen, erschien mir richtig. Genauer war es Wilfrieds Überzeugung. Ich hatte das Gefühl, den Wellen damit etwas Kraft zu klauen, und das machte mich sicherer. Ich verließ mich auf Wilfrieds Erfahrung und KATHENA. In beide hatte ich großes Vertrauen. So sah ich auch den nächsten Stürmen entspannt entgegen: im Indischen Ozean, am Kap der Guten Hoffnung. Sie bedeuteten Nässe, Unbequemlichkeit, Sorge um die Segel. Mehr nicht. Es lag auch an der Bootskonstruktion – Stahl. Bestimmt nicht an der Taktik. Wir hatten keine ernsthafte – außer dem Ablaufen.

Und so erreichten wir am 6. April 1972 den Nordatlantik mit seinen Frühjahrsstürmen. Zunächst ging alles gut. Vor dem Sturm absegeln. Einfach treiben lassen. Vor Topp und Takel ablaufen. Bis, ja, bis uns diese *eine* Welle erwischte. Uns praktisch umdrehte, unter Wasser setzte und ein Chaos anrichtete. Mein Mann saß am Ruder, um das Schiff vor dem orkanartigen Wind zu steuern, ich war unter Deck, um mich für meine Wache auszuruhen. Insgesamt eine gefährliche Situation, denn eine zweite brechende See hätte das Ende bedeuten können. Mühsame, zerknirschte Tage folgten, da die nächste Front anrauschte. Aber wir bekrabbelten uns.

Und – tja, und so segeln wir noch heute.

Aufgrund dieses letzten schrecklichen Erlebnisses wollte ich eigentlich nie wieder auf See gehen. Nie wieder, so hatte ich es mir geschworen und gleich im Tagebuch festgehalten. Aber schon im ersten Hafen, Plymouth an der englischen Südküste, war ich überzeugt, dass ich KATHENA und Wilfried nicht allein die Fahrt zu Ende segeln lassen konnte. Obschon ich die Möglichkeit zum Abmustern hatte, nutzte ich sie nicht. Das Ziel Helgoland und Wilfrieds innere Ruhe ließen mich weitermachen. Das Resultat ist bekannt. Es folgten über die Jahrzehnte die wundervollsten Törns. Ich habe mich instinktiv selbst therapiert, indem ich gleich weitermachte. Es gibt

Beispiele, wo Frauen bei Mastbruch oder anderen Malheuren erst mal nicht zurückwollten mit dem Ergebnis, nie wieder den Einstieg in das Bordleben gefunden zu haben.

Zugegeben, bei schwerem Wetter begleitet mich Angst. Da kann und will ich nichts dran ändern. Zum einen gibt es selten Sturm, zum andern fördert eine gesunde Angst die Sensibilität. Ich bin grundsätzlich aufmerksamer. Achte sehr auf die Elemente, meine Bewegungen und gleichzeitig aufs Material wie Segel, Rigg, Ruder, Gurte. Ich bekämpfe Unruhe, indem ich dazu neige, verbal und aktiv einzugreifen. Mache Vorschläge, die Segel zu kürzen, den Kurs zu ändern und helfe mit beim Wachegehen, Steuern, Logbuchschreiben und manchmal bei der Seekartenarbeit.

Nach all meinen Fahrten möchte ich behaupten, dass ich etwas vom Sturmsegeln verstehe: Tief durchatmen. Aktiv mitarbeiten, Vertrauen aufbauen.

Anmerkungen zum Thema Sturm:

Habe ich Zeit, mich auf eine Front vorzubereiten, verstaue ich allen Krempel an Bord sehr, sehr sorgfältig. Nicht noch einmal

NUR WER VERTRAUEN IN SCHIFF UND AUSRÜSTUNG SETZEN KANN, HAT IN EINEM KRITISCHEN STURM EIN RUNDUM GUTES GEFÜHL.

soll es mir passieren, dass kostbare Seekarten und Fotofilme mir um die Beine schwimmen. Ich kleide mich entsprechend und harre, die Zähne zusammengebissen, des Sturmes. Registriere die Geräusche genau, habe den Luftdruck im Blick. Gehe meine Wache – logisch. Und – ganz entscheidend – seemännisches Vertrauen zum Partner darf jetzt nicht fehlen. Ich habe es diesbezüglich beneidenswert gut getroffen.

Von Suppe oder eine Mahlzeit im Voraus kochen halte ich nichts. Eine Hand voll Dörrobst, ein paar Kekse oder Riegel sind bekömmlicher. An Getränken reichen Wasser, Cola oder eine Thermoskanne Tee. Ebenso unsinnig ist, sich in Hast Wetterberichte einzuholen. Das baut eine unnötige Nervosität auf, die ich im Vorfeld nicht gebrauchen kann. Gehe ich auf See, muss ich eigentlich mit dem klarkommen, was mir geboten wird. Ablauf und Umgang mit den Segel müssen/sollten instinktiv passieren. Und der Glaube an die Zuverlässigkeit/Qualität sollte ebenfalls vorhanden sein. In einem Boot mit riesigen Fenstern setze ich mich nicht mehr der See aus.

Eine häufige Frage: Wie habt ihr bloß die Stürme auf See abgewettert? Mit dem Langkieler erschien uns das Ablaufen vor dem Wind – also Lenzen – mit oder auch ganz ohne Segel richtig. – Später mit unseren geteilten Lateralkielern bewältigten wir Sturm meistens im »hove to«-Zustand. Also beiliegen. Das durchgereffte Großsegel war nahezu dicht geholt und die Pinne halbwegs in Leestellung festgelascht. Fertig. So hält das Boot die Position recht gut. Und wichtig: Die Bewegungen im Seegang sind weich und vermitteln ein Gefühl der Geborgenheit. Das Groß in Amwindstellung ist besonders in engen Gewässern eine gute Möglichkeit, einem Sturm zu begegnen.

Hat man erst mal ein Sturmerlebnis hinter sich, werden nachfolgende mit mehr innerer Ausgeglichenheit akzeptiert. Dem Sturm aktiv begegnen (möglichst jede Meile noch schnell herausholen) ist aufregend und furchtbar anstrengend. Außerdem kann es dabei Bruch geben. In unserem jugendlichen Leichtsinn haben wir damit damals Erfahrungen gesammelt.

Kein Sturm gleicht dem anderen. Jedes Schiff verhält sich anders. Jeder Segler steht anders zu schwerem Wetter. Deshalb: Jedes Mal neu entscheiden, mit welchen Möglichkeiten ich die Crew und das Schiff sicher durch See und Wind bringe. Patentrezepte bei stürmischem Wetter kann es also nicht geben. Ein Sturm in der Deutschen Bucht sieht logischerweise völlig anders aus als in der südlichen Ostsee.

Je älter man wird, desto eher sollte man die Segel reffen und im Sturm beiliegen oder beidrehen (was eigentlich das Gleiche ist).

Schweren Sturm gibt es, wie gesagt, auf den normalen Seestrecken glücklicherweise selten – und wenn, dann nur von kurzer Dauer.

Auf jeden Fall gilt es, die Inhalte der Seewetterberichte zu berücksichtigen. Doch Vorsicht! Sie können durchaus zutreffen, aber niemandem helfen, denn einmal unterwegs, kann man einer kurzfristigen Sturmprognose sowieso nicht entgehen.

Unter diesen Gesichtspunkten sollten Frau und Mann sich eigentlich nicht davon abschrecken lassen, Segeln auf See zu betreiben. Und: Lieber mit etwas Nässe in der Kajüte und Angst im Bauch reisen als überhaupt nicht. Zum einen: Wenn das Wetter sich nicht ändern würde, wäre es langweilig. Zum anderen: Zerbrechlichkeit birgt nämlich auch eine große Stärke.

VOM
ANKOMMEN

3 3 »Das kann es nicht gewesen sein«, dachte ich mit der unangenehmen Ahnung, dass es doch so war. Ich saß an Deck, die Knie unter mein Kinn gezogen, und sah gebannt auf das Kielwasser der KATHENA FAA, das eine mittlere Schleppe aus sprudelndem Schaum hinter sich herzog. Eine höchst vergängliche Spur. Das Mittelmeer saugte sie an diesem frühen Morgen schon in Sichtweite wieder in sich hinein. Wir hatten nur 3 Knoten Fahrt im Boot. Und nur wenig mehr an Meilen voraus zum Cap Ferrat, dessen Leuchtfeuer uns über eine leicht bewegte See entgegenzuckte. Gleich rechts vom dunklen Kap: der Hafen von Beaulieu. Dort sollte die große dreijährige Südseereise zu Ende sein. Endgültig dann der Umzug in meine Heimat Düsseldorf, wo wir uns niederlassen wollten. Auf Fotos von meiner Stadt reagierte Beinahe-Schulanfänger Kym so: »Was gibt's dort schon zu sehen.«

Schwach fasste der Wind in die Segel. Bis zur Ankunft würde es noch dauern. Am Horizont stieg eine leichte Röte aus dem Meer. Fort war die Seenacht. Fort für lange? Für immer? Nie wieder Atolle und Palmen? Nie wieder den Anker in einer Lagune fallen lassen – umringt von Kanus und schwimmenden Kindern? Nie wieder mit voller Wucht in eine anrollende See kreuzen? Ich glaubte nicht daran, sicher war ich mir auch nicht. Man hat sich ein Ende gewünscht, manches Mal ersehnt. Nicht oft, aber wenn's Wasser arg knapp wurde, Sturmböen uns erwischten, Langeweile herrschte, ja, auch wenn viel Schwachsinn an Bord geredet wurde, unter uns und mit Gästen. Dreieinhalb Jahre waren genug. Der Südseetag wurde zum Alltag. Die ungestüme Begeisterung, die Neugierde

Kym machte ein Foto von uns – es zeigt uns sehr distanziert, so, als wäre nicht alles im Gleichgewicht. – Ankunft und Ende in Düsseldorf.

brannte zum Schluss nicht mehr wie gewohnt. Nein, ich mochte es nicht, bei Landgängen ständig gute Laune haben zu müssen und das Kind von morgens bis abends am Rockzipfel zu haben. Das war mir manchmal zu viel. An solchen Tagen sprach mir der Dichter Robert Louis Stevenson aus der Seele: »Es kann dir passieren, das irgendwas in deinem Innern zerbricht, dass du an deine Grenzen stößt, als hätte man dich in ein Zimmer gesperrt und von außen den Schlüssel umgedreht.«

Mir hat auch meine Sprache gefehlt. Insulaner sind furchtbar nett, haben unendlich Zeit, nur mit der Sprache haperte es häufig. Dieser Umgang im knappsten Englisch oder einem Kauderwelsch aus Pidginenglisch und einem Eingeborenendialekt war auf Dauer ermüdend. Vor allem vermisste ich meine Familie, meine Mutter, meine Freunde und meine Ruhe (mal alleine in der Wohnung herumwandern, im Bad rumoren).

Still und unberührt ragten Wälder und Felsschroffen der Côte d'Azur aus dem Morgendunst – gesäumt von dem Weiß und Ocker der Dörfer und Städte. Nur langsam kam das Kap näher, zeigte seine einsamen, verschachtelten Villen. Fremder Duft von Pinienwäldern und eine feuchtwarme Schwüle erreichten meine Nase. »In Cap Ferrat haben wir mal gewohnt. Schön, wunderschön war es. Und demnächst Düsseldorf.« Mein Gott, weg mit den Gedanken, dies war einer der kostbaren, reinsten Momente unserer Halbweltumseglung. Die Sehnsucht vieler Jahre hatte sich erfüllt. Alles war gutgegangen, und wir hatten uns und KATHENA FAA heil zurückgebracht. Kym machte ein Foto von Wilfried und mir – es zeigt uns sehr distanziert, so als wäre doch nicht alles im Gleichgewicht.

Vergessen die Situationen, als es unterwegs einige Male verdammt knapp war: im Roten Meer, die Piraten nördlich von Borneo, die Ansteuerung einiger Atolle, ein orkanartiger Sturm östlich der Philippinen oder der Umgang mit den Amerikanern im Militärgebiet der Marshallinseln. Wunderbar war der Moment vor der Ankunft, noch nicht überschattet von der Platzsuche im Hafen, von der Hektik des Einklarierens, des Zusammenräumens, des Einpackens

GESCHÄFTE Von Briefmarken versprach ich mir einen
Gewinn. Auf einen Bogen klebte ich von jedem Land Marken und
liess sie abstempeln. Leider bisher nichts verkauft.

MEIN MUSEUM Was bringt man sich mit? Möglichst
Dinge, die auch nach der Reise von Interesse sind: Muscheln, Masken,
Werkzeug. Und: sagenhafte, rundgewachsene Schweinehauer;

einen mit Muscheln verzierten Tonkopf auf Menschenknochen.
Aus meiner Sammlung von links nach rechts: Tiger Cowry, Sevenfinger,
Giant Triton, Northern Hairy Triton.

OSTSEE Ich liebe die Ostsee. Windzerzaust. Inselreich.
Schärenverschlungen. Oben links: Schwedens Höga Kusten im
Bottnischen Meerbusen. Schiefe Bäume deuten auf viel Wind hin;

BORNHOLMER (GERÄUCHERTE HERINGE) SCHMECKEN AM BESTEN
AUF BORNHOLM; DANEBEN: VEJRØ, EINE DER EINSAMEN INSELN IN DER
DÄNISCHEN SÜDSEE. OBERHERRLICH.

SCHOTTLAND Da will ich noch einmal hin.
Landschaftlich und seglerisch anspruchsvoll, aber alle Mühe
wert. Das Besondere ist die Westküste mit der Isle of Skye.

GEGENWART Garten und Rasen. Und in Gedanken beim
schönsten Segelstück meines Lebens – drei Jahre mit *Kathena faa*
in der puren Südsee.

von Zubehör, Mitbringseln und persönlichen Sachen und den Gedanken, wohin mit der lieben KATHENA FAA für den Winter.

Wir bargen bedächtig Fock und Großsegel. Auch meine Männer spürten den großen Augenblick des Endes. Das typische Gequatsche fiel aus. Wir falteten die Tücher, steckten das eine in einen Sack und zurrten das andere auf dem Großbaum fest.

Das war es. Ich sah mich noch einmal um: die Sitzbank am Heck, von der ich einen fantastischen Überblick hatte; die praktischen Hundekojen; ein Tisch, der mit zwei Handgriffen zur Seite verschoben werden konnte; Petroleumkocher und eine tiefe Spüle; ein äußerst schmaler Schrank; ein großer, stabiler Kartentisch, auf den auch eine Seekarte (einmal gefaltet) passte und an dem ich meine Briefe und Notizen geschrieben hatte. KATHENA FAA, das war lange mein lichtdurchflutetes Zuhause.

Zögernd stießen wir mit einem Glas im »African Queen« an – unserem ehemaligen Stammlokal, wunderschön direkt am Hafen von Beaulieu gelegen. Die Beine weit von uns gestreckt, genossen wir die Stimmung des Ankommens, das gleichzeitig das Ende war.

In den bejahenden Ausklang mischte sich leichte Wehmut. Jetzt könnten wir über die schönste Zeit meines Lebens reden. Taten wir aber nicht. War es etwa auch eine Reise zu uns selbst, erlebt vor einem kontrastreichen Hintergrund wie Erschöpfung, Farben, leichter Kleidung, frischer Luft, Faulenzen, Bewegung?

Nun wussten wir ein bisschen mehr – auch über Angst und Glück. Das Glücklichsein der vielen Monate wird unvergesslich bleiben. Das Wissen, Schiff und Körper zu beherrschen und Strapazen und Leid der Segelei verwinden zu können, wird mir sicher Motivation und Begeisterung für das Landleben geben.

Ich war 35 und sah jünger aus als bei der Abfahrt.

WAS IST
ZU ERWARTEN 1

3️⃣4️⃣ Was ist beim Fahrtensegeln wirklich zu erwarten? Beim Segeln in nah und fern, im Hafen, vor Anker in Buchten? Ich wage mich an ein komplexes sowie schwieriges Kapitel, denn jeder sieht das Thema anders. Trotzdem.

Viele haben dazu eine Meinung. Klar, sie bewerten, was sie erkennen können, und viel ist das logischerweise meistens nicht. Entweder sie reisen in Eile mit einem wartungsintensiven Boot, mit einem Mann, der alles macht, oder als Chartergast mit dem Plan, ihr Geld abzusegeln. Das heißt häufig, täglich von morgens bis abends auf dem Wasser sein. Mit der Folge: Man hat kaum Muße für Gespräche mit Einheimischen. Proviantkauf vor Ort fällt aus, es wurde ja im Voraus alles für die Tour gebunkert. Ein Kneipenbummel wird ebenfalls nicht umgesetzt – zu müde oder zu teuer. »Was, sieben Euro für ein Glas Bier?« Die Segel werden sauber gefaltet und im Cockpit eine Dose aufgerissen. Das war dann die »fremde Ferne.« – »Na, dann prost.«

Oder diejenigen, die Bescheid wissen im Umgang mit Navigation, Angst und Technik. Weil sie vermeintlich sicherer segeln wollen, vervollständigen sie ihre Ausrüstung mit Zeug, das keiner warten kann, das sie nicht unbedingt gebrauchen und worum sie eigentlich auch nicht gebeten haben. Aber es wurde empfohlen (von wem auch immer) zum Zweck der Erleichterung, aus Sicherheitsgründen und der Bequemlichkeit wegen. Aber wenn man sich die Segler, die all den Plunder an Bord haben, genau ansieht, will man deren Meinung gar nicht hören. Zum Thema Boot gibt es ohnehin immer drei Meinungen.

Jetzt ernsthaft: Fahrtensegeln bringt mich zu Landschaften, die man häufig nur per Boot erreichen, sehen und erleben kann. Es hält mich beweglich – den Kopf wie den Körper, und ich bin an der frischen Luft. Ein Geschenk – das eine. Das andere: über das offene Meer segeln. »Das segelt sich ja wieder wunderbar.« Wenn Sie das sagen oder im Tagebuch notieren, sind Sie gefangen. Oder noch schöner: »Blau, blau, blau ist alles, was ich brauche.«

Gerade als Frau. Warum? Wir fühlen und erleben intensiver. Natürlich nur, wenn man es auch tatsächlich will. Sich ganz integriert in das abwechslungsreiche und teils entbehrungsreiche Dasein einer Fahrtenseglerin und sich vom Materialismus löst. Brauche ich eine Mikrowelle an Bord? Oder eine Windmessanlage im Masttopp? Oder ein Druckwassersystem? Alles ist nützlich, aber brauchen tue ich es nicht. Tatsache ist: Ein Zuviel an Wetterinfos und ein Zuviel an Kommunikationsgeräten führen zu weniger gesegelten Meilen! Was ich wirklich brauche, sind: handige Segelflächen (um mithelfen zu können), eine Top-Koje für Seetage, Frischwasser für Sauberkeit und Ordnung und *eigene* Aufgaben. Manöver fahren. Ankern. Deck aufklaren. Kurse absetzen. Das Beste für eine Unbefahrene: Sie wächst an den Aufgaben, indem der Partner ihr ermutigende Ratschläge gibt. Außerdem sollte man nicht lange analysieren und gleich eigene Ansichten kundtun, wenn man jemandem folgen will. Allerdings erwarte ich umgekehrt dann ein ebensolches Verhalten.

Es gibt erstaunlich viele Seglerinnen, die von ihren Männern mitgeschleppt werden. Ich würde nie, wenn mir die Lebensart partout nicht zusagt, die Anstrengungen einer Segelreise auf mich nehmen. Schon gar nicht, wenn er mir Luxus an Bord, einen Mietwagen für die Häfen und das Frühstück am Bett, pardon der Koje, bieten würde. Das führt zu Interessenlosigkeit, Langeweile und schlechter Laune.

Nehme ich als erstes Beispiel ein nahes Ziel: Schottland. Es bietet seglerisch, landschaftlich und kulturell alles, was mein Herz begehrt. Da kann man sich als Frau voll entfalten. Englisch spricht (fast) jeder. Unterhaltsam sind die Schotten ohnehin. Sie sind freundlich und hilfsbereit. Essen und Trinken stimmen auch. Also über die Nordsee mit einem guten Wetterbericht in gerade mal zwei, drei Tagen und Nächten. Egal ob von Helgoland aus oder von der Ostsee.

Ausführlicher zu einem Sechs-Wochen-Törn für einen weiblichen Neuling:

Eine Tasche mit Wetterkleidung, eine Tasche mit Landgangskleidung, Proviant von hoher Qualität – und es kann losgehen. Gut wäre zuvor noch ein paar Bücher vom Cruisen zu lesen. Eingepackt in prima Ölzeug (getrennte Kombination) und mit einem Wachplan gleich nach dem Ablegen ans Ruder stellen. Gefühl fürs Steuern bekommen ist das A und O, Motor starten und stoppen üben, Hauptschalter und Seeventile bedienen (evtl. auf einen Spickzettel notieren), eigenständig Segel setzen und bergen. Überbordmanöver mehrmals üben. Gurt tragen und einpicken. Auch Unbedarfte lernen das Steuern und Ausguckhalten schnell und auch des Nachts die Kurse von Dampfern deuten. Reingeschmissen in das Bordleben läuft's am besten. Also gleich in der ersten Nacht den Neuling an die Seekarte, ans Ruder, an die Wache lassen. Denn: Zu wenig Schlaf für den Partner macht das Bordleben eng und ist anstrengend. Ein wenig Kochen sollte möglich sein. Pasta, Reis oder Suppe geht immer. Hebt die Stimmung bei jedem Wetter. Sich bloß nicht tagelang mit Knäckebrot und Schokoriegeln begnügen.

An Deck alle Tätigkeiten meines Partners beobachten. Beobachten, Interesse zeigen und Neugierde sind sowieso das Wichtigste an Bord.

An der schottischen Küste die Seekarte in die Hand nehmen und Distanzen abschätzen lernen oder besser gleich mit Zirkel und Kursdreieck üben. (Entfällt allerdings heutzutage wegen GPS und Plotternavigation. Kann man verstehen. Schaden tät es dennoch nicht.) Sich mithilfe des Hafenplans, nehmen wir an, es ist Peterhead, ein Bild machen und ein paar Mal den Plan mit der Wirklichkeit aus dem Cockpit heraus vergleichen. Dann den Liegeplatz ansteuern. Zwei kurze und zwei lange Festmacher klarmachen. Eine Wurfleine bereitlegen. Fender anbändseln. War das Festmachen kein Problem, nimmt man sich anschließend in die Arme und gießt sich ein Glas ein.

Einklarieren oder Papierkram sind in Schottland nicht zu erledigen. Man geht duschen und dann in die Stadt. Café, Restaurant, shoppen, was immer. Entlang der Küste geht es anderntags nach Inverness. Bevor es auf See geht, ist es eine wichtige Aufgabe, alles perfekt zu verstauen: Taue, Fender, Pütz. Anhand der Seekarte haken Sie Kaps, Buchten und Häfen ab (Uhrzeit und Logstand vermerken), sodass Sie auch ohne GPS wissen, wo Sie sind. In Inverness gönnen Sie sich einen freien Tag für die schöne Stadt und zwecks Einholen von Informationen zum Kaledonienkanal. Da hindurch kommen Sie auf die andere Seite Schottlands – die schönste Seite.

Ich merke, es nimmt mich gefangen, der Text wird zu lang, wenn ich Kanal und Westküste sowie Äußere Hebriden mit herrlichen Landstrichen, mit Fjorden und Inseln detaillierter beschreibe. Also im Stakkato:

Kanalfahrt mindestens drei Tage kalkulieren – mit Schleusen, Stegplätzen, Ankern. Eignet sich hervorragend, um Ihre seemännischen Kenntnisse in der Praxis zu erweitern. Zwischendurch Ausflüge in die Berge, Dörfer. Besuch alter Kastelle. An Bord leben, genießen und sich sonnen. (Ja, Schottland hat mehr Sonnenstunden als Hamburg.)

An der Westküste auf den Inseln Skye, Mull, Summer Islands und den Äußeren Hebriden mit sagenhaften Buchten und Häfen kann man fortfahren: Pub-Besuche, einkaufen, wandern, schwimmen, Sehenswürdigkeiten, schottische Gastfreundschaft erleben. Dazwischen ein Segelstück vom Feinsten, sofern man das Wetter beobachtet hat. Es ist grundsätzlich eine windige Ecke. Aber mit Roll(vor)segeln reduzieren sich Risiko und Arbeit.

Über die Nordseite Schottlands könnte der Kurs zurück in die Nordsee führen, besser noch über die Orkneys und Fair Isle (mein Höhepunkt).

Rechnen wir diese Rundreise in Meilen um, sind es von/nach Helgoland rund 1250 Meilen. Bei sechs Wochen wären es im Schnitt 30 Meilen täglich. Mit einem Zehn-Meter-Schiff und einem ausgeglichenen Partner eine absolut erholsame, schöne und spannende Urlaubsreise. Von Seeluft, Bewegung und Eindrücken gestärkt, werden Sie glücklich, ach was, überglücklich abmustern. Vielleicht sagen Sie: »Mensch, jetzt könnte ich gleich weitersegeln« – um die Welt?

WAS IST
ZU ERWARTEN 2

35 Schottland ist womöglich vielen zu anspruchsvoll. Wie wäre es mit Bornholm, Skagen, den Ost- und Westschären Schwedens? Auch dies herrliche Landschaften. Mit Booten geradezu paradiesisch zu erkunden. Von der Kieler Förde Distanzen von 200 bis 300 Meilen (ein Weg). Also hinein in die Reviere vor unserer Seetür. Egal ob mit Kleinbooten (laut Fachzeitschriften liegen sie inzwischen um die zehn Meter) oder größer. Freunde von uns segeln mit einer Neun-Meter-Slup sowohl nach Norwegen wie nach Öland in einem Sechs-Wochen-Urlaub.

Was mich am meisten verblüfft, ist die Wahl und Ausstattung der deutschen Segelboote, hm, Schiffe trifft eher zu. Groß vom Volumen, luxuriös, überausgerüstet. Die Crews haben alles an Bord. Sie vermissen nichts. Der Reiz des Fahrtensegelns bleibt für mich jedoch genau das Konträre. Ich kann zwar gut verstehen, wenn jemand im reifen Alter in die Szene einsteigt und nicht so gerne auf dem Kajütboden eines kleinen Bootes herumkriechen will, sondern zu einer größeren Yacht tendiert, oder anstatt bei Schräglage und rauer See die Segel Hand über Hand zu bergen, sich eine Rollanlage installiert.

Viel von der Ausrüstung wird unter dem Aspekt Sicherheit angeschafft. Rollen, elektrische Winschen, AIS, Computer. Doch man ist auch mit weniger auf der absolut sicheren Seite. Ein klarer Kopf und eine gute Beweglichkeit sind entscheidender als ein Zuviel an Ausrüstung. Damit auch wirklich umgehen zu können, steht nämlich auf einem anderen Blatt, erfordert oft viel mehr Training und Kopfarbeit, als selbst auf sich, das Boot und den Partner aufzupassen.

Der Fisch stinkt vom Kopf her, ebenso verhält es sich im Umgang mit Segelbooten.

Wie wenig man all den Kram benötigt – Druckwassersystem, Toaster, Reitgewicht, Außenborder –, wissen am besten jene, die mal länger unterwegs waren.

Falls das Segelboot Ihres Freundes/Partners/Mannes nicht den heutigen Ansprüchen genügt, stürmen Sie trotzdem an Bord und legen ab. Eine kleine Waarship für Jungverliebte tut es auch – auf der Ostsee. Ablegen, ankommen, den Kocher anschmeißen, eine Dose Lättöl (Leichtbier in Schweden) aufreißen. Natur ist nicht immer schön. Regen und viel Wind sind auch Natur. Doch mit der heutigen Kleidung und den dichten Decks – kein Problem. Wer aus der

Stahl- und Holzbootzeit kommt, der weiß ein Lied von tropfenden Aufbauten und leckenden Fenstern zu singen. Tropf, tropf direkt ins Gesicht oder in den Kleiderschrank. Ja, die Szene hat sich mächtig verändert. Anstatt Petroleum gibt's Gas. Anstelle Konserven Kühlkost. Und der Sextant ist von Satelliten abgelöst worden. (»Glücklicherweise« – sagt mein Mann. Ich schließe mich an.)

KATHENA INA. ZEHN METER SCHIFF REICHTEN UNS,
UM EINEN GANZEN SOMMER LANG DIE NORDSEE ZU ERKUNDEN.

Lassen Sie sich nicht abschrecken von einem langsamen Boot. Meist kommt man erholter an. Ein schnelles Boot segelt viel anstrengender. Ich musste vor Jahren auf meiner Reise mit einer schnellen Dehler 33 im Hafen kräftig Luft schnappen, so zügig und erschöpfend segelte das superleichte schmale Schiff. Schön war es trotzdem – Schiff und Segeln.

Zehn Meter werden heutzutage als klein bezeichnet. Paarsegeln findet statt auf Yachten bis 20 Meter. Der Grund ist die verbesserte Technik im Rigg. Rollsysteme haben sich auch für Langreisen bewährt, und Autopiloten steuern so ein Schiff locker. Das Angenehme einer großen Yacht ist Raum. Mit mehr Platz an Bord kann man eine größere Menge an Wasser und Diesel bunkern. Man kann mehr Ausrüstung und Ersatzteile mitnehmen und ist somit unabhängiger. Computer, Drucker, Fernseher, sogar eine Werkstatt – alles ist möglich. Man kann Gäste mitnehmen und trotzdem seine Privatsphäre behalten.

Klingt ideal? Und nach Versuchung? Groß und top ausgestattet heißt auch Arbeit, Kosten und oft auf der Suche nach Ersatzteilen und Werkstätten zu sein. Und bedenken Sie, einmal Europa verlassen, gibt es nicht in jeder Hafenstadt einen Schiffsausrüster. Mein Credo: Wer viel in modernes Zubehör und Elektronik steckt, muss viel reparieren. Während Mann repariert (kopfunten), geht Frau spazieren (allein).

WAS IST
ZU ERWARTEN 3

36 In diesem Teil geht es darum, was unterwegs auf einer Ozeanfahrt zu erwarten ist. Anhand vorhergehender Kapitel zu meiner ersten Weltumseglung habe ich ja bereits dargestellt, wie vielfältig das Touren mit einem Boot auf See ist.

1. Der Glücksfall: Man ist verliebt; der Wind ist auf deiner Seite; der Himmel klar mit weißen Tupfern; die Sonne knallt auf deinen Rücken; das Boot ist dicht; alles funktioniert; dein Mann/Freund erzählt nicht nur von Meilen; es ist genug leckerer Proviant an Bord; du weißt dank GPS genau, wo du bist.

2. Weniger lustig: Man ist verliebt, aber seekrank; ein böiger Wind kommt von vorn; Gischt fegt bis ins Cockpit; dein Ölzeug leckt; die Segel sind ausgelutscht und brüchig; die Elektrik zusammengebrochen; die Maschine startet nicht.

3. Ganz schlecht: Deine Liebe ist mit sich beschäftigt; der Wind nahe 8 Beaufort; der Luftdruck fällt stetig; die Luken sind undicht; im Rigg baumelt ein loses Unterwant; es herrscht ein satter Regen; alles ist grau; man befindet sich in einer Dampferroute; muss konsequent Wache schieben; Kojen und Schlafsäcke sind feucht; das Trinkwasser ist knapp; das Klo verstopft.

Es kommt sehr, sehr selten so dick, wie ich es in Punkt drei erlebt habe, dagegen stehen viele, viele Seetage wie in Punkt eins. Sonst würde ich doch nicht das Seesegeln auf mich nehmen.

OSTSEE, VIEL MEHR ALS MEER

37 Die ersten Narzissen schieben sich durch Erde und Gras. Und der Himmel hält Struktur. Stundenlang. Die Tage werden merklich länger. Wir spüren, es wird langsam Frühling.

Ich kann mir gut vorstellen, wie Tausende Bootseigner an der Küste bei diesen Wetterzeichen Ostern herbeiwünschen. Dann nämlich gehen die meisten in freudiger Erwartung mit ihren Yachten zu Wasser. Insbesondere wenn es ein Winter ohne Schnee war, dafür mit viel Regen und Stürmen im Übermaß. Im Stil des Norddeutschen Rundfunks hörte sich das dann so an: »Ein schneller Wind ist unterwegs.« Oder: »Dicke, dicke Wolken ziehen von links nach rechts.«

Nun also zieht die See. Wahrscheinlich werden die ungeduldigen Eigner vorher noch spachteln, schleifen, streichen. Den Rumpf polieren. Das Rigg checken. Bei Bedarf neue Splinte besorgen. Elektrische Steckverbindungen prüfen. Werkzeug und Gewebeband bereitlegen. Und endlich: den Krantermin klarmachen. Bestimmt malen sie sich zwischendurch schon aus, wie sie übermüdet, aber aufmerksam bei einem harten Südwestwind durch die gut 20 Meter breite Hafeneinfahrt von Anholt schlüpfen. Unschwer zu erkennen: Die Ostsee, speziell Skandinavien, ist meine Botschaft.

Selbst wenn Sie nur ein Boot oder Bötchen haben, das jahrelang unter einer Plane ächzte oder schlimmer – auf einem Binnensee nur rauf und runter bewegt wurde, dann nichts wie auf einen Trailer damit und ab zur Küste – zur Ostseeküste. Diese Ostsee ist nämlich ideal für Einsteiger und Familien zugleich. Gäbe es die Tonnen nicht, die zu Tausenden Fahrwasser und Sunde säumen, könnte der dänische Archipel in Muße und locker besegelt werden. Und klar doch, der nasse Atem der Ostsee ist auch eine Herausforderung für wetterfeste Segelleute – mit Yachten.

Doch ganz locker bleiben, Segelfreunde, mit dem Zu-Wasser-Gehen beginnt zwar die Saison, aber vor dem Slippen kommt die Kartenhandlung. Seekarten sind die Begierde. Wohin geht der kurze Törn? Wohin der lange Schlag? Wie viel Zeit habe ich? Sind mehr als drei Wochen im Stück drin? Routenplanung lässt das Herz puckern. Wenn es etwas gibt, was nie langweilig wird, so ist es das Ausbaldowern neuer Ziele. Es ist der schönste Teil einer Reise – sagt man. Richtig spannend wird es, wenn wir geeignete und gewünschte Häfen und Buchten auswählen. (Diese vor allem mithilfe von Handbüchern.)

Und Inseln. »Eine Insel für uns allein.« Wo finde ich die? Wichtig ist es, Informationen zu sammeln und zu verarbeiten, um damit den Sommertörn auf eine solide Basis zu stellen. Längst bekannte Grundregeln bei der Planung sind natürlich zu beachten: zum Beispiel ein Drittel an Zeit für den Hinweg einplanen, zwei Drittel für die Rückfahrt. Eine Nachtfahrt erweitert den Radius enorm, und ein bisschen Qual hat auch mit Qualität zu tun.

Was soll ich sagen zum Mare Balticum. Ich weiß: Es ist kein Meer mit Unendlichkeit, dazu ohne Palmen, ohne Haie. Nach vielen Jahren im Pazifik ist für mich die Ostsee tatsächlich so spannend wie für einen Seefisch das Aquarium. Und trotzdem freue ich mich aufs Segeln auf der Ostsee. Warum?

Die Ostsee ist eines der schönsten Segelreviere – und wichtiger: Sie liegt direkt vor unserer Haustür. Die Besonderheit der natürlichen Voraussetzungen prägt diesen außergewöhnlichen Naturraum, vor allem die Vielzahl ganz unterschiedlicher Küstenformationen – von Förden über Bodden, Kliffe und Steilküsten, Nehrungen, Haffs, Binnenseen und Flussdeltas, Dünenlandschaften, bewaldeten und kahlen Schären bis zu Inseln und Sandbänken. Mehr und mehr macht die Ostsee dem Mittelmeer als Segelurlaubsgebiet Konkurrenz. Und seit die Ostsee »im Westen liegt«, können wir sie in ihrer gesamten Ausdehnung durchsegeln und entdecken. Von Schleswig-

Holstein aus sind es rund 380 Seemeilen nach Klaipeda im Baltikum, zu den Ålands 550 und bis Bornholm 270 Seemeilen. Alle Entfernungen sind in einem normalen Urlaubstörn zu schaffen. Bis zum Scheitel des Bottnischen Meerbusens nach Haparanda (920 Seemeilen) und nach St. Petersburg am Finnischen Meerbusen, 800, braucht man etwas länger.

Einige Zeilen zu den schwedischen Schären:

> Das Wasser ist meist dunkel und still, ringsum Granitbrocken – rund, kantig, hoch, flach. Mit und ohne Bäume – und Hütten. Ein Archipel von unzähligen Eilanden. Als Segler kann man sich in diesem fremden Revier leicht verloren fühlen. Nicht aus nautischen Gründen, sondern aus Furcht vor dem Raum.

Dieses Ostsee-Meer überfordert weder Einsteiger noch Familiencrews. Für Kinder ist es ein schier unendliches und ideales Segelrevier. Hier kann Segeln mit Kindern in ureigenster Form stattfinden. Dafür sind besonders die dänische Ostsee und die Gewässer um Rügen wie geschaffen: Buchten, feine Strände, große, kleine Häfen und Steilküsten lösen einander ab. Bei normaler Planung und Wetterglück ist alles mit kurzen Distanzen zu bewältigen.

Um noch einmal die Tropen, speziell den Pazifik, in Erinnerung zu rufen: Karibik, Marquesas, Tuamotus sind paradiesisch – sicher, immer grün, die Temperaturen schwanken unbedeutend, alle fünf Jahre zieht ein stürmischer Wind durch, alle zehn ein richtiger Sturm. Also wettermäßig langweilig. Das Herrliche an der Ostsee ist, man lebt an einem Meer, das vier Jahreszeiten bietet. An manchen Tagen kommen sie alle hintereinander.

Dänemarks Inselwelt ist schnell erreicht:

> Nur eine Kurve über die Ostsee, ganz gleich ob von der Schlei oder Stralsund, und schon liegt Deutschland im Rücken, ist der

Alltag vergessen, die Welt neu eröffnet. Ich bin gerne in Dänemark. Es ist irgendwie »hyggelig«, das heißt hügelig und bedeutet gleichzeitig dänisch gemütlich. Vielleicht ist Dänemark deshalb so beliebt und somit das erste Ziel der deutschen Ostseesegler und zahlreicher Nordseefahrer sowieso.

Geben wir uns trotzdem nicht Jahr für Jahr mit Fünen und Lolland zufrieden. Faaborg und Guldborg mögen ja in wunderschöne Landschaft gebettet und sicher sorglos anzusteuern sein, doch ein richtiger Ostseetörn steht erst mit Skagen, mit Bornholm oder – für diejenigen mit Zeit – mit Schweden und den Åland-Inseln. Es ist vor allem das Licht, das mich dorthin lockt. Ein Licht, das von überall her gleichzeitig leuchtet.

Es ist ein anderes Licht als über Düsseldorf, auf dem Chiemsee oder über dem anderen bayerischen Revier, dem Mittelmeer. Man wird dort kaum solche Logbuchnotizen machen können:

Groß und Genua ziehen uns in die Abenddämmerung. Das wäre nichts Besonderes, gäbe es nicht das Licht, das durchs Segel an Deck schimmert. Ein gefiltertes, nordisches Licht, das wie Atem überm Vordeck hängt. Wie Atem. Ein Viertellicht, das die heranstürmende Dunkelheit vergessen lässt.

Von der Schlei fahren sommerlich fünf von zehn Booten nach Samsø. Eine grüne Insel mitten im dänischen Archipel mit ausgewaschenen Steilküsten einerseits; zum anderen neigt sich das Land manchmal sanft dem Meer zu. Was die Insel so anziehend macht, sind das Grün der Wiesen, Knicks und Baumgruppen und das Weiß der alten Steinhäuser mit Blütenbüschen davor. Besonders beliebt ist dort der lagunenartige Schlund Langør. Von Inselchen und Sandbänken umgeben – fabelhaft –, liegen sie dann allerdings auch dicht an dicht – vor Anker und an der Mole. Aktivitäten prägen das Bild: Fahrräder werden ausgepackt (der »Kro« ist etwas weiter entfernt), Grills am Heck montiert (Kaufmann dicht bei), Beiboote aufgebaut.

Das ist zwar nicht ganz der Dänemarktörn, den ich mir wünsche. Aber wenn schon. Lebhaft ist es nur während weniger Wochen.

Vejrø ist ein anderer Leckerbissen. Eine verlassene Bauerninsel mitten im Smålandsfahrwasser. Die Welt ist klein auf diesem Inselchen, das man in einer guten Stunde umwandern kann. Meist ist der Strand schmal und steinig. Hier und da säumen zähes Buschwerk und Findlinge das Ufer. Die Wirklichkeit wird auf das Elementare reduziert: Stille, Wildnis, Leere, Geborgenheit. Ein archaisches Höhlengefühl stellt sich ein – in der Tat, der Flecken sagt mir zu. Zudem bietet Vejrø neben dem kleinen Inselhafen einen guten Ankerplatz bei vorherrschendem Westwind.

DIE OSTSEE IST EIN SEGELPARADIES. BIETET SIE DOCH HERRLICHE ANKERIDYLLEN MIT WALD, SAND, FELS UND SCHILF. DER SEGLER KANN AUF VIELEN INSELN UNGESTÖRT SEIN.

Ganz in der Nähe, von der Kieler Förde und Wismar lediglich einen Katzensprung entfernt, liegt Albuen, die Ellbogenbucht an der Westküste von Lolland. Ein Wildwest-Idyll. Unbewohnte Boote, Wracks, provisorische Hütten, Blumen, die aus irgendwelchen Kübeln wachsen, hohes Gras, Stellnetze und verrottete Pfähle geben der geschützten Bucht den Anschein gänzlicher Verlassenheit. Leider (oder glücklicherweise) nur was für Kleinbootsegler. Die Ansteuerung ist »tricky« und bietet nur Wasser für Schiffchen mit maximal 1,20 Meter Tiefgang. Aber wer den Anblick großer, fetter Möwen liebt, wer gern ein paar Fischern zusieht, die ihre Netze trocknen, und dazu den freien Blick über die platte Landzunge genießen kann, ist hier bestens aufgehoben. Ich habe Segler getroffen, die nicht über Albuen hinausgekommen sind.

Der Anfänger, der seine Ziele logisch bescheidener setzt, steuert bevorzugt diese Segelgebiete an: die Dänische Südsee, also all die Inseln südlich von Fünen, das Smålandsfahrwasser und rund Rügen.

Fällt jedoch die Entscheidung, weiter weg zu segeln, wäre Skagen lohnenswert. Dem Nordzipfel Jütlands, der das Kattegat vom Skagerrak und die Ost- von der Nordsee geografisch trennt, gilt meine besondere Sehnsucht. Nirgendwo ist die Luft sauberer und nirgendwo zeichnen sich die Konturen so scharf ab wie dort. Das Licht zieht einen völlig in den Bann. Dazu gibt es Nächte, die mangels Dunkelheit zur Dämmerung mutieren. Für Kolorit sorgen die gelben Fischerhäuschen, eine Künstlerkolonie mit Grafikern, Malern, Glasbläsern und die vielen gut gelaunten schwedischen Yachtleute. Keine Panik, die sorgen für Stimmung. Um dort hinzukommen und dann in den berühmten Fischrestaurants direkt am Kai zu speisen, sollte man eine Nachtfahrt kalkulieren. Unvergesslich wird jedem bleiben, einmal barfuß über die schaumumtoste schmale Nordspitze zu waten. Diese flache Sandbank ist dem Meer und dem wechselnden Licht des unendlich weiten Himmel so nahe, dass sie ein Teil von beiden zu sein scheint. Nun, 230 Meilen – von Warnemünde aus oder von Kiel – sind für keine Crew eine Überforderung. Nur muss man auf die Fülle von Seezeichen achten.

Ziele und Anmerkungen – Dänische Südsee:

Die kleine Bucht Dyvig; Faldsled (sagenhaftes Restaurant); Faaborg, (immer einen Besuch wert); die Ostküste von Avernakø (kommt der echten Südsee sehr nahe); der großzügige Hafen Søby (eignet sich bestens, um Hafenmanöver zu üben); Lyø, einer der beliebtesten Ankerplätze (hinter der Sandzunge). Dann das winzige, amphibische Birkholm (aufgepasst, der Hafen ist winzig); Trœnse mit seinen schmucken Kapitänshäusern und Sjøfahrtsmuseum – das sind meine Favoriten. Und dann noch Marstal, Omø, Vejrø, Femø, Samsø, Læsø und einige Häfen und Inseln im Kleinen Belt. Beispielsweise Årø mit Hafen, Kirche, Dorf, Strand und viel Weite. Womöglich speziell etwas für impressionistisch veranlagte Segler.

UND EWIG
LOCKEN INSELN

3 8 Ich unterbreche die Dänische Südsee, wechsle auf die offene Ostsee und segle, um mir dieses schöne Revier zu vergegenwärtigen, nach Bornholm. Keine Insel in der Ostsee lieben deutsche Skipper mehr als Bornholm. Diese Insel ist wie ganz Dänemark auf kleinster Fläche.

Der Wetterbericht des NDR: Kieler und Mecklenburger Bucht Südwest 3-4. Und er enttäuschte uns nicht. Wir legten in Kiel mit 2 Beaufort ab und kamen in Rødby, 48 Meilen später, mit 6 an. Kurzfristige Wetterberichte beruhen auf subjektiven Einschätzungen und Rückschlüssen aus der aktuellen Wetterlage und funktionieren daher auch gut. So segelten wir dann auch rund Bornholm ganz simpel mit dem Wetter aus der Radio-Mittelwelle und mehr noch aus den dänischen Tageszeitungen, die ganz hervorragende Voraussagen machen.

Rødby ist kein sehr maritimer Ort. Für Segler allgemein. Für mich speziell. Eine hohe Kaimauer, behängt mit schwarzen Autoreifen, gegenüber Siloanlagen, Autoverkehr, Fähren und viel Staub und Sand, der leicht vom Pier ins Boot weht. Aber Wilfried und ich, wir sind gerne hier. Warum das so ist? Kann ich rational kaum erklären. Der Gang, die Sprache, die Leere, die gänzlich andere Kultur.

Unsere Welt hatten wir längst von Düsseldorf an die Schlei verschoben. In ein Kuhdorf mit Bootssteg. Wasser war meine Sehnsucht. Wasser, das als Ausgangspunkt zum Hochseesegeln taugt – ebenso wie für eine Jolle. Und da erschien uns der Fjordarm Schlei genau richtig. Ein glücklicher Zufall erleichterte die Entscheidung: Erst segelten wir in die Schlei, dann setzten wir mit der Missunder

In Fahrtrichtung lag Bornholm. Eine gecharterte Hanse
brachte uns zur begehrten Sonneninsel. Zwar nicht auf einem
Bug, aber immerhin unter Segel.

Fähre über die Schlei, und von da an hat es gefunkt. Die Ostsee ist nur ein paar Meilen entfernt. Hier wollten wir leben. Wenige Monate später war es passiert.

Rødby oder genauer Rødbyhavn war für uns ein Zwischenstopp auf dem Kurs nach Bornholm. Wir wollten uns mit der WANDER-MÖWE, einem Charterboot vom Typ Hanse 291, vertraut machen und nicht gleich in einer Nachtfahrt Bornholm ansteuern. In mein Notizbuch schrieb ich folgende Zeilen:

Juni. Wir segeln nach Bornholm, von dem so viele schwärmen. Ein Ziel, mit dem so mancher Urlaubstörn fast überfordert ist. Mal sehen, denn wir haben auch nur 14 Tage gechartert. Dabei ist Bornholm gerade mal 170 Seemeilen von Kiel entfernt. Vorsichtshalber werfe ich einen prüfenden Blick auf Schwimmwesten, Sicherheitsleine, Karabinerhaken und die Reling. Die Pinne eiert ein bisschen und der Kocher (Spiritus) hat Zelterqualität. Wer es nicht kapiert: kaum Heizkraft. Unser Charterboot wirkt kalt. Ich gebe der Kajüte mit Tüchern, Decken und Kissen einen privaten Touch. Ans Schott klebe ich die Ostseekarte. W. verteilt seine Bändsel an Deck.

Doch wie das mit Plänen so ist: Anderntags tuckerten wir bei Flaute ein Stück an der Küste entlang, als plötzlich die Maschine stotterte und dann aussetzte. Blöd, gerade auf dem Kurs der Fährlinie Gedser–Warnemünde. Vierkant kamen die schwimmenden Brocken aus beiden Richtungen auf uns zu. Was tun? Es wurde ungemütlich. Während Wilfried dabei war, kopfüber im Motorraum den Diesel in Gang zu bringen, wollte ich zum Paddel greifen, doch auf unserem Charterboot war kein Paddel. Glücklicherweise hatte der Vercharterer, sozusagen als Bonbon, eine Genua aus Mylar mitgegeben. Dieses leichte und fabelhafte Segel fing auch den leichtesten Hauch ein und zog uns sanft aus dem Gefahrenbereich. Das war knapp und ging mit einem viertel Knoten auch recht langsam.

Der Wind blieb flau. Also legten wir einen Halt im nahegelegenen Darßer Ort ein. Der Hafenmeister begrüßte uns in der idyllischen Wildnis mit einem: »Habt ihr gut gemacht. Nur, was ist mit eurer Maschine?« – »Die wollen wir hier wieder in Schwung bringen – mit Diesel.« Ursache unseres Malheurs war ein leerer Tank. Peinlich.

Wilfried besorgte Diesel. Ich kochte leckere Spaghetti. Danach Blicke nach achtern und rechts und links über Sumpf und Sand und Wiesen und Kiefern. Wir genossen eine der schönsten Hafenbuchten an der deutschen Ostseeküste an einem Abend mit berauschendem (eigentlich wunderschön kitschigem) Sonnenuntergang.

Anderntags ein neuer Versuch, Bornholm zu erreichen. Wenig Wind, wechselhaft, Dünung, das Boot schlingerte, das Groß knallte, meine Atmung wurde kürzer. Ein Boot, das keinen Halt hat, nervt furchtbar. Ich arbeitete trotzdem weiter mit Schot und Pinne. Das unbeständige Wetter setzte sich zur Nacht fort. Schwache Winde aus allen Richtungen. Kochen? Nein, bloß nicht. Meinem Mann machte das nichts aus, er ruhte in der Koje, ließ das Wetter geschehen und hörte Radio. Ich gönnte mir ein dickes Käsebrot und hielt Ausschau. So kämpften wir uns Bornholm entgegen, wo es mich schon lange hinzog. »Wer einmal dort war, kehrt immer wieder zurück.« Das zu hören macht neugierig. Merkwürdig, dass die Wolken dahinflogen und hier unten auf dem Wasser Wind zum Wegpusten war. Fakt vieler Bornholmsegler: Die Nachtfahrt schreckt, da das Wetter in diesem Karree sehr wechselhaft ist. Nun, spaßig war es wirklich nicht.

Irgendwann machten wir dem Treiben, Schlingern und Schleichen den Garaus. Knopf gedrückt, und der Motor drehte uns wenig später zum südlichen Zipfel der Insel. Kap Dueodde mit dem schlanken, farblosen Leuchtturm passierten wir recht dicht. Kein Mensch zeigte sich in der Früh an diesen herrlichen Sandstränden. Menschenlos auch die Dünenlandschaft, dahinter Sand über Sand und das Wasser, so klar wie in der Südsee. Dort wollte ich hin.

Gleich um die Ecke an der Ostküste liegt Neksø, ein altes Städtchen der Fischer und Seefahrer. Im alten Hafenbecken machten wir längsseits an einem Lotsenboot fest. Im Moment gäbe es nichts zu lotsen, sagte uns der Bootsmann. Als Frachthafen hatte Neksø ausgedient. Und die Fischer waren anderswo beschäftigt. Sie fischten auf der Nordsee, im Atlantik oder überhaupt nicht. Die Ostseefischerei hatte ihre verordnete gesetzliche Zwangspause.

Es gab auch Duschen im Hafen, in die wir uns – was Wunder – nach der Nachtfahrt stürzten. Frisch (heiß) geduscht und nach einem ordentlichen Teller Porridge zum Frühstück ging es für den Kaffee in ein Café, und es folgte der obligatorische Stadtrundgang. Wir kauften Milch, Brot und den unvergleichlichen sahnigen (trinkbaren) Fruchtjoghurt in der Litertüte. Erstanden am Kiosk eine Tageszeitung und im Eisenwarenladen eine originelle Lebendmausefalle. Im gelb getünchten Sandsteingebäude am Hafen befindet sich das maritime Museum, vor dem natürlich wie überall in der Welt ein Anker platziert ist. Hier ist es ein riesiger Stockanker. Wir sahen großformatige Fotos von der zerstörten Hafenstadt. Am 7. und 8. Mai 1945 war Neksø russischen Bombenangriffen ausgesetzt, weil der deutsche Marinekommandant nicht kapitulieren wollte.

Nach dem Museum machten wir uns mit gemieteten Rädern auf zur Dünenlandschaft von Dueodde. Waren allerdings zu müde, um sie zu erkunden, suchten uns deswegen eine schöne Senke für eine Rast und genossen im Windschutz Stille und Natur. Was gibt es Schöneres nach einer erfolgreichen Nachtfahrt, als den Nachmittag im feinen Sand der Dünen zu verschlafen?

Stürmischer Westwind, genau waren es schlagende Fallen an den Masten, weckte uns zur ersten Etappe. Als Beigabe eine grelle, gleißende Sonne und ein kobaltblauer Himmel. Für kleine Boote wie die 8,90 Meter lange WANDERMÖWE bietet Bornholm alle paar Meilen einen Hafen. Wenn auch zum Teil sehr kleine, so sind sie doch durch mächtige Molen geschützt und können zusätzlich durch hohe, solide Hafentore geschlossen werden.

Mit Svaneke erwartete uns eine malerische, kleine Hafenstadt, und man sagte uns, es sei die kleinste Dänemarks. Beim Bummel schien es, als ob sich seit Jahrhunderten kaum etwas verändert hat. Fachwerk, Kopfsteinpflaster, Nippes in den Fenstern und Miniwerkstätten bestimmten das Bild. Im Frühsommer haben Segler dies alles noch fast für sich allein. Im Hochsommer strömen dann Touristen zu Tausenden durch die engen Gassen, um das einmalige Ambiente einzufangen, Fisch zu essen und einen wunderbaren Blick über Schindeldächer und Ostsee zu genießen.

Abends standen Wilfried und ich am Tresen der gegenüber vom Hafen liegenden »Østersjønstua« – Ostseestube. Vor uns eine Flasche Tuborg, neben uns einheimische Fischer, Lehrer, Bäcker. Die erste Segelyacht im Frühjahr wird besonders herzlich empfangen, erfahren wir, danach beginnt die Freude zu bröckeln. Es sind wohl zu viele Yachten, die Svaneke besuchen. Schlimm seien der Juli und der August. »Da platzt der Hafen aus seinen Molen, und die Busse stauen sich über die ganze Insel.« Was man am Tresen so redet in dem irgendwie vertrauten Dänisch. »Bornholm er perlen in det sydlig Østersjøn.« Mit den Dänen wurde es nie langweilig.

Wir hangelten uns von Hafen zu Hafen. Ließen auch Winzlinge wie Bølshavn und Sandvig nicht aus. Letzterer beeindruckte uns sehr. – Ein wirklich schöner Hafen. Nach Norden hin liegt weit und sauber der Strand. Wer Glück hat, stößt inmitten von Sand und Tang auf oft ganz unscheinbare Klümpchen von hellgelber bis dunkelbrauner Farbe. Sie sind sehr leicht, lassen sich ritzen und sehen zunächst schmucklos schön aus: Es ist Bernstein, »versteinertes« Harz, aus einer Zeit, als ganz Skandinavien von Nadelwäldern bedeckt war. Nun, wir haben nichts gefunden, jagten dagegen die Hügel hinauf, auf denen Schafe grasten, hüpften über Gräben und Steine und genossen den fantastischen Ausblick vom nördlichen Kap der Sonneninsel Bornholm. Küsten und Landschaft scheinen noch weitgehend intakt.

So wild und weitläufig hatten wir Bornholm nicht erwartet. Und Inseltypisches auf Schritt und Tritt: die berühmten Rundkirchen, unübersehbar die Heringsräuchereien wegen der Form ihrer hoch aufragenden Schornsteine und in vielen Orten wunderbare Häuschen – maisgelb, ockerfarben, rostrot. Und Geschichte allerorts. Im Norden Bornholms liegt eine der größten mittelalterlichen Burgruinen Nordeuropas. Also, nichts wie hin – auf die sonnenreichste Insel der südlichen Ostsee.

Häfen wie Gudhjem und Tejn haben wir nur jeweils einige Stunden gegönnt. In Allinge beobachtete ich, wie eine Charteryacht mit neun Männern an Bord verzweifelt versuchte, an einem anderen Boot längsseits zu gehen. Man wollte die Charterer nicht längsseits haben und verschreckte sie mit allen möglichen Ausreden. Die Ärmsten.

In Hasle ließ ich mir endlich, endlich (so ist es, wenn man mit einem Fischallergiker reist) geräucherte Heringe auf den Teller legen. »Røgede Bornholmere« sind das Gold der Insel, die mit Erlenholz (bringt das richtige Aroma) geräuchert werden. Zum Finger-Ablecken das Essen in den berühmten Fischlokalen der ehemaligen Fischerhäuschen direkt am Pier, zum Teil unter freiem Himmel.

Der letzte Hafen: Rønne, der Hauptort der Sonneninsel Bornholm. Viele deutsche Segler hatten mit uns im Südhafen festgemacht. Wir lagen bestens in der Planung für die Rückfahrt. So hatten wir genug Zeit, um morgens lange in der Koje zu bleiben, das Frühstück ausgiebig zu genießen mit dem schon erwähnten sahnigen Joghurt und mit einem puddinggefüllten »Schokoladebøller«. Kalorien? Sicher: Wenn man anschließend segelt oder durch Stadt und Geschäfte ziehen will, braucht der Körper »Brennstoff«. Auch andere jahrelange Rituale wurden von uns in Dänemark eingehalten: Pølser zum Beispiel. Das sind knallrote Würstchen mit Senf, Mayo, frittierten Zwiebeln und Ketchup. Gegessen wird im Stehen. Meine Zeilen aber schrieb ich im Sitzen:

Abends stehen wir im Café Gustav (Mahler) am Store Torv und beobachten Menschen. Die Bornholmer trinken ihr Bier am liebsten aus der Flasche, ihren Kaffee stets süß und zu allen Tageszeiten, bezahlen sofort und tratschen für ihr Leben gern. Die wirklichen Insulaner geben im Juni noch den Ton an. Auf dem Weg zurück zum Hafen wirkt alles putzig: die Kirche, der Leuchtturm, die Türmchen, Erker und Ziergiebel an den gepflegten Fachwerkhäusern. Ich bin völlig hin.

Nicht weil ich ein Bier getrunken habe, es ist das abendliche Junilicht
– das Licht des Nordens.

Nach hartem Nordwest peitschte das Wasser gegen die doppelten Hafenmolen von Rønne. Trotzdem: Es wurde Zeit, die Insel nach einer guten Woche zu verlassen. Die steife Brise biss ins Gesicht. Die kalte Nässe brachte mich unter Deck. Nach Klintholm waren es 78 Meilen mit Segeln, Motoren, Reffen und einer Kette von Schiffsbegegnungen. Dazu eine laufende Nase, Regenschauer und leerer Magen. Das alles auf Kursen am Wind, Halbwind, Gegenwind und letztlich Flaute.

Wieder hatten wir kein Windglück. Alle naselang Veränderung. Eigentlich wollte ich Ihnen meinen Bornholmtörn seglerisch schmackhaft machen.

Klintholm ist nicht Port Grimaud an der Côte d'Azur. Zwar säumen Sommerhäuschen mit Liegeplätzen vor der Tür den Hafen, aber die Szenerie war eher trostlos. Seelenlos der Hafen. Menschenlos Strand und Lokale. In der Luft ein Geruch von verwestem Tang. Aus der Fünf-Kronen-Dusche tröpfelte es lauwarm.

Müde baue ich meine Koje im Salon. Klappe die Rückenlehne hoch,
spanne ein blauweiß kariertes Betttuch übers Polster, schlüpfe in
Nachthemd und Schlafsack und denke an andere Häfen. Der Norden
bleibt eben der Norden. Im Süden darf ich die Bedeutung des Segelns
mehr (entschieden mehr) auskosten.

Ein neuer Tag. Blauer Himmel. Wolkenlos. 27 Grad Celsius. Frühstück im Freien. Danach großartige 42 gesegelte Meilen durchs Smålandsfahrwasser zur Insel Vejrø. In der Wärme des Inselhafens und so ganz allein in einer Boxenreihe stellte sich ein Gefühl nach mehr Inselchen-Segelei ein. Es muss nicht immer unter Palmen geschehen, eine Wanderung zwischen Eichen und Buchen über eine gemähte Wiese, um den Geruch von Heu einzuatmen, kann auch romantisch sein. »Gib mir einen Kuss.« Nur einen?

Auf diese Weise ging eine schöne Tour zu Ende, welche mehr Lust – gen Norden – geweckt hatte. In meinem Kopf geisterte so eine Mischung aus wilde Blaubeeren pflücken, Schäreninseln, auf blankem Fels in der Sonne liegen, Puppenhäuser direkt am Wasser, an einer Birke festmachen. Märchenhafte Aussichten. Gut, wir hätten noch die östlich von Bornholm liegende Insel Christiansø besuchen oder es uns leichter machen können, indem wir von Rügen aus in einer Tagesfahrt in einem der Häfen Bornholms gelandet wären. Die Ostsee bietet viele Chancen. Nicht an die Ferienzeit Gebundene tun gut daran, Vor- und Nachsaison zu nutzen. Häfen und Buchten sind dann nicht überfüllt.

Spannend und nass wurden die letzten Meilen an der Kreuz über die Kieler Bucht nach Kiel. Mit der Gischt im Nacken beendeten wir dort nach 14 Tagen das Spiel mit Licht, Wasser, Wolken und Wind. Der Wetterbericht verkündete: Südwest 4 bis 5. Der Wahrheitsgehalt musste uns nicht mehr kümmern.

NORDSEE
RUND

3 9   Eine Lanze für eine rasche Umsetzung eines Vorhabens und eine Lanze für leichte Serienboote ist dieses Kapitel. Mit einer untypischen Dehler 33 rund um die Nordsee. Von der Idee über den Kauf der KATHENA INA bis zum Start dauerte es ganze sechs Wochen.

Gespannt auf alles Neue und dem Zufall vertrauend, fuhren Wilfried und ich los. Mit einer brandneuen Dehler 33, an der wir keinerlei Änderungen, Verstärkungen oder dergleichen vornahmen – sozusagen ein Boot von der Stange. Nur beidseitig des Rumpfes wurde der Name KATHENA INA mit blauen Buchstaben sauber aufgeklebt. Es ging von der Schlei über den Kiel-Kanal auf die Eider. Von der Eider auf die Nordsee.

Der Nordsee präsentierten wir uns gleich zweistellig auf dem Speedometer. Es rumste und spritzte in der Deutschen Bucht, dass sogar die Gummistiefel innen nass wurden. 15 Quadratmeter Segelfläche pro Tonne Bootsgewicht mussten beherrscht werden. Ein Leichtbau mit extrem schmalem Kiel und Spatenruder segelt und reagiert völlig anders als alles, was ich zuvor in der Hand hatte. Ja, das war alles total neu für uns. Unter anderem das moderne Einleinen-Reffsystem, das vom Cockpit aus, beidseitig vom Niedergang, bedient werden musste. Rechts wie links lösen und einfach dichtholen, schon war das Lattengroß gerefft. Es funktionierte makellos an der holländischen und belgischen Küste und die Ostküste Englands hinauf. Keine Kinke in den Reffleinen blockierte zügiges Reffen weiter innerhalb der berüchtigten Wetterecken Hebriden, Cape Wrath im Nordwesten Schottlands und den Shetlandinseln. Letztlich hat-

ten wir nach Besegeln der norwegischen und dänischen Nordsee-
küste insgesamt 267 Reffvorgänge allein mit dem Großsegel im Logbuch notiert.

Der Kurs führte linksherum. Vom 26. April bis 2. Oktober 1996.
Die Färöer haben wir leider nicht erreicht. Das Wetter! Es war
grauenhaft schlecht auf dem Kurs dorthin. Ich bin perplex, wenn
andere Leute zu mir sagen, ich hätte doch schon alle Wettersitua-
tionen abgesegelt. Der Auffassung bin ich überhaupt nicht. Und
wurde in diesem Seegebiet bestätigt. Die Seen standen gegen uns
und waren wiederum mit uns. Der Wind kam innerhalb kürzester
Zeit aus drei verschiedenen Richtungen. Vor allem die steile Höhe
einzelner Wellen überraschte mich.

Wellen knallen vierkant gegen den Rumpf und über mich hinweg.
Gischten hoch wie gegen eine Mole. Ich fürchte ums Boot. Es hoppelt
wie ein Hase und ist sooo laut. Das Schlimmste aber: Ein Gefühl von
latenter Unsicherheit begleitet mich.

Nicht nur in dieser Situation waren wir begleitet von einer Furcht,
unser leichtes Boot könne »auseinanderfallen«, aber nichts ist passiert. Das ist die eigentliche Überraschung dieser Fahrt. Keine Tür
hat's aus den Scharnieren gerissen. Noch wichtiger: Keine Beschläge
lösten sich an Deck, und Luken und Deck waren und blieben unter
allen Bedingungen wasserdicht. Generell kann ich sagen, während
der sechsmonatigen Reisezeit haben wir nicht einmal die Werkzeug-
kiste ernsthaft in Anspruch genommen. Auch dies: Die heftigen,
abrupten und oftmals nicht vorhersehbaren Bewegungen des Leicht-
gewichts haben keinen von uns aus dem geräumigen Cockpit ge-
kippt. Das ist ein kleines Wunder, denn für unsere Verhältnisse gab
es nirgendwo etwas zum Festhalten.

Die Wirklichkeit sah insgesamt leicht anspruchsvoll aus: Ölzeug.
Schräglage. Schlechte Sicht. Und Wellen, die zu oft nicht dem Wind
entsprachen. Ein Beispiel: Auf der Fahrt zwischen den Orkneys und
Fair Isle erwischte uns eine Kreuzsee voll auf Amwindkurs. Dieser

Drache der See entleerte unsere nicht sorgfältig aufgeräumte Kochecke völlig. Suppenkelle, Teebeutel, Tupperbehälter, Kartoffeln lagen über den ganzen Boden verstreut. Zwiebeln schafften es gar bis in den Waschraum. Rasch griff ich all diese Dinge und warf sie in die große und tiefe Spüle. Das waren Momente, bei denen ich an die schönen Werbebilder der 33 dachte: Das blonde Modell mit einem Becher Kaffee lächelnd vor der Pantry stehend. Und ich pulte Reiskörner aus den Bodenritzen, weil die Pantry keinerlei Schlingerleisten hatte und nichts, wo man Geschirr und Proviant sicher verstauen konnte. Unser Schiff war eine total auf Schnelligkeit ausgerichtete Rasekiste. Selbst vor Anker fand sie kaum Ruhe.

Auf dem Weg zum Englischen Kanal segelten wir in Tagesetappen parallel mit anderen Yachten. Oft ließen wir sie wie das berühmte Bund Stroh links liegen, so schnell rauschten wir dahin. Dabei sind Wilfried und ich beileibe keine Schotenreißer, die alle paar Minuten an der Segelstellung zupfen. An der britischen Küste legten wir, wegen der Tide, mehrmals erst mittags für ein 80-Meilen-Seestück ab, das wir immer noch bei Tageslicht beendeten. Das hat mich beeindruckt und ist wohl nur mit ganz wenigen Zehn-Meter-Yachten machbar. 8 Knoten im Schnitt!

Wer gerne Aufmerksamkeit hat, ist mit diesem Schiff auch im Hafen gut aufgehoben. Das schmale Vorschiff und der senkrechte Steven verleiten viele Gucker zur Frage: »Befürchten Sie nicht, dass der Bug unterschneidet?« Nein. Nicht einmal das Vorschiff segelte sonderlich nass. Ich hatte schließlich mehrfach auf dem Vordeck zu kämpfen, beim Segelwechseln oder -reffen. Wir segelten nämlich ohne Rollanlage.

Yacht-Designer beachten beim Entwurf Seeverhalten, Schnelligkeit, Optik, Sicherheit und so weiter. An die Baukosten denken sie auch. Aber selten an das Leben an Bord. Nirgendwo konnte man sich im Salon entspannt hinlegen. Niemals war ausreichend Stauraum vorhanden und nie herrschte Stille. Bei uns kam der durchgesteckte Mast hinzu, wir schimpften ihn Brummfietz (in Anlehnung an bromfiets, holländisch für Moped). Bei Wind auf See oder vor

Anker mit Vibration und Geklöter im Mast konnte das Leben zum Albtraum werden.

Wo immer man auf der Nordsee den Kurs hinlegt, stellt sich etwas dazwischen: eine Untiefe, ein Seezeichen, Sperrgebiete. Dann

sind da alle möglichen und unmöglichen Schiffe unterwegs, speziell Fähren, die ja Vorfahrt haben, und unzählige Bohr- und Förderinseln, denen man nicht näher als eine halbe Seemeile kommen darf. Nicht zu vergessen die schlecht markierten Versuchsbohrprojekte, an deren langen Festmacherdrähten Segler in Schwierigkeiten gekommen sind. All das engt Segeln auf der Nordsee beträchtlich ein.

Ich bin noch nicht zu Ende. Überall gibt es Strömungen. Der Hinweis, man könne sie sich zunutze machen, stimmt nur teilweise. Was ist, wenn der Wind zu leicht ist oder gegen den Kurs steht? Vieles ist graue Theorie. Die Wirklichkeit sieht dann doch so aus: Maschine an und Hebel runter.

Jede Reise hat ein Zubehör, an das man sich lange erinnert. Bei der Nordsee war's der »MacMillan Almanach«. (Vermutlich weil ich die Tidennavigation gemacht habe.) Mehrmals täglich wurde der dicke Wälzer in die Hand genommen. Dieses Jahrbuch informiert umfassend über Tiden, Strömungen, Häfen und vieles mehr. Wer in Zukunft einen längeren Nordseetörn plant, ist mit diesem Buch, guten Seekarten und GPS nautisch bestens gerüstet.

Etwas ganz Neues für uns: Lichter, die das Einlaufen in Häfen regeln. Wir standen zum Beispiel vor Zeebrugge in Belgien und sahen dreimal Rot. Dazu auflandigen, stürmischen Wind. Beigedreht mussten wir abwarten, umgeben von graubraunen Wellen, die so trüb waren, dass beim Überkommen das weiße Deck nicht mehr durchschimmerte.

Es war durchweg nicht der Sommer für gemütliches Segeln. Nordseewetter halt – mit Licht und Schatten. Am Ende hat doch bei allem Ungewöhnlichen die positive Seite überwogen. Beigetragen haben dazu die solide Wetterkleidung, unser Sprayhood, das schöne Schiff, die beeindruckenden Landschaften. Ich denke hier speziell an die aufregende Küste Englands und das mystische Schottland, die Hebriden und die schroffen Felsen Norwegens, wo man in den Fjorden glatt verlorengehen möchte. Und natürlich die Inseln in der Nordsee, von denen es mehr gibt, als mancher Segler hierzulande ahnt: Fair Isle, Holy, Helgoland, Sylt, die Orkneys und Shetlands.

Dass wir den Sommertörn äußerst positiv in Erinnerung behalten werden, liegt selbstverständlich an den Menschen der sieben Anrainerstaaten. Dabei hatten gerade die Briten große Probleme mit uns Westeuropäern: das Dilemma um die BSE-Seuche, die Fußballeuropameisterschaft verloren, laut EU-Anordnung musste der Personalausweis eingeführt werden und das Schlimmste: Das Pint als Maßeinheit in den Pubs sollte abgeschafft werden.

Der deutsche Bürger schluckt bei Verordnungen, der Brite wehrt sich vehement. Kein Sommer also, um in England mit Europaflagge am Heck aufzukreuzen. Ich hätte sie ohnehin nicht gesetzt. Nicht dass ich gegen Europa bin, aber wenn alles vereinheitlicht wird, kribbelt es beim Reisen nicht mehr: kein Geldtauschen, keine letzten Münzen ausgeben, kaum noch fremde Nahrungsprodukte. Nun, das Wetter wird man nicht vereinheitlichen können, und so ist für Spannung gesorgt.

ASTRIDS MUSEUM

40 Museum klingt etwas übertrieben. Jedes Mal, wenn ich von einer Reise zurückkam, stellte sich die gleiche Frage: Was mache ich mit den akribisch gesammelten Schätzen von unterwegs? Nach über 30 Jahren liegen sie verpackt und im Dunkeln auf dem Boden. Und darüber bin ich sehr, sehr traurig.

Was bringen wir mit von einem Törn um die Welt, von Reisen in nördliche Breiten außer Frische, Fitness und vielen (hoffentlich tollen) Erlebnissen? Kitsch? Ganz sicher. Unter anderem auch Basttaschen, Matten, Schnitzereien, Federn oder nur Sand. Weißen Sand von Pikemenmenchaien, wer hat so etwas schon? Nur: Der Sand aus Eckernförde sieht dem verdammt ähnlich. Oder Seewasser, abgefüllt in leere Weinflaschen. Wasser vom Kap Hoorn, vom Äquator, von der Datumslinie ist dabei. Aber es steht dem Nordseewasser in (oberflächlicher) Klarheit und Salzgehalt in nichts nach.

Den Super-8-Film brachten wir natürlich auch mit. Er ist unwiederbringlich – wertvoll? Für wen? Für uns? Nein, er macht melancholisch. Also auch in den Karton. Desgleichen Fotos, Logbücher, Tagebücher.

NAUTILUS: Über meine Muschelleidenschaft habe ich berichtet. Die Nautilus (*pompilius*) war das Gold meiner Mitbringsel. Sie ist *die* Meeresmuschel überhaupt, lebt am Riff wie in großen Tiefen. Die Gehäuse findet man nur am Ufer, vom lebenden Tier verlassen. Die Nautilus ist eine Rarität und wunderschön anzuschauen. Das Gehäuse ist einschalig, hat aber ein in Kammern unterteiltes Inneres. Beim lebenden Tier enthalten diese Kammern Gas oder Luft, um ihm Auftrieb zu verleihen. Das Tier bestimmt die Menge, die nötig ist, um zu schwimmen oder sich auf dem Meeresgrund oder an der Wasseroberfläche fortzubewegen. Das Tier selbst lebt im äußersten Abschnitt der schneckenförmigen Schale und kann sich vollständig hinter die große Mündung zurückziehen.

Die Schale ist so zerbrechlich, dass man selten intakte Gehäuse am Strand findet. Ich war trotzdem mehrfach die Glückliche. In Fulanga auf den Fidschi-Inseln erstmals. Ich liebe die Nautilus, weil sie so viel mit dem Meer zu tun hat. Von Insulanern hört man Geschichten, dass die Nautilus sich im Wasser schneller als ein segelndes Kanu bewegt. Was in der Muschel lebt, ist irgendwas wie ein Tintenfisch. Für Philosphen ist die Nautilus symbolisch, da sie ständig wächst und sich verändert und trotzdem für immer ebenmäßig bleibt.

STEINE: Es gab zwei Arten des Strandlaufens für mich. Die eine bestand darin, den Blick über Horizont, Wellen und Küstenformation streifen zu lassen. Bei der anderen ging ich mit gesenktem

EINE NAUTILUS, GEFUNDEN AM STRANDSAUM VON FULANGA/FIDSCHI.
EINE VON ZWEI INTAKTEN GEHÄUSEN, DIE ICH FAND.

Kopf fast bedächtig am Ufer entlang auf die Suche nach Steinen. Ich bückte mich, hob sie auf, betrachtete sie aus allen möglichen Blickwinkeln, ließ sie entweder fallen oder sammelte sie schnell in meinen kleinen Rucksack. Rundgeschliffene Steine waren mir die liebsten, auch farbige, gemaserte und die mit einem Loch, sogenannte Hühnergötter. Ungewöhnlich mussten sie sein. Den Weg in meine Sammlung gelang den Schönsten allerdings erst an Bord. Im Cockpit suchte ich die besten Stücke aus, sortierte nach Form, Farbe und Musterung, was ich endgültig mitnehmen wollte. Für mich war das weit mehr als ein bloßer Zeitvertreib.

Im Haus habe ich inzwischen ein ganzes Regal voll. Von den Hebriden, Neuseeland, Gotland. Sehr erfolgreich war ich auf der In-

sel Ærø. Nicht weit vom Hafen Søby, gegenüber an der Westküste der Insel und zum Nordkap hin, dort, wo der Leuchtturm steht.

SCHWEINEZÄHNE: Auf Molekula in den Neuen Hebriden (heute Vanuatu) sah ich Schweine mit rundgewachsenen Zähnen. Hauer mit einer ganzen Rundung und oft ein gutes Stück darüber hinaus.

WENN MEIN MANN VERREIST, BRINGT ER MIR ETWAS MIT.
VON DER NONSTOPFAHRT, WAS ES GENUG GAB: WASSER.

Die wollte ich gerne als Armband haben, wie sie einige Mädchen im Dorf auch trugen. Der Häuptling verkaufte uns einen, der genau auf meinen Arm passte und wunderschön rund gewachsen war. Zwölf Jahre dauert es, bis ein Hauer kreisrund ist.

Wie ist so ein Zahnwuchs möglich, fragt man sich, schaut wieder auf den Armreif und auf die herumlaufenden Schweine. Die Hauer werden aus religiösen Gründen extra »gezüchtet«. Sie dienen auch als Zahlungsmittel, beispielsweise für den Ankauf einer Frau. Der Schmuck wird zudem bei Festen getragen, und in der Nationalflagge von Vanuatu ist der Hauer ebenfalls abgebildet. Schon als Ferkel werden den Tieren die beiden unteren Eckzähne gezogen, sodass dieser Rundwuchs überhaupt möglich ist. Danach dürfen sie nicht wie die anderen Schweine wild herumlaufen, sondern kommen in einen Stall, in dem sie sich nicht »wehtun« können, und werden mit weichem Futter wie Papaya, geraspeltem Kokosfleisch, gekochten Kasava und Taro gefüttert.

VON DER SEE: Wasser in Flaschen hatte ich schon. – Fischerkugeln aus Glas und mit Tauwerk umflochten, noch aus der alten Zeit (als Handwerk noch viel galt). Das sind wunderschöne Schätze japanischer und koreanischer Fischer. Denn nur sie nutzten auf See diese Glaskugeln. – Ein Paddel. Ja, ein Kanupaddel aus dem harten Holz der Tropen schwamm mitten auf dem Meer. Etwas uneben, wahrscheinlich mit einer Machete behauen und vom Korallensand geglättet. Auf der einen Seite war es mit Seepocken bewachsen. Ich überlegte, welcher Kanufischer von welcher Insel es wohl verloren hatte. War er überhaupt sicher zurück an Land gekommen? Fragen ohne Antworten. Schließlich säuberte ich es und schaue heute im Wohnzimmer täglich darauf. Entenmuscheln vom Bootsrumpf sind in einem Glas mit Alkohol konserviert. Sind auch eine Erinnerung aus dem Meer.

VON DEN INSELN: Eine Harpune, Island-Style. Sie ist aus Holz geschnitzt, hat einen Gummistropp und ein Moniereisen als Speer.

Damit gehen die Insulaner am Riff auf Fischfang. – Muschelketten, ein typisch polynesisches Abschiedsgeschenk. – Sanddollars sind selbst gesuchte Muschelstücke mit einem Loch in der Mitte, die sich als Kette gut machen. – Dann Masken, alte Trommeln, Haifischzähne und Hundezähne, alles aus Papua-Neuguinea. – Ein wunderschöner Totschläger von der salomonischen Rennel-Insel steht neben meinem Bett. Er sieht aus wie ein Tischtennisschläger mit langem Stiel. – Flechtwerk, Taschen, Matten, Blumen, Behälter und eine Kokosnuss. – Treibgut. Angeschwemmtes Treibgut? Das war vorrangig Holz. Doch unser Zehn-Meter-Boot und übermäßige Zuladung waren nicht miteinander vereinbar. Die schönsten Stücke mussten liegen bleiben.

Letztlich Tapa (geschlagene Rinde), das typische Südseemitbringsel. Auf den Marquesasinseln konnte ich mir ein Bild machen, wie Tapa gefertigt wird. Rohstoff ist der Bast des Papiermaulbeerbaums. Mit einer Holzkeule und gekonnten Schlägen wird die Baumrinde stundenlang, ja tagelang dünn und geschmeidig geschlagen. Anschließend wird das beigefarbene Material mit dunklen, fast schwarzen Farben aus Pflanzensäften mit Symbolen bemalt. Aus Tapa fertigte man früher alle Kleidungsstücke. Heute nur noch für Festivitäten. Außerdem benutzt man Tapa-Matten als Schmuck für Wände und Böden. Erhalten hat sich die Tradition, Tote darin einzuhüllen.

Mit eingewickelten Toten möchte ich das Kapitel nicht beenden, daher noch eine kleine Auflistung weiterer Schätze: Kanumodelle (mit und ohne Segel), Korallen, Speere, Perlen, Briefmarken, Flechtkörbe, Macheten. Kinderspielzeug aus einheimischen Produkten. Ja, es liegt so einiges herum in unserem Haus. Leider.

DAS SEGELNDE KOCHBUCH

41 »Sich mit Kochen über Wasser halten« wäre eigentlich die richtige Kapitel-Überschrift. Nur Wilfried zuliebe benutze ich »Das segelnde Kochbuch«. Er drängt schon seit Jahren auf ein Kochbuch unter diesem Titel. Ich wollte aber auf keinen Fall übers Kochen schreiben. Ich bin keine leidenschaftliche Köchin, und ich mache mir auch nichts daraus, dass ich es nicht bin. Mir reicht eigentlich schon Kochen an Bord als Notwendigkeit. Und das muss hier noch gesagt werden: Viele Kochbücher sind für Menschen, die überversorgt sind, die mehr aus theoretischem Interesse Ausschau nach Neuem halten und die wohl viele Sachen kochen können – aber nichts richtig gut. Basta.

Ich koche auch im Haus höchst selten nach einem Kochbuch. Niemand brachte mir das Kochen ernsthaft bei, und ich meine, es muss auch nicht sein. Man kann es so machen wie ich, es sich mit der Zeit selbst aneignen. Hier ein Rezept, dort ein Blick in die Küche und zwischendurch bei einer Esseneinladung ein Gespräch (ohne Notizblock).

Noch in der Nachkriegszeit war die Feuerstelle das natürliche Zentrum der Familie. Vor allem Wilfried, der auf dem Dorf aufwuchs, schwärmt davon, wie selbstverständlich sich alle um den Küchentisch neben dem Holz-Kohle-Herd versammelten, die Mutter beim Kochen und Backen unterhielten, auch selbst mit Hand anlegten und nach dem Essen nicht gleich das Weite suchten, sondern bei der Familie blieben, bis der letzte Teller abgeräumt war.

Ähnlich ist es an Bord einer Segelyacht – egal ob auf einem Schlickrutscher oder der eleganten Größe. Bei mir zum Beispiel auf der KATHENA FAA war die Kochecke unweigerlich Mittelpunkt des Schiffes. Jeden Morgen und jeden Abend richteten sich alle Blicke auf die Pantry. (Ein Mann, ein Kind saßen am Tisch und waren voller Erwartung.) Daher muss die Kochecke übersichtlich und funktionsfähig sein. Damit meine ich eine solide Ablage (Anrichte mit Schlingerleiste), Süß- und Salzwasserpumpe, eine tiefe Spüle, Kocher oder Ofen, Haltegriffe und Schubladen (für Besteck und die sogenannten Kleinigkeiten). Ferner genügend Stauraum für Kochutensilien und Stauraum für meine frischen Nahrungsmittel, die nicht in geschlossenen Schapps modern dürfen. Licht und Belüftung tun Obst und Gemüse gut (wegen des Geschmacks, der Vitamine und der Haltbarkeit).

Und das Allerwichtigste ist, eine Pantry zu haben, die auch bei Amwindkurs und Sturm funktioniert – sagt mein Mann. Seine Maxime: »Ein heißes Eintopfgericht, bei Windstärke 10 zubereitet, suggeriert, das Wetter kann so schlimm nicht sein.« Doch der Spaß in der Pantry hört auf, wenn die Kocherkardanik und der persönliche Halt nicht gewährleistet sind. Ein kleiner Tipp: Den Kocher vorjustieren, damit er bei Seegang schwergängig schaukelt. Andernfalls wird er zu einer Luftschaukel ohne Ende.

Anstelle von Rezepten hier einige praktische Vorschläge an Basisgerichten für Tage auf See, vor Anker sowie im Hafen.

1. Unterwegs auf Nord- und Ostsee – mit all den Super-Einkaufsmöglichkeiten:

Gemischter Salat
Frikadellen und Würstchen mit Kartoffelsalat
Dänischer Joghurt

Tomatensalat
Frischer Fisch, grüne Erbsen und Kartoffeln
Käse und Baguettebrot

Gemüse-Nudel-Suppe
Eier (gebraten oder Rührei), Bratkartoffeln und Speck
Kuchen

2. Mittelmeer, warm und schwachwindig:

Gemischter Salat, Baguettebrot
Kotelett, gedünstete Zwiebeln und Reis
Frisches Obst

Avocado mit Sauce Vinaigrette
Huhn-Reis-Gemüsesuppe
Bananen (gebacken)

Grüner Salat, Oliven, Schafskäse
Spaghetti Bolognese, Parmesan
Fruchtsalat (frisch) mit gehackten Nüssen

3. Auf offener See oder über den Ozean:

Dose Tomatensuppe
Gebratener Reis mit Zwiebeln und Pilzen oder Erbsen
Dose Früchte

Knäckebrot mit Leberwurst, belegt mit Gewürzgurken
Bratkartoffeln (aus rohen Knollen) und Zwiebeln,
Speck und Spiegeleier
Selbst gebackene Scones mit Butter

Oliven, Käsewürfel
Spaghetti klassisch (gehacktes Rindfleisch eingekocht),
Parmesan
Früchte aus der Dose

4. Kaltes Wetter, Wind, nichts passt:

Dose Suppe
Reis und Chili-Bohnen
Tee/Kaffee und abgepackter Kuchen

Knäckebrot mit Corned Beef und Gewürzgurke belegt
Eintopf (Bohnen, Linsen) mit Würstchen
Tee und Butterkekse (Shortbread)

Gemüsebrühe mit rohem Ei
Spaghetti oder Penne (gehen immer) mit Tomatensoße
Früchte aus der Dose

5. Stürmisches Wetter:

Knäckebrot mit Leberwurst und Zwiebelscheiben
Ravioli aus der Dose

Haferflocken oder Müsli
Energie-Riegel

Trockenes Brot, Becher Bouillon
Reis und Corned Beef
Dörrobst

Knäckebrot, Zwieback
Fünf-Minuten-Terrine oder Suppenkonserve
Energie-Riegel

6. Totale Flaute auf See:

Oliven
Spaghetti mit Tomaten-Fleischsoße
Obstsalat mit Sahne

Brot mit Käse überbacken
Fertiggericht oder Fischkonserve, Kartoffelpüree
Grießpudding mit Kirschen (Glas)

Pfannkuchen mit Speck, Tomaten und Zwiebelringen belegt
Pfannkuchen mit Banane und Erdnussbutter
Pfannkuchen mit Zimt und Zucker oder Konfitüre

7. Speisen in den Tropen:

Brotfruchtscheiben gebraten
Wildschweingulasch, Kasava (Yam, Taro oder andere Wurzeln)
Reife Papaya mit Limone beträufeln (das Beste)

Gurkensalat
Reis, Gemüse und Speck, Eier oder Fischfilet
Tropischer Fruchtsalat

Trocken gekochter Reis und frische Früchte (Ananas, Banane,
Papaya, Mango), Schweinefilet
Pudding

Frisch gefangener Fisch gegrillt (am Strand) oder in der Pfanne
an Bord gebraten, mit Limone beträufelt
Dazu Kokosmilch und frische Früchte
(Köstlich. Naturnah. Unvergesslich.)

Frischer Fisch ist immer eine großartige Abwechslung im Menüplan.
Er lässt sich auch ohne Kühlung problemlos haltbar machen. An
trockenen, heißen Tagen den Fisch fangen und dörren: In Streifen
schneiden, salzen, pfeffern und dann an einer Leine im Rigg trocknen. Das Komplizierte daran ist, den Fisch selbst zu fangen. Frische
Langusten sind ein kulinarischer Leckerbissen. Leider isst Wilfried
nichts aus dem Meer, sodass er selten in den Lagunen erfolgreich
auf Langustenfang ging. Auf den Atollen gibt es auch reichlich
Kokoskrabben, die von Nüssen leben. Es sind imponierende Kaliber,
circa 30 Zentimeter im Durchmesser mit kräftigen Scheren. Sie leben in feuchten Höhlen in der Nähe von Palmen. Kokoskrabben
und Muscheln habe ich nur mit den Eingeborenen gegessen.

Und Bananen? Sie sind immer gut für einen Happen zwischendurch und bei fiesem Wetter. Und sie sind (fast) immer vorhanden.
»Wie selbstverständlich hatten wir wieder eine Bananenstaude unterm Großbaum festgelascht und mussten gegen die Flut der in wenigen Tagen reifen Früchte ankämpfen.« Ein Satz, der vielen bekannt
vorkommt, die in den Tropen gesegelt sind. Weltumseglerin Heide
Voigt hat mir mal ein eigenes Bananenrezept zugeschickt, um mich
anzuregen, nichts verkommen zu lassen:

Bananensalat mit Pampelmusen und Ananas nach Heide Voigt:

2 Tassen Bananenscheiben, 1 Tasse Pampelmusenfilet, 2 Tassen
Ananaswürfel, 3 Esslöffel Dosenmilch, Zitronensaft, ein wenig

Zucker, gemahlener Pfeffer, geriebenes Kokosnussfleisch. Die Früchte vermengen, mit der gut aufgeschlagenen Dosenmilch, Zitronensaft, Zucker und Pfeffer würzen. Mit den Kokosnussraspeln bestreuen.

Nicht ohne Zwiebeln auf die Reise:

Sie sind gut lagerfähig. Trocken, kühl und luftig aufbewahrt, bleiben sie bis zu einem Dreivierteljahr fest und knackig. Das ist natürlich nicht in einem dunklen Schapp möglich, sondern nur wenn sie regelmäßig in die Sonne gelegt werden. Wir haben vorwiegend gelbe und braune Zwiebeln verwendet. Sie sind fest, schön scharf, haben eine kräftige Würze und sind vielseitig zu verwenden. Die großen Gemüsezwiebeln dagegen (kommen meist aus dem Süden) sind mild und leicht süßlich, aber weniger haltbar.

Viele gesunde Stoffe sind in Zwiebeln enthalten. Schon Paracelsus wusste: Die Zwiebel ist so viel wert wie eine ganze Apotheke. An Bord ist sie gleichermaßen Gewürz wie Gemüse und regt zudem den Stoffwechsel an. Mit ihrer wunderbaren Würze wertet sie viele konservierte Gerichte auf. Bei uns wurde sie auf See auch häufig roh in Salaten und scheibenweise auf belegten (Corned Beef, Leberpastete) Broten und Knäckebrot verwendet. Schmeckt köstlich. Zwiebeln, egal ob roh oder geschmort gegessen, erst unmittelbar vor Gebrauch schneiden, da sich die wertvollen ätherischen Öle sonst verflüchtigen. Und: Nicht zu klein schneiden, sie garen dann zwar schneller, schmecken aber weniger intensiv nach Zwiebeln. Wie gesagt: Zwiebeln sind das ideale Nahrungsmittel auf Langfahrt.

8. Ankommen in einer Ankerbucht, müde und hungrig:

Brot (getoastet), Butter, mit Banane belegt
Pasta mit einem Glas Tomatenpüree und Corned Beef
Heiße/kalte Schokolade, Butterkekse
Glas Rotwein

Gemischter Salat (regional angepasst)
Omelette mit Reis und Gemüse
Früchte aus der Dose

Gemüsesuppe aus der Dose
Kartoffelpüree mit Fleischkonserve
Apfel-Pfannkuchen

Fertiggerichte – aus der Packung oder Konserve
Obst, Käse, Kaffee/Tee

9. Alles ist in Ordnung, Wind und See moderat:

Käse-Omelette
Corned Beef und Bratkartoffeln
Karamellisierte Bananen

Spaghetti oder Makkaroni mit Blauschimmelkäse, Sahne
Toastbrot mit Erdnussbutter

10. Gäste vom Nachbarboot zum Essen:

Gebratener Brie
Gulasch, Gemüse und Kartoffelpüree
Mousse au chocolat

Tomatensalat, Oliven, Brot
Irish Stew, Reis
Vanillepudding mit Kirschen
Tropisch: Coconut Cake

Blattsalat
Curryhuhn und Reis, tropische Fruchtstücke
Gebäck/Kuchen

11. Frühstück, egal ob auf See oder im Hafen:

Kaffee, Tee, H-Milch, Fruchtsaft
Müsli, Porridge, Eier, Speck
Brot, Margarine, Marmelade, Honig
Obst

Die großen Vier – die Basis

Reis: Gemeint ist hier »long grain«-Reis – der beste. Das häufige Essen von Reis, allenfalls mit Fisch oder geschnetzeltem Fleisch oder nur Gemüse dazu, wird von uns an Bord, besonders auf Langfahrt praktiziert. Reis, das weiß man, gibt's überall, ist unendlich haltbar, lässt sich hervorragend stauen und macht kräftig. Obendrein schmeckt er vorzüglich mit kleinen Beilagen. Reis pur schmeckt eigentlich nach überhaupt nichts. Deshalb kann man sich auch nicht daran überessen.

Pasta: Spaghetti, Penne, Makkaroni, Suppennudeln sind überall auf der ganzen Welt erhältlich und schon deshalb ein praktisches Nahrungsmittel. Knackig in einem Topf mit viel (gesalzenem) Wasser gekocht, dazu die richtige Tomatensoße serviert – das ideale Essen für alle Gelegenheiten und bei jedem Klima. Pasta kann auch nur mit Butter und geriebenem Käse serviert werden. Mit Olivenöl und Gewürzen und mit Fleischsoße sowieso.

Kartoffeln: Unsere Kartoffeln sind auf See nicht lange lagerfähig. Zwei, drei Wochen sind das Maximum. Tropische Wurzelprodukte sind Taro, Kasava, Süßkartoffeln, Yam, Brotfrucht. Schmecken passabel.

Konserven und abgepackte Nahrung: Besonders auf längeren Törns außerhalb der Häfen und Europas wird man einen ordentlichen Teil seiner Ernährung aus Konservendosen bestreiten müssen – sofern man keine Tiefkühlanlage installiert hat. Und es ist ja bei Weitem nicht alles in Dosen von schlechter Qualität. Es gibt auch anspruchsvolle Hersteller. (Warnung: Mangels Konservierungsstoffen sind ihre Produkte nicht lange haltbar.) Manche Dosennahrung schmeckt daher sehr gut. Vorausgesetzt: Man trifft eine sorgfältige Auswahl und achtet nicht auf den Preis, dann gibt's bei Gemüse, Milchprodukten, Brot in Dosen, Früchten und Suppen nichts zu mäkeln. Eine gute Campbell Soup hat uns noch nie enttäuscht – beispielsweise. Und auch nicht Haferflocken, Müsli, Vollmilchpulver, Dörrobst. Bei der Fleischqualität hapert es zwar oft, aber da kann man ausweichen, indem man selbst Fleisch in Gläsern einkocht. (Wie man es macht, habe ich im Buch »Segeln mit Wilfried Erdmann« festgehalten.)

Zusammengefasst: Neben diesen Produkten spielen für eine ausgewogene Ernährung und guten Geschmack eine große Rolle Zwiebeln, Dörrobst, Speck und Schinken (vakuumverpackt), Knoblauch, frische Pfefferschoten, Fisch. Außerdem ein Schuss bestes Olivenöl, eine Prise Meersalz, frischer Pfeffer und in den Tropen fast alles von der Kokospalme.

Im Einzelnen: Für uns war während der Jahre im Indopazifik das Nahrhafteste neben den Trinknüssen eine merkwürdige Masse, die wie Styropor aussah und Uto heißt. Uto entsteht, wenn eine ausgereifte Kokosnuss vom Baum fällt und liegen bleibt, bis sich die ersten neuen Triebe zeigen. Dabei setzt eine wunderbare Metamorphose ein: Fleisch und Flüssigkeit im Innern der Nuss verwandeln sich allmählich in eine weiche, schwammige Substanz. Das ist Uto. Wir haben es ausschließlich roh als Nachtisch gegessen, es schmeckt superlecker.

Doch Uto allein genügte uns nicht. Die Milch in der grünen Nuss war während unserer jahrelangen Reisen ein hervorragender Ersatz für Trinkwasser, besonders innerhalb der Atolle, wo es keines gab. Und hatten wir zu viele Papayafrüchte, begoss ich sie mit Kokossahne, und wir löffelten die Fruchtschale leer.

In meinem Tagebuch steht:

Die Kokossahne ist einfach zu bereiten. Ich halbiere eine reife Nuss, schabe das Fleisch heraus und lege es auf ein Stück Tuch, das ich an den Zipfeln anfasse und so lange zusammendrehe, bis die Sahne herausläuft. Dieser Saft ist auch als Coconut-Cream bekannt. Die Insulaner kochen damit alles Mögliche: Krabben, Fisch, Huhn, Brotfrucht.

Das feinste Gericht aber mit Coconut-Cream ist das polynesische Poisson cru: Man fängt einen Seefisch, schneidet ihn roh in Streifen und legt diese mehrere Stunden in den Saft ausgedrückter Limonen und etwas Seewasser. Danach gibt man ordentlich Coconut-Cream,

SO KÖNNTE IHRE PROVIANTLISTE FÜR EINEN MONATSTÖRN
AUSSEHEN. SIE BASIERT AUF MEINEN ERFAHRUNGEN MIT EIGENEN
BOOTEN UND CHARTERYACHTEN. GUTEN APPETIT.

Salz und eventuell Gemüse dazu und mischt alles. Das Ergebnis ist ein bittersüßes Gericht, das kaum nach Fisch schmeckt. Ist immer ein Festessen.

Ganz ohne Rezepte geht es nicht:

Gerne koche ich für besondere Anlässe an Bord Reis und Curry. Ich hatte dabei nur mit zwei Töpfen zu hantieren – einmal Reis und einmal Huhn oder Schweinefilets mit Zwiebeln, Knoblauch, Äpfeln, Rosinen und natürlich Pfeffer und viel Curry, den man von Beginn an mitkochen muss. – Für viele Menschen ist Reis kochen eine Aufgabe. Ich gebe einen Becher Reis, einen Becher Seewasser, eineinhalb Becher Süßwasser in den Topf und Deckel drauf. Lasse ihn kurz aufkochen und weiter auf kleiner Flamme ziehen, bis keine Flüssigkeit übrig ist. Der Reis ist dann so, wie ihn die Chinesen mögen, trocken und körnig. Man kann ihn leicht mit Stäbchen essen. – Nachtisch? Was gibt es Besseres als eine große Schüssel Fruchtsalat: Äpfel, Bananen, Pampelmusen, Apfelsinen, Birnen und darüber frisch gepresste Limonen und ein wenig Zucker.

Wie aber bekommt man eine Vorstellung von der Menge des zu kaufenden Proviants für unterwegs? Ich stelle Ihnen spaßeshalber (mit der Verpflegung ist eigentlich nicht zu spaßen) eine 30-Tage-Einkaufsliste für zwei Personen zusammen. Da geht es mir weniger um die Auswahl als um den Mengenbedarf. Bedenken Sie, viel frische Luft und Bewegung (Tag und Nacht) kosten Extraenergie, und der Appetit ist folglich riesengroß. Ein reichhaltiges Frühstück ist unumgänglich. Der Hauptgang sollte aus zwei bis drei Gängen bestehen. Dann einen Happen zwischendurch, und die Nachtwache braucht ebenfalls ihr Quantum. Daher darf die Sparte Riegel, Obst, Dörrobst, Gebäck, Schokoprodukte nicht vernachlässigt werden. Wer auf Küstenfahrt geht, kann diese Liste natürlich vergessen. Er hat fast täglich Einkaufsmöglichkeiten. Trotzdem würde ich einen Wochenvorrat bunkern – schon aus Gründen der Unabhängigkeit.

Die Küche der Blauwassersegler braucht keinen Vergleich zu scheuen, vorausgesetzt man ist bereit, zu den lokalen Produkten zu greifen und von den Einheimischen zu lernen. Beispielsweise: Fisch auf See und in Buchten; Pasta im Mittelmeer; Steaks in Argentinien; (Homemade) Burger in den USA; Fish 'n' Chips in England; Brotfrucht in Polynesien; Ziegencurry auf den Galapagos; Kasava in Coconut-Cream auf den Fidschis; Reis und Shrimps auf dem malaysischen Archipel; Würstchen (Pølser) in Dänemark; Lachs in Norwegen.

LOVE
FOR SAIL

42 Reisen kommt von »to rise« – sich erheben. Das ist etwas, was ich noch mitteilen wollte. Den Aufbruch sozusagen in den Griff kriegen und nicht als Option vor sich herschieben. Besser man reduziert seine Möglichkeiten auf ein überschaubares Maß – und los! Aufbruch ins maritime Ungewisse ist wohl das Schwierigste überhaupt. Man muss es schon sehr wollen, das Segeln und Reisen mit einem Boot. Und sei es nur zu einem eigenständigen Törn rund Helgoland oder auf der Ostsee zu Inseln und Schären. Egal wohin und mit was – der Zauber, unterwegs zu sein, ist bei mir ungebrochen. Rügen und Schilf können ja auch paradiesisch sein. Nur die Kurve kriegen ist das Problem. Dennoch: Mir gleich zu Beginn ein Paradies zu wünschen (einen Platz, auf dem, wie mein Lexikon weiß, überirdisches Glück stattfindet), das wäre mir zu unrealistisch. Daher tun's auch mal das Heimatrevier und eine Jolle. Und sei es mitunter kalt und nass, all das stört mich nicht, um aufs Wasser zu kommen.

Also bedeutet für mich Losfahren gleich Ankommen.

Jeder von uns muss allein und in Ruhe seinen Weg zum Wesentlichen ertasten. Versuchen Sie es. Das Leben mit einem Boot ist anders, normalerweise weniger überladen mit Nonsens und Unsicherheit. Es bietet den Unzufriedenen Hilfe. Es macht Kopf und Körper zur Einheit. Nur wer wirklich bereit zu Aufbruch und Touren ist, wird sich neue Ansichten und Erfahrungen erschließen.

Wie lässt sich das herrliche Gefühl einer Abfahrt beschreiben? Ich habe vermerkt:

Auf See, Kurs Timor: Nach einer Stunde sind wir frei vom Hafen. W. klart das Deck auf. Ich justiere die Windfahne. Blau und tief das Wasser. Leicht weiß befleckt der blaue Himmel. Endlos der Tag. Glänzend vor uns ausgebreitet das Meer im Gegenlicht – mit dem Gefühl: Die Welt ist mein. Was Wunder bei null Welle.

Oder den weitaus echteren Aufbruch:

Flughafen Frankfurt. Nachts vorm Schalter zum Flieger nach Auckland/Neuseeland. Mit einem müden Kind an der Hand, umgeben von sechs Gepäckstücken und viel Kleinkram (Übergepäck). Eine absolute Wahnsinnsidee, so weit zu fliegen, um ein Boot zu kaufen. All die Umstände, was wird, wenn wir nicht das geeignete Boot finden. Es kribbelt, und dann die Reflexion auf meine Perspektiven. Nein, Segeln und Dünung sind nicht magenschonend. Mir ist bei dem Gedanken elend zumute. Das alltägliche Leben aufgeben und sich in ein spartanisches stürzen. Dass ich das noch mal mache, oh Gott. Gut, ich habe gern Veränderung im Leben, keine Lust auf einen geregelten Tag. Romantik spielt eine Rolle, in den Himmel gucken und Neugier auf das Fremde. Trotz allem: Ich bin unglücklich. Wasser heißt leben, und deswegen fließt es aus meinen Augen – beim Flug in den Süden.

Ich habe jeden Törn gern gesegelt – auch die widersprüchlichen, die kritischen. Wenn ich erst mal an Bord war, mich eingerichtet hatte und das Ziel mit Sehnsucht erfüllt war, fühlte ich mich einzigartig.

Segeln Sie in die Welt der Ozeane, der Inseln und der Seen. Lassen Sie sich treiben in Ihrem Boot. Tun Sie gar nichts. (Außer dem Segeltechnischen natürlich.) Und beachten Sie vor der Abfahrt, warum Sie sich aufmachen. Wollen Sie das Leben von zu Hause mit den sogenannten Erleichterungen und Sicherheiten an Bord transferieren? Zu den auffälligsten Merkmalen der Segelszene gehört die Tatsache, dass es so viel hilfreiches Zubehör gibt wie elektrische Schot- und Fallwinden inklusive Fernsteuerung, Computer, Plotter und andere Elektronik, Querstrahlruder, Rollgroß, Wasserdruck-System, Warmluftheizung. Die moderne Technik hat zweifellos Vorteile. Sie erhöht die Bequemlichkeit und Sicherheit auf Langfahrt und doch stellt sich die Frage: Ist sie wirklich wirksam und unabdinglich? Auch hat die überbordende Technik einen Lebensstil nach sich gezogen, der nicht im Einklang mit der Natur ist und Auswirkungen auf unsere Umwelt selten beachtet. Jeder, der Fachzeitschriften liest, kennt die Ausrichtung: Komfort an Bord ist kein Luxus. Ich möchte nicht dazu beitragen und ergänzen: aber Arbeit. All der Kram beansprucht Aufmerksamkeit, macht Sorgen und erfordert Aufwand. Und passt eigentlich nur zum Bild eines bürgerlichen Menschen,

AUSRISS AUS MEINEM TAGEBUCH. WER KEINE PERSÖNLICHEN NOTIZEN UNTERWEGS MACHT, IST IRGENDWIE NICHT BEI DER SACHE.

dem Haben, Regeln und Sicherheit über alles gehen. Ich weiß, ich nerve Sie zum Ende hin nochmals mit meinen »Segeln pur«-Ansichten.

Jemand, der im Aufbruch ist, ist ein Suchender. Der fackelt nicht lange. Durch konkretes Handeln erzwingt er Antworten, wie immer sie beschaffen sein mögen. Die Wirklichkeit ist für ihn dem Leben abgeforderte Antwort, Zufallendes, Glück, Unglück, Gnade, vielleicht Sinn.

Einige profane Beispiele: Regenwasser auffangen; Wäsche waschen in einem Fluss; Logbuch schreiben mit einem Stift; ein Dingi rudern; Körperwäsche mit Seewasser; die Segel mit einer Handkurbel bedienen; ein Tauende nicht mit Klebeband vor dem Aufbröseln schützen, sondern mit Takelgarn einen Takling setzen.

Das Glück liegt in Aufbruch, Bewegung, Wagnis – und Einfachheit. In diesen Monaten des Schreibens, in denen ich wiederholt meine alten Tagebücher las, wurde mir klar, wie wunderbar das ursprüngliche Fahrtensegeln war und teilweise noch ist. Es ist eine Wohltat, mit einfachen Mitteln zu reisen und sich auf das Wesentliche reduzieren zu dürfen. Ich möchte Sie ermutigen, es nachzumachen. Mit einem günstigen Gebrauchtboot, auf einem selbst gebauten oder selbst überholten Boot. Immer sollte das eigene Schaffen, das eigene Erleben, im Vordergrund stehen. Seht her, es geht auch ohne den maritimen Schnickschnack. Ich brauche kaum Elektronik und schon gar nicht eine durchgestylte Segelgarderobe. Ich habe Spaß am Segeln und erlebe ganz für mich allein oder ganz für uns (wenn ich mit Familie segle) die Natur. Das Meer ist auch Natur, große Natur.

»Und plötzlich freute ich mich über die große Sicherheit, die die See im Vergleich zur Unrast an Land bot, freute mich über meine Entscheidung für dieses Leben, das keine Versuchungen, keine beunruhigenden Probleme mit sich brachte, das durch die absolute Geradheit seiner Herausforderung und durch die Einfachheit seines Zwecks mit einer elementaren moralischen Schönheit ausgestattet ist.« Das schreibt Joseph Conrad in »Der geheime Teilhaber«.

»Das Meer wird immer bleiben, was es war – das Meer«, schrieb Bernard Moitessier. Ich ergänze: Wenn man seine Ansprüche und sein Schiff auf das Wesentliche reduziert.

NICHTS
IST BANAL, ALLES
LEHRREICH

43 Dies ist eine Art Bonuskapitel, wie es heutzutage bei Filmen auf DVD sehr populär ist.

Frauen sind kreativer, daher Tagebuch und Kugelschreiber, Zeichenblock und 8B-Bleistifte einpacken (wenigstens ein Notizbuch). Fotografieren ist auch nicht schwer.

Nicht zu viel planen. Den Zufall mit einbeziehen.

Bei einem heftigen lang anhaltenden Sturm liegen die Nerven blank. Jede Bemerkung wird auf die Goldwaage gelegt. Kochen hilft. Musik hören. Lesen.

Ich finde, die meisten Frauen engagieren sich nicht genug an Bord. Am Ruder stehen, mit den Segeln hantieren, in die Takelage klettern, an der Winsch zupacken, navigieren, Kojen bauen – all das gehört zur Segelfahrt. Damit wird Segeln für Frauen selbstverständlicher.

»Haben Sie keine Angst?«, werde ich oft gefragt.
»Nein, keine wirkliche Angst. Sonst würde ich nicht auf dem Meer segeln.«
»Was heißt denn wirkliche Angst?«
»Nun, etwas Angst muss man schon haben, sonst wird man leichtsinnig und lässt zu viel Segel stehen. Oder sichert sich nicht sorgfältig und fällt über Bord.«

Lieber mit leeren Schränken und Ablagen losfahren und unterwegs zukaufen. Kleidung gibt es sowieso überall und ist zudem oft günstiger als zu Hause.

Ich glaube, ich bin durch Segelreisen mutiger und entschlossener geworden.

Mit Leib und Seele dem Meer verschreiben, sonst kann man eine solche Lebensroute (um die Welt) nicht bestehen.

Eine gute Seglerin muss sich das Meer erst ersegeln oder besser ins Meer segeln.

Wer längeres Segeln plant, kommt ums Steuern nicht herum. Ein/e gute/r, zuverlässige/r Steuermann/-frau ist eine begehrte Crew. Also, gleich ran ans Ruder.

Auch als Frau müssen Sie imstande sein, jedes Segelmanöver zu fahren, das ganze Programm: am Ruder, im Cockpit, am Mast und auf dem Vorschiff. Wenn Sie spüren, was man mit einem Segelboot alles machen kann, blubbert Ihr Herz.

Segeln in einer Mannschaft: Wechseln Sie öfter mal ihre Funktionen und Zuständigkeiten.

Sicherheit beim Mann-über-Bord-Manöver. Da hilft am besten eine MOB-Boje. (Die am Stock mit Fahne.) Die Boje muss jederzeit ohne weitere Handgriffe aus ihrer Haltung genommen werden können. Das ist das eine. Das andere ist: das Manöver üben, üben, üben. Unter Segel sowie die Alternative: Maschine starten, Segel bergen und die Yacht zur Boje manövrieren.

Die Massen an sogenannten technischen und elektronischen Erleichterungen führen dazu, dass erheblich mehr kommuniziert wird.

Segeln Sie los in irgendeine Richtung und kosten die Freiheit des Bootslebens aus.

Man sollte eine schöne Sache nicht immer machen. Abwechslung muss sein, damit nicht alles zur Routine wird.

Wenn es bei einem Unwetter gefährlich wird, muss die ganze Aufmerksamkeit dem Boot gelten.

Nicht lange analysieren, wenn man jemandem folgt.

Traditionen respektieren.

Jede Reise hat mich verändert, zumindest ein bisschen.

Es war eine lange Reise. Ich bin angekommen.

Doch: Solch ein Seetörn bedeutet auch Langeweile.

Mein Schiff, mein Kapitän, mein Strand, mein eigenes Stück Meer: Wer mit einem eigenen Segelboot reist, wird die restliche Welt schnell vergessen.

Respektieren Sie das Meer – und es wird Ihnen gnädig sein.

Das Dilemma am Langfahrtsegeln: den ersten Seetag überstehen.

Abfall einfach über Bord, das geht nicht. Es sollen auf den Meeren im Zentrum der Strömungssysteme Millionen Tonnen von Abfall schwimmen.

Der Bordabfall beginnt für mich schon auf den Bootsmessen. Für jede Plastiktüte, die dort verteilt wird, sollte der Verteiler einen Euro Strafe zahlen. Klingt übertrieben, ist aber ernst gemeint.

Wenn ich etwas hasse, so ist es, Angefangenes (eine Reise beispielsweise) nicht zu beenden.

Regeln an Bord sind nur wichtig, wenn sich das Herz nicht sicher ist.

Mit Optimismus und ein wenig Blauäugigkeit an die Verwirklichung Ihres Traums gehen.

Eine mir oft gestellte Frage:»Was raten Sie einer Frau, die allein segeln will?« Segeln, segeln, segeln, sich die Küsten ansehen, sich vom Perfektionismus verabschieden und dabei immer Buch führen. Sozusagen Briefe an sich selbst schreiben. Das macht glücklich, das führt in erster Line beim Tourensegeln zu einer Zufriedenheit mit sich selbst.

Alleinsegeln. Manche Menschen erschrecken bei der Idee: allein übers Meer. Sie fürchten, dass ihre Denkfähigkeit verschwindet. Aber genau das Gegenteil ist der Fall. Der Kopf wird schön leer. All der Gedankenmüll (Bilder, Dialoge, Erinnerungen) schwächt unsere Konzentration. Alleinsegeln ist die beste Methode, innerlich leer zu werden. Einfach am Ruder oder im Cockpit zu sitzen und nichts zu tun. Atmen und segeln. Geschehnisse kommen und gehen wieder. Nicht festhalten. Das ist von W. E.

Die Arbeit am Schiff am besten teilen – jeder nach Kräften und Können. Nicht immer nach starren Regeln.

»Keiner kommt von einer Reise zurück, wie er weggefahren ist.« Das ist von dem englischen Schriftsteller Graham Greene.

MEINE SEGLERISCHE ZEITTAFEL

44 1958 – Mit 14 Jahren dem Wasser verfallen: Segelschule in Prien am Chiemsee.

1958 –1964 – Mitseglerin meiner Mutter. Am Wochenende und in den Ferien segelten wir beide auf dem IJsselmeer/Holland. ULTIMA RATIO, eine Slup von neun Meter Länge.

1966 – Erste Seeerfahrungen mit meiner Mutter (Ingeborg von Heister) von Portugal über Gibraltar nach Alicante/Spanien. Trimaran ULTIMA RATIO, Ketsch getakelt, 10,50 Meter. (Das Boot, mit dem meine Mutter 1969 allein den Atlantik in beiden Richtungen überquert hat.) Mir wurde bewusst, dass Segeln auch mit Sturm und Nebel zu tun hat.

1967 – Côte d'Azur und rund Korsika mit Mutter und ULTIMA RATIO. Ich liebte das Mittelmeer.

1969 –1972 – Erste Weltumseglung mit Wilfried und KATHENA 2. Hochgetakelte Slup von 8,90 Meter Länge. Stahl. Kurs: Les Embiez, Gibraltar, Barbados, Panama, Tahiti, Samoa, Fidschi, Neuseeland, Vanikoro, Papua-Neuguinea, Torresstraße, Timor, Diego Garcia, Madagaskar, England, Cuxhaven. Wenn ich daran denke, wird's mir ganz blümerant, so fulminant war es.

1976 –1979 – Die Südsee mit meinem Mann und Sohn Kym. KATHENA FAA, Slup aus Glasfiber und genau zehn Meter lang. Kurs:

Neuseeland, Fidschi-Inseln, Tuvalu, Kiribati, Marshallinseln, Ponape, Papua-Neuguinea, Philippinen, Borneo, Singapur, Malaysia, Phuket, Ceylon, Malediven, Rotes Meer, Suez-Kanal, Beaulieu/Südfrankreich. Eine paradiesische Fahrtlegung. Eine Reise, die das Leben trägt.

1980 – Rund Korsika und Côte d'Azur. Mit Mann und Kind. KATHENA FAA. Aus Liebe zur Côte und Korsika.

1986 – Nordtour mit Mann. KATHENA NUI, Aluminiumboot von 10,50 Meter Länge. Kurs: Schlei, Dänemark, Norwegen, Schweden, Dänemark, Schlei. Crew: Wilfried und ich. Der Norden hat gewirkt.

1987 – Große-Seen-Törn in den USA mit einer gecharterten Slup von 8,60 Meter Länge. Kurs: Duluth (Lake Superior), Schleusen Sault Locks (Lake Huron) und retour nach Duluth. Dauer: 50 Tage. Crew: Familie. Gute Einblicke in die heile amerikanische Welt, in typische Städtchen und unendliche Landschaft mit Einsamkeit, Wildnis und überfallartigen Nebeltagen.

1990 – Jollenfahrt durch Mecklenburg-Vorpommern mit Wilfried (ich war zeitweise dabei) im Jahr eins nach dem Mauerfall. SCHLEI KATHENA, Jolle vom Typ Schwertzugvogel.

1992 – Jollenfahrt durch die Dänische Südsee (zeitweise dabei). SCHLEI KATHENA. Die einfache Handhabung einer Jolle und die Nähe zur Natur haben mir zugesagt.

1993 – Ostseetörn über einen ganzen Sommer. Crew: Wilfried und ich. KATHENA 7, Serienboot vom Typ Hanse 291. Slup getakelt und 8,90 Meter lang. Kurs: Schlei über Helsinki, St. Petersburg, Ålandinseln, Haparanda und retour via Göta-Kanal an die Schlei. Ein schönes und abwechslungsreiches Revier. Steilküsten, Dünen, schroffe

Schären, endlose Sandstrände, grenzenlose Kiefernwälder – alles vor unserer Nase. Dazu kaum Welle, keine Gezeiten, bei jedem unhandlichen Wind ist schnell Schutz gefunden.

1995 – Karibiktörn mit Freunden. PUSTEBLUME, herrliche Ketsch von 14,72 Meter. Kurs: südliche Antillen. Dauer: sechs Wochen. Segeltechnisch und landschaftlich ein wundervolles Revier. Sonst bisschen überfüllt mit Yachten.

1996 – Die Nordsee, von April bis Oktober. KATHENA INA, Slup vom Typ Dehler 33, neu. Kurs: Schlei, Kiel-Kanal, Holland, Belgien, Englands Ostküste, Schottland, Äußere Hebriden, Orkneys, Shetlands, Norwegen, Dänemark, Schlei. Crew: Wilfried und ich. Der Charme des Nordens wirkt bis heute nach.

2003 – Mecklenburg-Vorpommern (zeitweise dabei). KATHENA GUNILLA. Hansa-Jolle, 5,70 Meter lang. Der Traum vom einfachen Segeln in einer ungeheuren landschaftlichen Vielfalt erfüllte sich – nochmals. Ich liebe Meckpom.

2005 – Nordfriesische Inseln (zeitweise dabei), KATHENA GUNILLA. Ein Leben mit Schlick und Gezeiten. Nicht ganz meine Welt.

Homepage – In Zeiten des Internets hier unsere gemeinsame seit 2000 viel besuchte Website: www.wilfried-erdmann.de

ERDMANN UNTERWEGS

SEGELZEIT
ISBN:
978-3-7688-1852-0

EIN DEUTSCHER
SEGELSOMMER
ISBN:
978-3-7688-1972-5

MEIN GRENZENLOSES
SEESTÜCK
ISBN:
978-3-7688-0986-3

DIE MAGISCHE ROUTE
ISBN:
978-3-7688-0787-6

ALLEIN
GEGEN DEN WIND
ISBN:
978-3-7688-1503-1

ALLEIN
GEGEN DEN WIND, DVD
ISBN:
978-3-7688-7142-6

ERHÄLTLICH IM BUCH- UND FACHHANDEL.
WEITERE INFORMATIONEN IM INTERNET UNTER: WWW.DELIUS-KLASING.DE

SEGELN MIT
WILFRIED ERDMANN
ISBN:
978-3-89225-506-2

OSTSEE-BLICKE
ISBN:
978-3-7688-2460-6

NORDSEE-BLICKE
ISBN:
978-3-7688-1780-6

EIN UNMÖGLICHER
TÖRN
ISBN:
978-3-7688-0924-5

DAS LOGBUCH
ISBN:
978-3-89225-386-0